KB128899

인문학, 성인 인성교육을 논하다

距離

거리의 파토스

|이관춘 저|

학지사

알면서도 궁금한 것

나는 윤동주 시인에게 궁금한 게 하나 있다. 시인은 "죽는 날까지 하늘을 우러러 한 점 부끄럼이 없기를" 기도했다. 언제 봐도 잔잔한 여운을 남기는 아름다운 서정시다. 마치 세속을 등진 수도자의 존재론적 고뇌가 가슴 시리게 밀려드는 듯하다. 얼마나 부끄럼 없이 살기를 바랐으면 "잎새에 이는 바람에도" 괴로워했을까. 그런데 의문이 가시질 않는다. 나라를 빼앗겨 민족이 신음하던 그 시대, 열혈 청년 시인은 왜 독립과 투쟁을 말하지 않고 '부끄러움'을 토했을까?

시인이『서시序詩』에서 고뇌에 차 있을 무렵, 상해 임시정부를 이끌며 독립 투쟁을 하던 김구 선생은『나의 소원』을 기도했다. "나는 우리나라가 세계에서 가장 아름다운 나라가 되기를 원한다 … 오직 한없이 가지고 싶은 것은 높은 문화의 힘이다." 그런데 의문이 든다. 국력이 약해 치욕스런 침탈을 당한 그 암울한 시대, 독립투사인 백범은 왜 군사강국을 주장하지 않고 '아름다운' 나라를 말했을까. 왜 배불

3

리 먹고 사는 경제부국이 아니라 '높은 문화'를 소원이라 했을까?

　역사를 돌이켜보면 시대를 앞서가는 선각자들은 언제나 삶의 절실함보다는 삶의 본질을 꿰뚫어 봤다. 모두가 낮은 시선을 향할 때 그들의 시선은 늘 하늘로 향했다. 어느 시대 어느 사회나 삶을 견디어 내는 사람들의 일상은 당연히 눈물겹도록 소중하다. 그러나 생존과 소유에만 시선이 머물 경우 우리는 더 높은 삶의 가치를 보지 못하게 된다. '나'에게만 매몰될수록 '우리'는 멀어진다. 그리고 사람답게 사는 일도 함께 멀어진다. 어쩌면 윤동주 시인이 '한 점 부끄럼이 없기를' 절절히 기도한 것은 '사람답게 사는 삶'이었는지도 모른다.

　나라를 빼앗긴 시대에 독립 투쟁은 중요한 민족적 과제다. 삶을 위한 가장 직접적이고 구체적인 것으로서 그 어떤 가치보다 강력한 힘을 갖는다. 허나, 군사력을 키우고 빈곤을 해결하는 데만 우리의 감성이 꽁꽁 얼어붙어 있다면 우리는 더 높은 삶의 가치를 바라볼 수 없게 된다. 도구적 이성만이 지배하는 각자도생의 사회에서 사람답게 사는 문화는 기대하기 어렵다. 어쩌면 백범 선생의 『나의 소원』은 '사람답게 사는' 시민들이 이룩한 문화강국이었는지도 모른다.

　당시에는 서정시의 아름다움으로만 기억되었을 한 줄의 시구詩句가, 자칫 한가로운 소리로만 들렸을지도 모를 독립투사의 애절한 소원이, 반백년의 세월이 훌쩍 지난 지금 우리 사회의 얼어붙은 감성을 깨뜨리는 쩌렁쩌렁 울림으로 돌아온다. 철저한 이기심과 타인에 대한 무관심의 문화가 개인의 행복, 국가의 경쟁력을 짓밟고 있는 세태를 생각하면 더욱 그렇다. 그래서 윤동주의 『서시』는 시가 아니다. 우리 안에 물든 거짓과 부정, 부패의 바다를 깨뜨리는 프란츠 카프카의 '도끼'[1]다. 백범 선생의 『나의 소원』은 기도가 아니다. '사람답게 사는 삶'의 혁명을 촉구하는 영혼의 '천둥'이다.

　삶의 본질은 '사람답게 사는 것'이다. '한 점 부끄럼 없이' 살려는 열정pathos은 인간이면 누구나 가지고 있는 본래적 욕망이다. 『서시』에는 '잎새에 이는 바람에도' 괴로워할 만큼 탐욕의 삶과 거리距離를 두려는 시인의 파토스pathos가 불꽃처럼 타오른다. 니체의 표현을 빌리면, '거리의 파토스'다. '거리의 파토스'는 인간이면 누구나 가지고 있는 '힘'이며 '의지'다. 아무리 주위 사람들이 돈과 권력에 아부하고 타인을 짓밟는 삶을 살더라도, 나만은 그런 삶과 거리를 두려는 영혼의 파토스다.

　행복한 개인, 높은 문화의 블랙박스는 거리의 파토스가 좌우한다. 인성교육의 목표는 인간 내면의 거리의 파토스에 불을 지피는 것이다. 학생들만이 아니다. 대통령에서부터 동사무소 공무원에 이르기까지, 각자가 지닌 거리의 파토스에 시선을 돌릴 때 의식의 혁명이 일어날 수 있다. 그리고 의식의 혁명은 학교에서 완성되는 것이 아니다. 윤동주 시인이 토로한 대로 "죽는 날까지" 지속되어야 할 평생의 학습인 것이다.

　사람답게 사는 사람을 우리는 인성이 좋은 사람이라 말한다. 물론 인성이란 여러 가지 역량이 모인 일종의 '역량 집합소'다. 단순히 착한 사람을 인성이 좋다라고 여길 수 없는 이유다. 그러나 인성의 핵심은 타인과의 상호작용 역량이다. 즉, 역지사지易地思之 능력이다. 이게 없으면 아무리 교육을 많이 받아도 학벌 좋은 '괴물'이 된다. 인류가 진화해 오면서 터득한 너무도 귀한 삶의 진리라서 황금Golden 같은 규칙(황금률)이라 하지 않는가. 남과 입장을 바꿔 놓고 생각할 줄 아는, 이 단순한 의식과 행동이 살맛 나는 세상을 만든다. 개인이든 국가의 문화든, 품격品格과 천격賤格을 구분하는 기준도 이것 하나다.

인공지능AI이 기반이 되는 제4차 산업혁명시대로 진입하면서 이런 '사람됨'의 역량이 새롭게 조명받고 있다. 세계경제포럼WEF은 공감을 중심으로 한 상호작용 역량이 제4차 산업혁명시대의 핵심 역량이라고 단언한다. 앞으로는 기업의 CEO들이 필사적으로 찾는 직원은 바로 공감 능력이 뛰어난 사람이라는 것이다. 타인과의 상호작용이 절대적으로 요청되는 인공지능시대에 필요한 새로운 역량으로도 인성이 부상하고 있다.

이 책은 인성론이나 인성교육론이 아니다. 마치 새로운 이론이라도 되는 양 인성 관련 책들이 쏟아져 나오는 시류에 편승할 의도는 더군다나 없다. 필자는 인성론이 아니라 인성을 말하고 싶었다. 한 사람의 성공과 행복에, 그리고 우리 사회의 정치 · 경제 · 사회 · 문화 속에, 인성이 얼마나 깊숙이 침투해 있는지를 인문학적 관점에서 새롭게 조명해 보고자 했다. 잘 나가던 정치인 공직자의 삶이 왜 하루아침에 파멸의 길로 들어서는지를, 현실 속 유토피아로서 북유럽 국가들의 탄탄한 복지 시스템을 들지만 진짜 비결은 시스템이 아닌 국민 각자의 '사람 됨됨이'에 있다는 사실을 새삼스레 논하고 싶었다. 학교교육에서, 다양한 성인교육에서, 다 알고 있으면서도 외면하는 그런 진리다.

솔직히 말하면 이 책은 필자의 안이한 생각에서 출발했다. 필자가 어느 재무 관련 잡지에 수년간 기고해 온 시사 칼럼들을 대충 정리해 보면 될 것 같다는 생각이 들었기 때문이다. 그러나 의도는 완전히 빗나갔다. 세상의 변화가 칼럼의 내용들을 너무 앞질러 갔기 때문이다. 새롭게 써 내려가면서 후회도 많이 했지만, 그래도 버틸 수 있는 '의미'를 준 것은 연세대학교 학부대학 GB&D 강좌에서 함께 읽고 토론하고 논쟁하고 있는 학생들이었다. 그들의 변화를 보면서 나의 변화, 성인들의 삶의 변화에 대한 밝은 희망을 보았기 때문이다.

누군가 그리스 철학자 탈레스에게 물었다. 뭐가 가장 어려운 일인가? "자신을 아는 것." 그럼 가장 쉬운 일은? "남에게 충고하는 것." 사족이지만 이 책을 쓰는 내내 염두에 두었던 말이다. 함께 읽으면서 함께 '자신을 알아 가는' 의미 있는 여행이 되기를 바랄 뿐이다.

남한산성이 보이는 서재에서

이 관 춘

차 례

제1부 | 내 안의 보물, 거리의 파토스

인성, 우리가 놓치고 있는 경쟁력

"행복한 인간은 우리를 생각하지만, 불행한 이는 나만 생각한다."

– 스튜어트 프리드먼 『와튼 스쿨 인생특강』

한국의 경쟁력을 외국인에게 과시하려면 두 가지를 보여 주라는 말이 나돈 적이 있었다. 새벽에는 고급 호텔 로비를, 한밤중에는 서울 대치동 학원가에 줄지어 있는 학부모들의 차량 행렬을 보여 주라는 것이다. 새벽에 고급 호텔 로비를 보여 주라니 고개가 갸우뚱해질지 모르지만, 기업인들이 새벽부터 세미나에 참석해 열성적으로 공부하는 나라는 한국밖에 없다는 얘기다. 늦은 밤의 대치동 학원가 차량 행렬이야 삼척동자도 짐작할 수 있는 내용. 학생들의 공부에 대한 열정, 학부모의 교육열 얘기다. 오바마 전 미국 대통령도 그렇게 부러워했다는 한국 학부모들의 교육에 대한 열정이다. 연례적인 OECD 국제학업성취도평가PISA에서 최상위권을 놓치지 않는 한국이다 보니 학부모의 교육열이 국가경쟁력의 원천이라는 믿음과 찬사가 이상할 게 없어 보인다.

'교육 강국'의 빛과 어둠

그러나 잠깐, 우리가 '과시'하는 그 교육열에 치명적인 결함이 숨겨져 있음을 주목하는 사람은 많지 않다. 예를 하나 들어 보자. 오후 10시 무렵, 강남구 대치동이나 노원구 중계동 학원 거리에서 쏟아져 나오는 엄청난 수의 학생 무리를 보는 건 놀랄 일이 못 된다. 정작 기가 막히는 것은 학생들을 데리러 온 학부모들의 행태다. 차량을 몰고 나온 부모들의 행태를 목격한 어느 대학교수는, 선진국 어느 나라에서도 볼 수 없는 무법천지라고 개탄한다.

> "학부모들은 학원 일대 차로를 완전히 장악해 무단으로 주차하거나, 그것도 모자라 차들이 줄지어 달리는 큰 길 가운데에 비상등을 켠 채로 주차해 놓는다. 부모들은 그 때문에 교통이 마비되는 것쯤은 아랑곳하지 않는다. 일부 이면도로에는 차들이 서로 엉켜 꼼짝달싹 못 한다. 학부모들은 맞은편에서 차가 오더라도 빈 곳이 생기면 그냥 주차를 하고, 자기 아이들이 타기 전에는 결코 움직이지 않기 때문이다. 그 새에 끼인 택시는 애꿎은 경적만 계속 울려 댄다. 인근 주민들은 집에 갈 수도 없다. 정류장을 뺏긴 버스들도 길 한복판에 마구 정차한다. 수많은 학원 버스까지 가세해 밤의 학원가는 그야말로 아수라장이다."[1]

학원에서 밤늦도록 영어나 수학 배우기에 몰두하던 자식들에 대한 이런 징글징글한 부모 사랑 앞에 법과 원칙이 철저히 짓밟히는 모습이다.

그러나 부모들이 놓치고 있는 정작 중요한 교육은 그 다음이다. 어른의 행동을 아이들이 본받는 상행하효上行下效 학습이다. 난장판 같은 밤거리에서 아이들은 부모로부터 자연스럽게 법과 규칙을 무시하는 사회화 학습을 하게 된다. 자신의 이익과 편리를 위해서라면 남에게 피해를 주는 것은 물론, 누가 보든 말든 불법도 서슴지 않는 뻔뻔함과 도덕 불감증이 살아가는 요령인 양 학습된다. 몇 해 전한 시사 주간지에는 여름 영어 캠프에 참석하기 위해 미국 워싱턴 공항에 도착한 한국 초등생 100여 명과 그 부모들이 입국 심사대에서 당당하게(?) 새치기를 하는 낯 뜨거운 장면을 목격한 글이 실렸다. 하긴, 집에서 새는 바가지가 밖에서 안 샐 리 있을까. 아이들의 행동은 미래의 어른들 행동의 데자뷔다. 한국에서 중학생들에게 영어를 가르쳤던 한 원어민 교사가 떠나면서 이런 말을 했다.

"한국에는 미래가 없다. 여러 나라에서 아이들을 가르쳐 봤지만 한국 아이들처럼 버릇없고 기본적인 예의나 규율도 지키지 않는 아이들은 본 적이 없다. 이 아이들이 자라 어른이 되고 투표권을 행사해 나랏일을 결정할 테니 이 나라에 미래가 있겠느냐?"[2]

지금 공교육은 말이 전인교육이지 오직 입시교육에 모든 코드가 맞춰져 있다. 대학입시가 중·고등학교의 교육과정을 지배하는 현실이기 때문이다. 학생부 종합전형, 논술전형, 특기자전형, 정시모집 등 복잡한 입시는 그렇다 치고 당장 학교 내신부터 잘 받아야 한다. 학교에선 선생님들이 낸 함정 문제를 어떻게 피해 나갈까 학습해야 하고, 수능시험에선 출제자의 의도를 파악하느라 머리를 싸매야 한다. 실상이 이렇다 보니 공공 의식은 뒷전이며 양보나 배려를 배우는 도덕, 윤리 과목은 서자 취급을 받는 신세다. 가정교육이 그 빈자리를 메울 수 있어야 하겠건만 '입시 과목만이 교육'인 부모들에게 인성이란 그저 교실 액자 속의 박제된 '좋은 말'일 뿐이다.

인간의 도리를 가르치기보다는 자식에게 오직 점수로 드러나는 성취와 성공만을 강요하는 건 더 이상 낯선 풍경이 아니다. 자녀의 삶에 깊숙이 침투해 행·불행을 좌우하는 핵심 능력이 바로 인성이라는 심리학자들의 말은 애써 무시한다. 이미 시작된 4차 산업혁명 시대에 부모가 자녀에게 바라는 그런 전문직들 중 반 이상은 사라지고, 대신 인성에 기초한 창의성과 공감 능력이 기업이 원하는 새로운 스펙이 된다는 경영 전문가들의 말도 외면한다. 자녀가 살아갈 세상은 이렇게 급변하는데도 과거에 잘못 학습된 부모의 교육관은 요지부동인 것이다. 그리고 '내 자식 내가 아끼는데 누가 뭐라는가?' 식의 뒤틀린 자식 사랑에 전전긍긍하는 사이, 아이들은 서서히 '병적인 자기애'에 빠져들고 있다. 그리고 아이들은 불행하다. 2017년에도 OECD가 48개국 학생들의 '삶의 만족도'를 조사해 보니 예상대로 한국은 꼴찌에서 두 번째였다. 아이들이 행복하지 않은 나라의 미래가 밝을 리가 있겠는가?

입에 풀칠하기도 버거웠던 시절을 극복하고 한국 사회는 40년 만에 국민소득이 10배 이상 늘어나는 압축 성장을 통해 세계 10위권 국가의 대열에 올라서는 외형적 쾌거를 달성했다. 허나 그 과정에서 원칙과 절차는 무시해도 목표만 달성하면 된다는 성장 지상주의가 우리 삶에 깊숙이 자리 잡게 되었다. 가정·학교·직장 할 것 없이 살아남으려면 남을 밀치고라도 앞서야 한다고 은연중 가르쳐 왔다. 경쟁과 이익만을 강조했고 깨끗한 실패보다 더러운 성공을 모델 삼아 달려왔다. 그게 경쟁력이고 행복인 양 생각했다. 이만큼 물질적 풍요를 누리게 된 것이 부모들의 교육열 때문임을 부인할 수는 없다. 반면에 그 '교육열'에 의해 왜곡된 이기주의와 도덕 불감증이 가정이나 학교에서 암묵적으로 재생산되고 있는, 더 큰 비교육적인 문제에 직면하고 있는 것 또한 엄연한 현실이다.

인간의 자연스러운 '감성' '심성' '마음'을 갈고 닦는 것을 내팽개친 교육은 결국 인성 파괴의 재앙으로 돌아올 수밖에 없다. 그 결과, 교육은 받았지만 '싸가지 없는 애들' '사람 냄새 나지 않는 명문 대학생들', 추잡스러운 '개저씨' '개줌마' '나잇값 못하는 늙은이들' '영혼 없는 공직자들'이란 말들이 넘쳐 난다. 학력은 높지만 몰상식하고, 도덕 교육은 받았지만 비도덕적이며, 종교는 있지만 신앙은 없고, 명문대를 나왔지만 천박한 이기심에 사로잡힌 괴물들이 넘쳐 나고 있다. 하루가 멀다 하고 터지는 사건들 속의 주인공들이 바로 이런 학벌 좋은 괴물들이다. 인성을 외면한 우리 교육의 필연적인 부메랑인 것이다. 결국, 세월호 참사나 국정농단사태 같은 것들은 인성 파괴의 임계점에서 터진 '정상사고normal accidents'였을 뿐이다.

'인성의 딜레마' 덫

돌이켜보면 우리 사회는 크고 작은 수많은 '정상사고'를 겪어 왔고 또 겪고 있는 중이다. 그래서 불행하다. 정상사고의 원인은 다양하겠지만 본질은 결국 인간의 인성 문제로 귀결된다. 학교나 학원에서 죽은 지식을 삼키고 시험장에서 점수와 교환하기 위해 토해 내는 훈련만이 교육이자 경쟁력이라 생각하는 부모들이 정작 놓치고 있는 경쟁력, 바로 사람 '됨됨이'의 문제인 것이다. 국정농단사태만 해도 그렇다. 단지 몇 사람의, 정말 한 줌도 안 되는 비선의 사익私益을 위해 국가기관의 핵심 인물들이 동원됐다. 이들이 휘젓고 다니며 기업의 손목을 비틀어 돈을 뜯고, 공정 사회의 마지막 보루라는 입시마저 이들의 '빽' 앞에 맥없이 무너졌다. '헬 조선'이니 '고조선'이니 하는 말로 희화될 만큼 전근대적인 우리 사회의 민낯이 드러난 것이다. 전근대적 사회란 말 그대로 근대 이전 혹은 미계몽된 인성을 지닌 사람들이 모여 사는 사회를 의미한다. 계몽주의 철학자 칸트의 말대로 합리적 이성을 사용하여 스스로 판단하고 행동하며 책임을 지지 못하는 사람, 즉 외모는 어른이지만 정신세계는 미성년인 사람들로 구성된 사회다.

이런 사회에서 행복을 찾는 것은 연목구어緣木求魚와 다를 바 없다. 청년들의 일자리 문제만 해도 그렇다. 청년들에게 '헬 조선'은 취업의 고통과 직결된다. 박노해 시인의 말대로 "노동 착취보다 착취당할 기회를 잃는 것이 더 두려운 세상"이기 때문이다. 청년 실업이나 일자리 양극화의 원인은 다양하겠지만 근로자들의 이기적인 인성과 결코 무관한 것은 아니다. 저성장 시대에 돌입했음에도 불구하고 대기업과 공공기관 정규직 근로자들은 강력한 노조를 등에 업고 자신들의 임금 인상과 고용 기득권을 유지하는 데만 급급하다. 세습고용이란 말도 나온다. 그러나 비정규직 동료 근로자를 위한 '동일노동 동일임금'이나 '비정규직 차별 철폐'에는 관심도 없다. 과연 누구를 위한 노조인가.

자연히 기업들은 신규 채용에 소극적이게 되고 그 피해는 고스란히 청년들에게 돌아간다. 과거 "7,000명의 코레일 근로자들이 무려 72일간 파업을 하는데도 열차가 큰 차질 없이 운행되었다."[3]는 사실은 무엇을 의미하는가? 생산성과 동떨어진 연공급 위주의 임금체계는 이런 문제를 더욱 심화시킨다. 이렇게 높아진 대기업의 임금 부담과 노조의 고용 기득권은 하청 중소기업으로 전가되는 구조적 문제로까지 이어져 중소기업의 일자리 질을 떨어뜨리고 청년들에게 외면받는 악순환이 반복된다.[4] 자기 집단의 이익만을 추구하다가 서로 뒤엉킨 채 함께 벼랑으로 밀려가는 '죄수의 딜레마', 타인을 배려하는 인성에 해답이 있는 줄 뻔히 알면서도 서로를 믿지 못해 함께 공멸하는 '인성의 딜레마'에 처해 있는 것이다.

인성의 딜레마를 해결해야 할 책임은 그 어느 누구보다 정치인, 공직자에게 있다. 그러나 현실은 어떤가? OECD 평균도 안 되는 정부 신뢰도, 137개국 중 90위에 불과(세계경제포럼 2017년 국제경쟁력지수)한 정치인 신뢰도가 우리의 모습이다. 생선은 항상 대가리부터 썩는다고 한다. 부정부패와 비리 등 사건에 빠짐없이 연루되는 집단이 정치인, 공직자들이다. 그들 개개인의 삶이 파탄 나는 것은 물론이고 국가 사회적 차원에서의 헤아릴 수 없을 정도의 손실로 연계된다. 우리는 정권이 저지른 범법 행위와 비리가 보수-진보의 진영논리로 둔갑하면서 사회가 분열되는 것을 목격하였다. 정부가 손을 놓고 있는 사이, 주변 국가들은 우리의 현재와 미래의 국익에 결정적 타격을 미칠 사안들을 치밀하게 준비하고 실행에 옮긴다.

말이 '신뢰의 관계'지 힘에 기초한 '거래의 관계'로 바뀐 주변 강대국들과의 관계에서 유독 한국만 '왕따' 당하는 신세가 되기도 한다. 미국의 트럼프 정부가 들어선 이후 세계 경제는 대국들이 체면도 팽개치고 자국의 이익만 탐하는 각자도생의 시대로 접어들었다. 세계 1위 경제대국 중국은 한때 사드THAAD를 빌미로 한국에 대한 경제보복에 나섰고, 세계 3위 경제대국 일본은 한국의 리더십 공백을 틈타 국제사회에서 한국을 코너에 몰아넣느라 분주했다. 한일 통화스와프 협상 중단을 선언하고 초·중학생들에게 '독도는 일본 땅' 교육을 전격적으로 의무화시켰다. 이건 정말 어려움을 겪고 있는 이웃 나라에 대한 도리가 아니다. 허나 이게 냉엄한 국제정치의 현실이다. 플라톤의 고대 그리스 아테네나 지금이나 국제사회에서 정의란 곧 강자의 이익일 뿐이다.

AI시대의 새 역량

국제 정치의 문제라지만 따지고 보면 이 역시 크고 작은 역할을 맡은 국내의 정치인, 공직자의 인성 역량에 좌우되는 문제다. 21세기 4차 산업혁명시대로 진입해 감에 따라 인성 문제는 새로운 시대의 새로운 역량으로 주목을 받고 있다. 4차 산업혁명의 핵심은 정보통신기술ICT과 인공지능AI, 그리고 로봇이다. 이들의 주도하에 사람과 사물을 포함한 모든 것들이 순식간에 연결되는 초연결사회hyper-connected society가 되는 것이다. 사람과 사물 및 서비스가 서로 간에 언제 어디서건 유기적으로 연결되는 사회다. 그래서 우리의 생활은 과거에는 상상할 수 없었던 모습으로 바뀔 것이라고 한다.

AI시대는 과거의 산업혁명과 달리 소프트웨어 혁명이다. 소프트웨어는 하드웨어와는 달리 추가 비용을 들이지 않고도 무한 복제가 가능하다. 이런 AI가 할 수 있는 직업군에선 인간이 설 자리가 없을 것이란 전망이다. 무인 차 시대로 진입하면서 수 많은 부품업체, 주유소, 택시와 버스기사, 자동차 보험 등이 점차 위협받게 될 것이다. AI의 노동 대체율은 오히려 전문직에서 더 높을 것으로 전망된다. 이미 IBM의 인공지능 왓슨은 환자들로부터 의사보다 더 신뢰를 받고 있다. 골드만 삭스의 금융분석 프로그램 '켄쇼'는 연봉 50만 달러 전문 애널리스트가 40시간 걸려 해낼 일을 단 몇 분 내에 해결하고 있다.

시대는 이렇게 무섭게 변하고 있다. 그러나 한국의 부모들은 자녀들을 의사, 약사, 회계사로 키우려고 학원 뺑뺑이 돌리는 데 몰두하고 있다. 미래 트렌드 예측 전문가들은 이런 유망한 직업일수록 그 아이들 세대에 사라질 위험이 크다고 말한다. 미래학자인 카이스트의 이광형 교수는 "의사, 변호사를 시킨다고 초등 저학년 때부터 선행학습 학원에 보내는 것은 쓸데없는 일"이라고 잘라 말한다. 새로운 세상이 오고 있는데 기존 전문직에 집착하는 건 상투 잡으려 애쓰는 것과 같다[5]는 것이다. 변화하는 세상에서 아이들이 필요로 하는 역량은 과거와는 판이할 수밖에 없다. 대치동으로 상징되는 학원교육은 표준화된 노동자들을 키우고 평범한 회사원, 공무원을 만드는 데는 적합할지 모른다. 그러나 초연결사회인 AI시대에는 더 이상 효용 가치가 없게 된다. 이유는 무엇일까?

사람과 사물이 연결된다는 것은 사람과 사람의 연결과 본질적으로 차이가 없다. 연결을 주도하고 결정하는 것은 인간이기 때문이다. 인공지능을 개발하고 사용하는 것 역시 인간이기에 AI로 인해 촉발될 수 있는 재앙적, 존재적 위험의 열쇠는 인간에게 달려 있다. 그렇다면 인간과 인간의 연결이 인간관계로 이어지듯 인간과 사물의 연결 역시 인간관계로 귀결될 뿐이다. 그리고 이런 '관계'의 질은 필연적으로 인간의 가치나 윤리 혹은 인성에 좌우될 수밖에 없다. 특히, 인공지능이 기반이 되는 사회에서는 타인과 공감하는 능력에 대한 사회적인 요구가 크게 분출할 것으로 전망된다. 인공지능이나 로봇이 마지막까지 따라갈 수 없는 영역이 상호작용을 통한 공감 능력, 타인의 감정을 살피고 이에 대응하는 능력이기 때문이다.

제아무리 뛰어난 슈퍼컴퓨터라도 "기분이 어때?"란 질문에는 대답할 수가 없다. 자아가 없는 '알파고'는 승리의 기쁨도 패배의 슬픔도 느낄 수 없다. 상대를 진심으로 이해하고, 위로해 주며, 같이 기뻐하는 공감 능력은 인간만이 갖고 있다. 장례식장을 방문한 로봇으로부터 위안을 얻고 싶은 사람이 누가 있겠는가? 화가 난 고객에게 진심으로 사과하고 마음을 달래 주는 것도 인간만이 가능한 일이다. [6] 『인간은 과소평가 되었다』의 저자인 포춘의 편집장 제프 콜빈은 기술이 발전해 나가는 과정에서 컴퓨터보다 더 정확히, 더 잘하려고 애쓰는 쪽에 초점을 맞추어서는 안 된다고 말한다. 그런 대결이라면 인간이 질 것이 분명하기 때문이다. 여기서 주목할 점은 '정확히'란 단어다. 구글의 자율주행차는 사람보다 더 '정확히' 운전할 수가 있다. 운전자들의 일자리를 '정확히' 대체할 수 있는 것이다. 따라서 '정확성'을 놓고 로봇공학, 인공지능과 승부를 걸 수는 없다. 그렇다면 관점의 변화가 필요하다. 인공지능 기술이 하지 못하면서, 인간이 반드시 해야 하는 일을 찾아 계발하는 것이다. 인간이 다른 인간에게서 가장 많이 얻고자 하는 것을 제공하는 능력이 앞으로 높은 가치를 인정받게 되기 때문이다. 콜빈에 따르면 그 능력이 바로 '공감'이다.

정확하고 합리적이며 이성적인 일은 어차피 기계가 충분히 잘 해낼 것이다. 하지만 인간의 본성은 합리성에 기반하지 않는다. 인간은 사회적 존재이기 때문에 타인과의 관계가 없으면 행복을 찾거나 생산적인 존재가 되지 못한다. 인간적인 일, 불쌍한 이들을 안타까워하고, 고통을 당한 사람을 공감하고, 행복한 사람을 보면 같이 웃어주는 일은 인간만이 할 수 있는 분야다. 따라서 앞으로 가장 인간적인 인성을 갖춘 사람이 인재로 평가받게 된다.[7] '우수한 인간'의 개념이 바뀌는 것이다. 인간 됨됨이가 뛰어나고 철저히 인간다운 사람이 되어야 우수한 성과를 달성할 수 있기 때문이다. 이를 뒷받침하듯 2016년 세계경제포럼에서는 21세기 학생들에게 필요한 새로운 능력으로서 '사회 및 공감 학습SEL'을 제시하였다. 앞으로 기업 CEO들이 필사적으로 찾는 직원은 공감 능력이 뛰어난 사람이라는 것이다.

실제로 미국 온라인 구직 사이트 게시판을 조사한 결과 연봉이 10

만 달러(약 1억 1천만 원)가 넘는 구인 광고 중에 공감 능력을 요구하는 경우가 1,000건 이상이었다. [8] 물론 그런 능력을 강조하는 기관들이 자선 활동 단체는 아니다. 맥킨지, 바클레이스 캐피털, 화이자, 아메리칸 익스프레스 등 세계 굴지의 기업들이었다. 이들 기업들은 인공지능 기술이 강력해질수록 직원들의 공감 능력이 매출 확대로 이어진다는 예지력을 이미 갖추고 있는 것이다. 한 예로, 아메리칸 익스프레스 콜센터 상담 직원은 일반적으로 컴퓨터 모니터에 뜨는 매뉴얼의 원고대로 고객을 응대하게 되어 있다. [9] 하루는 부서 책임자가 콜센터 직원들의 모니터에 고객 응대 매뉴얼 대신 고객 정보가 뜨게 하고 그들이 재량껏 고객과 대화를 나눌 수 있게 했다. 그 결과 부서 책임자는 '상담 직원이 진심으로 대하는지 고객들은 금세 알아챈다'는 점을 파악했다. 이후 아메리칸 익스프레스는 직원을 뽑을 때 새로운 기준을 적용했다. 콜센터 경험이 있는 지원자보다, 고급 호텔이나 리조트에서 일한 경력이 있어서 인간관계 맺기를 좋아하고 고객과 공감하고 가까워질 수 있는 사람들을 뽑았다. 당연히 그런 변화는 좋은 성과를 낳았다. [10]

이제, 성인 인성교육이다

이러한 문명사적 변화에 대한 통찰 때문만은 아니겠지만 인성교육에 대한 요구가 사회 전반적으로 일고 있다. 특히, 세월호 참사 이후에는 아예 인성교육을 법제화시켜 2015년 7월부터는 초 · 중고등학교 학생들을 대상으로 한「인성교육진흥법」이 시행되고 있다.

　법 제정의 타당성에 대한 논의는 차치하기로 하자. 그런데 되짚어 보면 참으로 아이러니하다. 사회를 불행과 혼란에 빠뜨린 사건은 모두 성인들이 한 짓이 아닌가. 성인들의 인성 문제 때문에 수백 명의 청소년들이 희생된 게 분명한데도 애꿎은 청소년의 인성만을 탓하고 있는 셈이다. 여타 청소년의 인성 문제 역시 가정과 사회의 성인들의 행동에 대한 사회화 학습의 결과일 뿐이다. 논리적으로는 그렇다 해도 성인들에게 인성교육이란 가당치도 않으니 성인이 될 청소년들에게 예방적 차원에서 사람 됨됨이 교육을 시키자고 판단했는지도 모른다. 이유야 어쨌거나「인성교육진흥법」의 취지와 내용은 반은 틀리고 반은 맞다.

　반은 틀리다는 것은 인성교육을 영어나 수학처럼 마치 학교의 새 교과목이나 교과과정으로 인식하는 경우다. 인성이란 철학적이고 심리학적인 용어로서 매우 포괄적이다. "저 사람은 인성이 좋다." 혹은 "인성이 나쁘다."라고 할 때 우리는 일반적으로 행동을 통해 드러난 한 개인의 총체적인 '됨됨이'를 평가하는 것이다. 그런데 행동이란 특정한 상황과 조건에 관련된 지식이나 스킬, 가치관, 태도, 기질 등의 복합적인 표현이다. 심리학은 인성에서 본성이나 기질을 강조한다면 철학에서는 지식 혹은 '앎'이 중시된다.

　인간의 행위를 통제하고 지배하는 가장 효율적인 기재가 바로 지식이다. 그래서 고대 그리스 철학자들은 올바로 행하기 위해서는 반드시 알아야 한다고 지식의 중요성을 강조했다. 물론 안다고 반드시 아는 대로 행동하는 것은 아니란 사실을 심리학이 밝혀냈지만 지식이 행동의 중요한 동인임은 분명하다. 여기서 지식이란 진리에 대한 인식과 아울러 무지에 대한 인식을 의미한다. 특히, 소크라테스는 '자신이 모른다는 것을 아는 지식', 그리고 무지를 인정하는 용기 있는 태도야말로 바람직한 인성의 출발이라고 강조했다. 왜냐하면 '인식 주체'로서의 인간은 본래적으로 '인식론적 한계'를 지닌 유한자有限者[11]이기 때문이다.

따라서 '인식론적 오류'를 범할 개연성을 늘 염두에 둬야 한다. 자신 있게 '확실하다.' '옳다.'고 믿고 말하고 행동한 것이 오류임이 드러날 수도 있다. 주장을 내세우고 행동하기 전에 인식론적인 반성과 성찰을 앞세우는 사려 깊음이 인성의 중요한 조건이 된다. 스피노자의 말대로 '모든 악은 부분적인 앎의 소산'이기 때문이다. 이렇게 볼 때 인성교육은 인간의 인지적, 정서적 특성을 포괄적으로 계발하는 교육의 목적 그 자체다. 따라서 인성교육은 잠재적 교육과정을 포함한 교육과정 전반에 걸쳐 통합적으로 이루어져야 하는 것이다.

「인성교육진흥법」이 '반은 맞다.'라는 말은, 특히 '타자와의 유의미한 관계 형성'을 위한 인성교육의 시급성을 강조한다는 점에서 그렇다. 「인성교육진흥법」은 '건전하고 올바른 인성을 갖춘 시민 육성'을 목적으로 한다고 명시하고 있다. 이 법에서 말하는 인성교육이란 "자신의 내면을 바르고 건전하게 가꾸며 타인, 공동체, 자연과 더불어 사는 데 필요한 인간다운 성품과 역량을 기르는 것을 목적으로 하는 교육"이다. 인간의 본성은 사회적 동물이며 사회적인 관계 속에서 자기 자신을 성장시키는 존재다. 따라서 인성의 본질은 '관계'

의 문제다. 현실적으로도 한 개인의 인성은 무엇보다 '타자와의 관계'를 기준으로 평가받는다. 교육의 수준이나 사회적 지위, 명성, 경제적인 부에 앞서 타인에 대한 존중과 배려심이 더 중요한 잣대가 되고 있음을 우리는 일상적으로 경험하고 있다.

「인성교육진흥법」에 대한 이러한 논의는 '인성교육은 곧 청소년'이란 패러다임을 확장시켜야 할 필요성을 제공한다. 이제, 성인교육에서 인성교육을 말해야 한다는 것이다. 단순히 사회문제의 원인 제공자로서의 성인 인성교육이 필요하다는 논리가 아니다. 인성교육이 무엇을 해야 하고 무엇을 하지 말아야 한다는 일련의 규칙을 교육시키는 것이 아니라 사람 됨됨이의 변화를 목표로 한다면, 그 변화는 아동 청소년기에만 그치는 것이 아닌 평생 동안 되어 가는 becoming 것이다. 이러한 견해는 고대 그리스의 철학까지 거슬러 올라간다. 아리스토텔레스[12]는 일찍이 "청소년 시절의 올바른 성장과 교훈을 받는 것만으로 충분하다고 볼 수 없으며, 성인이 되어서도 지속적으로 실천해야 하며 또한 그것이 습관이 되어야만 한다."는 점을 강조했다.

심리학자 에릭 에릭슨Erikson 역시 아리스토텔레스와 같은 맥락에서 인성은 청년기에 완성되는 것이 아니라 성인기, 노년기를 거쳐 지속적으로 발달하고 변화한다는 점을 강조한다. 아동 청소년기에는 생물학적 존재에서 사회적 존재로의 변화에 초점을 맞춘다면, 성인은 사회적 제도가 요구하는 집단성에서 벗어나 스스로 각자의 개인적 삶의 의미를 찾는, 각자성各自性을 회복하는 창조적 '변화'를 추구한다. 이러한 변화에는 성인들의 주체적 노력과 학습이 요구된다. 이것이 성인교육이자 평생교육의 핵심적 목표다.

이렇게 본다면 인성교육은 성인교육의 또 다른 이름이다. 성인 인성교육의 목표로서 개인성을 회복한다는 것은 '내가 나로서 어떻게 살아야 할 것인가'에 대한 물음이자 반성이기 때문이다. 반성에 기초한 인성교육은 심리학과 철학을 포함한 간학문적 접근을 필요로 한다. 개인의 성격, 기질, 동기는 물론 개인의 지식과 가치, 태도, 행동 양식 등의 인성 요소에 관한 포괄적인 이해와 논의가 필요하며 이에 덧붙여 개인의 의지적 결단에 대한 학습이 요구된다. 이를 바탕으로 할 때 '어떻게 살아야 할 것인가'의 삶의 양식에 대한 성찰이 가능하게 된다. 앞서 논의한 대로 그러한 성찰은 결국 '타자他者와의 유의미한 관계 형성'으로 귀결된다. 이것이 인성교육의 목표이자 성인교육의 목표다. 일찍이 성인교육의 선구자인 에두아르드 린드만 Lindeman[13]도 성인교육의 핵심 목적이 '인간과 세계와의 창조적인 관계 맺음'이 되어야 한다고 강조하지 않았는가.

존중, 책임, 공정

그렇다면 타인과의 '의미 있는 관계 형성'을 위한 인성교육이란 무엇인가?

전통적으로 교육이 지향하는 인성은 그 교육이 처한 역사가 체현하고자 하는 인간의 이상적 상과 대체로 일치했다. 전쟁국가였던 고대 그리스의 인성교육은 폴리스polis들 간의 전쟁에서 승리하기 위한 이상적인 전사warrior들을 길러 내는 것이었다. 플라톤의 『국가』에 묘사된 교육이념은 지금 보면 끔찍한 전체주의적 사유로 보이지만 당시로서는 당연한 인간 형성의 이상이었다. 같은 맥락에서 서양 중세사회가 지향한 인성의 조건이나, 중앙집권적 관료체제의 귀족 국가였던 조선시대가 지향한 인성교육의 이상 역시 그 시대를 반영하는 것이었다. 그러나 어느 시대 어느 사회나 가치의 차이는 있을 지언정 교육의 목적은 언제나 도덕적 인성 개발이었다. 따라서 18세기 독일의 교육철학자 요한 헤르바르트Herbart[14]는 '교육 행위의 본질적인 목적은 도덕성'이라고 단언했다. 마찬가지로 19세기 프랑스 철학자 알랭Alain[15]은 "교육은 성격의 훈련이지 지성의 훈련이 결코 아니다."라고 강조하였다.

그렇다면 오늘날 우리 교육이 지향하는 인간상, 인성의 덕목은 무엇일까. 전사도 아니고 종교적 인성도 아니며 군자도 아닐 것이다. 대한민국은 민주공화국이다. 민주사회가 지향하는 인간상은 민주시민, 즉 '민주주의'의 '시민'이다. 민주주의는 인간은 존엄하며, 존엄하기에 평등하고, 자유를 보장해야 하며, 서로 존중해야 한다는 가치에 기초한다. 시민이란 시市의 민民이다. 서구 역사에서는 '부르주아bourgeois'라 불렀지만 지금은 민주주의 가치에 기초한 공동체市 속에 사는 사람民, 즉 '시민'의 개념으로 정립된 것이다. 따라서 민주시민이란 인간의 존엄성, 자유, 평등, 박애의 가치를 수용하는 사람이며, 민주시민으로서의 인성교육은 그러한 가치를 존중하고 실천하기 위한 교육이라 할 수 있다.

학자들에 따라 민주주의 가치를 실천하기 위한 인성 덕목에는 차

이가 있다. 민주시민의 핵심 덕목으로 협동 혹은 협력을 제시하는
가 하면 정직과 겸손, 관용, 용기, 탁월함, 존중, 공정, 자신감 등의
가치들을 인성의 중요 요소로 강조하기도 한다. 공통된 점은 이들
덕목들은 대부분 타인과의 관계에서 지켜야 할 윤리적 가치들이라
는 점이다. 인성교육학자인 뉴욕주립대학교의 리코나Lickona[16] 교수
는 이들 중, 특히 인격 형성의 핵심이 되는 두 가지 중요한 가치로
존중과 책임감을 제시한다. 이들 가치 또한 도덕적 가치임을 감안
하면 리코나 교수도 마찬가지로 도덕과 가치 기반의 인성교육[17]을
강조하고 있음을 알 수 있다.

필자 역시 인성교육이 '존중'과 '책임감' 같은 윤리적 가치에 기초
해야 한다고 본다. 전술한 대로 성인교육으로서의 인성교육이 '타자
와의 유의미한 관계 형성'[18]에 있다면 인성교육은 '타인을 위한 철
학'인 윤리 혹은 가치 기반의 인성교육이 우선시되어야 하기 때문이
다. 존중과 책임감이 인성교육의 바탕임을 간명하게 제시하는 일화
가 있다.

> 사람들이 유대교의 랍비 힐렐Hilel에게 와서, 외다리로 서서 들어도 될
> 정도로 율법Torah을 간략하게 가르쳐 줄 수 있는지를 간청하였다. 랍비
> 는 대답했다. [19]
> "남에게 당하고 싶지 않은 일을 남에게 하지 말라! 나머지는 모두 주
> 석에 불과하다."

랍비가 간명하게 정의한 이 말 한마디는 '외다리로 서서 들어도

될' 정도로 쉽게 타인에 대한 존중과 책임감이 인성의 핵심이라는 것을 말해 주고 있다. 자신과 상대방의 처지를 바꾸어 놓고 생각해 보는 의식과 태도, 즉 역지사지易地思之의 인성을 견지하라는 것이다. 역지사지의 정신은 인류가 역사를 이루고 진화를 해 오면서 공통적으로 도출해 낸 윤리적 가치로서 황금률이라 부른다. 시대와 문화에 따라 바람직한 인성의 정의는 다를 수 있지만 이 황금률만은 보편적으로 수용하고 있는 인성의 조건이다. 거의 모든 종교에서 황금률을 교리의 핵심으로 삼고 있는 것이 이를 입증한다.[20]

역지사지의 정신은 인간의 이기적인 본성 간의 완전한 대칭을 요구한다. 인간은 심리학적으로 이기적이다. 따라서 자신은 이기적으로 행동하면서도 다른 사람들은 이기적이지 않게 행동하기를 바란다. 자신의 감정만 존중받고 싶은 것이다. 그러나 역지사지를 통해 다른 사람의 이기심도 존중받아야 한다는 것, 이를 위해 자신이 해야 할 책임이 있다는 것을 인식하게 된다. 이런 인식은 공정성으로 연결된다. A와 B가 관련된 상황에서 A에게 도덕적으로 옳은 행동은 당신이 A든 B든 똑같아야 한다. 다시 말해 A와 B 모두의 이익에 동등한 중요성을 부여해서 행동을 결정해야 한다.[21] 따라서 "너희는 남에게서 바라는 대로 남에게 해 주어라."(마태 7:12), 즉 서로 간의 완전한 대칭이 존재해야 한다는 것이다.

이렇게 본다면 타자와의 유의미한 관계 형성을 위한 인성의 핵심은 타인에 대한 존중과 책임감, 그리고 공정성이라 할 수 있을 것이다. 그리고 이 책에서 다루는 다양한 인성의 요소들은 결국 위의 세 가지 인성 개념으로 수렴될 수 있으리라 본다.

제 1 부

내 안의 보물, 거리의 파토스

01

거리의 파토스, 인성의 본질

'산다는 건 사랑하는 것'이다. 그리 길지 않은 삶을 목발에 의지하며 살면서도 밝고 아름다운 발자취를 남기고 세상을 떠난 영문학자 장영희 교수의 말이다. 그녀의 수필집 『내 생애 단 한번』은 그 이유를 다음과 같이 설명한다.

> "'사랑하다'와 '살다'라는 동사는 어원을 좇아 올라가면 결국 같은 말에서 유래한다고 한다. 영어에서도 '살다live'와 '사랑하다love'는 철자 하나 차이일 뿐이다. 살아가는 일은 어쩌면 사랑하는 일의 연속인지도 모른다. 신을 사랑하고, 인간을 사랑하고, 나라를 사랑하고, 장미, 괴테, 모차르트, 커피를 사랑하고…… 우리들은 사랑하기 때문에 끝없이 아파하고 눈물 흘리기 일쑤지만, 살아가는 일에서 사랑하는 일을 뺀다면 삶은 허망한 그림자 쇼에 불과할 것이다."[1]

헤밍웨이의 '사자'의 인성

장영희의 수필에는 인성이란 말은 한 마디도 없지만 인성의 본질이 무엇인지, 인성의 높낮이가 무엇이고 또 어떠해야 하는지를 돌이켜 보게 해 준다. 삶이 곧 사랑일진대 타인에 대한 배려와 존중, 공정성, 책임 같은 덕목들이 삶에서 요구되는 아름다운 인성임은 말할 나위 없기 때문이다. 그렇다면 사랑을 해치는, 삶에 반하는 인성은 무엇일까?

수필집은 잘 알려진 미국의 대문호 어니스트 헤밍웨이의 소설 『노인과 바다』를 소개한다. 수필집을 접한 어느 해 여름, 필자는 국제 학술대회 논문 발표차 미국 플로리다 주 올랜도Orlando에 들렀다가 내친 김에 플로리다 주 최남단 키웨스트Key West에 있는 헤밍웨이의 집을 찾았던 적이 있었다. 『노인과 바다』 속 헤밍웨이의 그림자라도 느껴 볼 수 있을까 하는 기대에서였다. 소설은 두 문장으로 시작된다.

> "그는 멕시코 만류에서 조각배를 타고 홀로 고기잡이하는 노인이었다. 여든 날 하고도 나흘이 지나도록 고기 한 마리 낚지 못했다."

늙은 어부 산티아고의 이야기다. 길이 5.5m에 무게가 700kg은 나갈 법한 거대한 물고기를 잡겠다고 호언장담하며 망망대해의 배 위에서 분투하는 내용이 책 한 권을 채우고 있다. 그러던 중 모처럼 큰 게 걸렸다. 사흘 동안 밤낮으로 목숨을 걸고 사투를 한 끝에 마침내 노인은 큰 청새치를 잡게 된다. 그러나 땀으로 뒤범벅이 된 노인은 승리감보다는 오히려 물고기에게 애정과 동지애마저 느낀다. 서로가 목숨을 내놓고 싸운 정정당당한 대결이었기 때문이다.

허나 겨우 고기를 잡고 나니 이번에는 상어 떼와의 싸움이 시작된다. 노인이 남은 힘을 다해 청새치를 끌어올리려는 순간 어디선가 나타난 상어 떼에 습격을 당한 것이다. 결국 노인은 뼈만 남은 청새치의 잔해를 가지고 항구에 돌아온다. 그러나 노인 산티아고는 소리친다.

> "인간은 패배하도록 창조된 게 아니야 … 인간은 파괴될 수는 있어도 패배하지는 않지."[2]

'노인'과 '바다'는 '인간'과 '인생'에 대한 메타포metaphor다. 인생이란 '바다'에는 정직과 성실이 성공을 가져다준다는 믿음을 고수하며 사는 '노인'이 있다. 반면, 노인이 죽을힘을 다해 잡은 청새치를 기다렸다는 듯 물어뜯는 인간 상어 떼도 있다. 장영희는 이런 인간들을 '비열하고 천박한 기회주의자의 표상'이라고 질타한다. '상어' 인간은 자신이 인생이란 바다의 승자인 양 착각한다. 그러나 그는 파괴되지는 않았을지 모르지만 인생에서 패배한 인간이다. 반면 노인은 정직한 노동에 온몸이 상처 입고 상어 떼에게 다 뜯긴 청새치의 뼈만 갖고 돌아왔다. 하지만 노인은 패배자가 아니다. 노인의 외침대로 '산티아고' 인간은 파괴될 수 있을지언정 패배하지 않은, 인생의 진정한 승자인 것이다.

헤밍웨이는 소설을 통해 자연과 투쟁하는 노인(인간)을 그렸을지 모른다. 그러나 "살아가는 일은 사랑하는 일의 연속"이라고 생각한 영문학자의 시각에서 본다면 노인은 자연과 투쟁한 것이 아니다. 노인은 자기 스스로와 싸웠을 뿐이다. 살아가는 일, '사랑하는 일'을 포기하고 싶은 유혹에 맞서 싸운 실존적 투쟁인 것이다. 노인에게 '사랑하는 일'은 청새치를 잡는 일이다. 누가 뭐래도 우직하리만치 정직하게, 그리고 불굴의 투지로 고기를 잡는 일이다. 이것이 노인의 '삶'이자 '사랑'이다.

그러나 노인의 삶은 끊임없는 유혹에 직면한다. '비열하고 천박한 기회주의자'가 되려는 유혹이다. 가진 밑천이란 게 '조각배' 하나밖에 없는 현실에서 정직한 삶만을 고집한다는 것이 너무 고독하기 때문이다. 성실하게 성취해 놓은 것을 잔인한 상어 떼에게 빼앗길 때면 더 더욱 그렇다. 그러나 노인은 자신의 처지나 현실의 부조리에 굴복하지 않고 맞서 싸운다. 거친 '포르투나fortuna(운명)'의 바다를 비관하지 않는다. "설령 바다가 무섭게 굴거나 재앙을 끼치는 일이 있어도 그것은 바다로서도 어쩔 수 없는 일이려니 생각했다." 오히려 억센 불굴의 '비르투스virtus(용기)'로 운명의 바다를 극복한다. 그리고 그 '극복'을 즐긴다.

노인에게는 이러한 '극복'이 삶이고 사랑이다. 비록 늙기까지 변변한 재산도 남기지 못하고, 딱히 삶의 성취라 할 만한 것도 없어 보이지만 그는 '패배하지 않았다.' 소설은 영혼이 패배하지 않은 노인을 이렇게 묘사한다. [3]

> "두 눈을 제외하면 노인의 것은 하나같이 노쇠해 있었다. 오직 두 눈
> 만은 바다와 똑같은 빛깔을 띠었으며 기운차고 지칠 줄 몰랐다."

소설은 인생의 승리와 패배는 육체가 기준이 아니라고 말한다. 두 눈이 바다처럼 기운차고 지칠 줄 모른다면 승리한 것이다. 삶의 성공의 기준은 사회적 지위나 명예, 재산이 아니다. 삶의 부조리와 불의에 무릎 꿇지 않고, 바다의 빛깔을 닮은 활기 찬 영혼을 지칠 줄 모르고 추구하느냐 아니냐가 인생의 성공을 가름한다는 것이다. 소설은 이렇게 끝을 맺는다.

> "노인은 사자 꿈을 꾸고 있었다."

니체에 따르면 인간 정신 발달 단계에서 '사자'는 스스로 자유를 쟁취하는 삶의 주인이 되는 단계다. 주인을 두려워하며 명령에 무조건 순종하는 나약한 '낙타'와는 달리 주인의 부당한 명령에 '아니요!'를 말할 수 있는 강자인 것이다. 낙타의 삶처럼, 사막이란 세상은 다 그런 것이고 처세를 위해서는 부조리한 관습과 구조를 인내하고 굴종해야 한다고 생각하지 않는다. 강한 사자는 주변의 무리 짐승들의 '비열하고 천박한 기회주의자'의 인성을 거부한다. 누가 뭐래도 오직 자신의 사유와 판단에 따라 행동을 결정한다.

인성은 '넘어서는 것'

다른 한편으로, 산티아고 노인이 '사자 꿈'을 꾸고 있다는 것은 자신의 참된 욕망을 찾는다는 것을 의미한다. 정신분석학자 쟈크 라깡Lacan에 따르면 낙타는 주인의 욕망을 통해 낙타 자신의 욕망을 구성한다. [4] 타자의 욕망이 자신의 욕망의 원인으로 기능하는 것이다. 그러나 낙타의 단계를 극복하고 '사자'의 인성을 갖추게 되면, 이제 타자의 욕망이 아닌 자신의 욕망을 찾는다. 결국, 사람 '됨됨이'의 변화는 일생 동안 지속적으로 추구해 나가야 할 과제다. 인성이 개인의 본질로서의 '됨됨이'라고 한다면 그 본질은 어떤 완성체가 아닌 평생 동안 이루어지는 '과정'이기 때문이다.

니체에 따르면 인간 존재는 완성품being이 아니다. 지속적으로 '되어 가는becoming' '과정적' 존재다. 니체에게 "사람은 짐승과 위버멘쉬 사이를 잇는 밧줄, 심연 위에 걸쳐 있는 하나의 밧줄이다."[5] 상어 떼와 같은 비열하고 천박한 인성이 '짐승'의 상태라면 '인간만이' 구현할 수 있는 인간의 모습이 '위버멘쉬'다. 인간의 '됨됨이'는 그런 짐승과 위버멘쉬 사이에서 줄타기를 하고 있는 어정쩡한 상태다. 니체는 위버멘쉬의 인성을 갖춘 삶을 인간 존재의 실존적 목표로 제시하지만 이게 결코 쉬운 일은 아니다. 내 안에 웅크리고 있는 '짐승' 때문이다. 남을 밀쳐 내고 자신만의 이익을 추구하려는 이기적인 본능 때문이다. 따라서 인간은 짐승처럼 살 것인가 아니면 위버멘쉬로 살 것인가를 살아가는 동안 순간마다 결단해야 한다. 그렇다면 위버멘쉬로 사는 방법은 무엇인가?

『노인과 바다』에서 청새치와 사흘 동안 밤낮으로 목숨을 걸고 사투를 한 노인 산티아고는 그 방법을 보여 준다. 노인이 처절하게 싸운 대상은 청새치가 아니고 상어도 아니었다. 싸움의 대상은 자기 자신이었다. 자신의 한계를 넘어서는, 자기를 극복하기 위한 싸움이었던 것이다. 위버멘쉬의 삶은 산티아고 노인처럼 '자기를 극복하는 삶'이다. 자기 자신을 '넘어서는' 인간이 되는 것이다. 인간만이 갖고 있는 특징이자 장점은 '넘어섬'이다.

전설적인 산악인으로 꼽히는 사람으로 이탈리아의 라인홀트 메스너Messner가 있다. 히말라야 8천 미터가 넘는 고봉 14좌를 무산소로 단독 등정한 지구 최초의 인간이다. 하산 길에 동반 등정한 동생을 눈앞에서 잃은 죄책감도 그의 끊임없는 도전과 탐험을 막지 못했다. 70이 넘은 나이에도 남극점 횡단, 고비, 사하라 등반 등 인간 한계를 정복하려는 도전을 멈추지 않고 있다.

우리나라에는 산악계의 오스카상이라는 '황금 피켈 상'을 수상한 김창호가 있다. 히말라야 해발 8,000m 이상 14좌를 인공 산소 없이 7년 10개월 만에 등정했다.[6] 한국인 최초는 물론 세계 최단 기록이다. 14좌 무산소 등정 자는 세계 등반 역사상 단 19명이다. 7,500m 이상에선 산소가 해수면보다 절반 이하이고 기온이 영하 30도 밑으로 떨어지기 때문에 산악인들은 '죽음의 지대'라고 부른다. 그는 그런 곳을 산소 탱크 없이 수십 번 오르고 내렸다. 눈사태로 먹을 식량과 장비가 사라졌고 80m 아래로 추락해 갈비뼈 두 개가 부러지는 최악의 상황에서도 정상에 올랐다. 이건 등산이 아니다. 등정이자 전투다. 그때마다 '앞으로 산은 그만 올라야겠다.'고 결심을 했다. 그리고 결심을 할 때마다 그 약속을 어겼다. 이게 산악인의 인성이다.

혼히 '왜 산을 오르느냐?'고 묻는다. '내려올 걸 왜 올라가냐?'고 묻기도 한다. 이런 질문에 가장 흔한 대답 아닌 대답이 있다. '그냥 산이 거기 있어서'다. '이유가 없다.' '나도 모르겠다.'는 말이다. '그냥 가는 것'이란 말인데 철학자 니체는 그 이유를 명쾌하게 짚어 준다. 한마디로 '힘에의 의지Wille zur Macht'다. 인간에게는 본질(니체는 본질 개념을 거부하지만)로서의 '힘에의 의지'가 있기 때문이다. 힘에의 의지는 인간 존재의 "가장 일반적이고도 가장 심층적인 본능"이다. 죽음을 무릅쓰고 산을 오르는 것은 '산이 그곳에 있어서'가 아니라, 오르지 않고는 못 배길 어떤 근원적인 의지가 있기 때문이다. 이 근원적인 의지는 단순한 쾌락이나 향락이 아니다. 산을 등정한 후 쾌락과 성취감을 느낄 수도 있다. 허나 그 감정은 힘에의 의지의 한 부산물일 뿐 산을 오르는 근본적인 동인은 아닌 것이다. '시를 쓰지 않고는 못 배길' 시인의 의지나, '글을 깨치지 않고는 못 배기는' 노인의 의지도 마찬가지다.

니체의 힘에의 의지

산티아고 노인의 청새치 잡이, 죽음을 두려워하지 않는 산악인들의 등정, 글을 쓰지 않고는 못 배기는 작가, 뭔가를 끊임없이 배우려는 사람들의 의지. 이러한 인간 됨됨이(인성)의 근원적 모습을 표출하게 만드는 '힘에의 의지'란 무엇일까?

니체는 자신의 유고인 『힘에의 의지』에서 다음과 같이 간명하게 인간을 정의한다.

> "이 세계는 힘에의 의지이다 — 그리고 그것 이외에는 아무것도 아니다! 게다가 또한 여러분 자신이 이 힘에의 의지이며 — 그리고 그것 이외에는 아무것도 아닌 것이다!"[7]

삶이란 모든 존재의 본질로서의 힘에의 의지라는 말이다. 힘에의 의지는 인간을 포함한 실재實在 전체를 규정하는 원리지만 어떤 통일적 원리인 일자—者가 아니라 다수성이며 다양성이다. 에베레스트 등정만 힘에의 의지가 아니다. 시를 쓰는 것, 글을 깨우치는 것, 권력을 쟁취하는 것 등등 개별적이면서도 복수적인 것이다. 니체에 따르면 이러한 개별적이고 다양한 인간 실존의 행위는 바로 힘에의 의지의 명령과 규정, 요구에 따르는 것이다.

주목할 것은 이런 힘에의 의지는 단순한 '삶에의 의지'와 다르다는 점이다. '내려올 걸 왜 올라가냐'는 말처럼 산악인의 험난한 등정은 '삶에의 의지' '생명에 대한 의지'만으로는 설명할 수 없다. 2013년 5월 산악인 서성호는 에베레스트(8,848m)를 무산소 등정하고 하산하다 숨을 거뒀다. 정상에서 내려온 직후 캠프(8,000m)에서 인공산소 없이 잠을 자다 호흡이 멈춘 것이다. 고산증세 때문이 아니었다. 그가 힘들어하자 인공 산소 사용을 권했지만 그는 거부했다. 왜 거부했을까? 이유는 단 하나. 무산소 등정에 성공하기 위해서였다. 산악인의 이러한 힘에의 의지는 삶에의 의지나 생명에 대한 의지로는 설명할 수 없는 것이다.

시를 쓰지 않고는 못 배기는 시인이나, 뭔가를 배우고 싶은 사람들의 행위 역시 다를 바가 없을 것이다. 니체는 이를 명확히 한다. "그러나 나 가르치노라. 그것은 생명에 대한 의지가 아니라 힘에의 의지라는 것을!"[8] 산을 등정하는 것은 생존을 위해서, 특정한 목적 달성을 위해서가 아니라 그냥 자신의 힘의 고양 자체를 위한 것이다. 같은 맥락에서 프로이트는 인간 행동 중의 어떤 행태는 쾌락의 원리로는 설명할 수 없는 기본 충동에서 나온다고 말한다. 그는 이를 '죽음의 본능'이라 하고 니체의 힘에의 의지로 설명될 수 있는가를 검증할 필요가 있다고 말한다.[9]

프로이트의 '죽음의 본능'과 연계되는 니체의 '힘에의 의지'는 단순한 쾌락이나 성취감이 아니다. 철학자 월터 카프만Kaufmann[10]에 따르면 힘에의 의지는 '진실로 염원하는 것'이다. 어떤 것이 그 사람이 '진실로 염원하고 있는 것'인지 아닌지를 테스트하는 방법은 그 사람이 그것을 실제로 얻지 못했을 때 어떻게 느끼며 어떻게 행동하는가를 보면 알 수 있다. 진실로 염원하는 걸 얻지 못했을 때 사람은 좌절하고 분노한다. 산악인들에 따르면 정상을 향해 등정할 때보다 내려올 때 사고가 더 많이 난다고 한다.[11] 여기서 주목해야 할 점이 있다. 함께 올라갔지만 누군가 혼자 정상을 밟지 못하면, 그 사람이 내려올 때 사고가 날 확률이 매우 높다는 것이다. 혼신의 힘을 다해 힘에의 의지를 발현시켰지만 정상 정복에 실패하고 하산하게 될 때 밀려드는 좌절과 허탈감이 생명에의 의지마저 고갈시키기 때문이 아닐까.

'거리의 파토스'를 불사르라

그렇다면 인간에게는 왜 이런 힘에의 의지가 존재하는 것일까? 니체에 따르면 인간에게 힘에의 의지가 있는 것은 '거리의 파토스 das Pathos der Distanz'가 있기 때문이다. 거리距離의 파토스란 마치 과거의 지배계급이 예속자와 거리를 두고 싶어 하는 것처럼, 차이를 벌리고 싶어 하는 것에 대한 감각, 열정pathos이다. 니체는『선악의 저편』에서 다음과 같이 말한다.

> "'거리의 파토스'가 없다면, 저 다른 더욱 신비한 파토스, 즉 영혼 자체의 내부에서 점점 더 새로운 거리를 확대하고자 하는 요구는 전혀 생겨나지 못했을 것이다. 그것은 점점 더 높고, 점점 드물고, 좀 더 멀리, 좀 더 폭넓게 긴장시키는 광범위한 상태를 만들어 내는 것이며, 간단히 말해 '인간'이라는 유형의 향상이자 도덕적 형식을 초도덕적인 의미로 말한다면, 지속적인 '인간의 자기극복'에 지나지 않을 것이다."[12]

거리distance는 A와 B 사이의 간격이다. A와 A 아닌 것들 간의 간격, 차이, 격차다. 어느 나라, 어느 사회에나 계층 간의 '거리'가 있다. 조선시대에는 양반과 상놈의 '거리'가 있었다. 지금은 운전기사 딸린 승용차를 타는 사람과 지하철을 타는 사람과의 '거리'가 존재한다. 비행기를 타면 일등석과 이코노미석의 '거리'를 확연히 느낀다. 이러한 경제적, 사회적 '거리'는 불평등이며 필연적으로 차별과 배제를 잉태한다. 이들 사이의 '거리'를 좁히고 메우는 게 정치다.

이러한 '거리'는 없을수록 좋은, 극복해야 할 대상이기 때문이다.

니체가 말하는 '거리'는 좀 더 철학적이고 난해하지만 의미심장하다. 아주 오랜 된 팝송 중에 「Bye bye love」란 제목의 노래가 있다. 형제 듀엣인 에벌리 브라더스Brothers의 히트곡으로 연인과의 이별의 슬픔을 가슴 절절하게 전해 주는 노래다. 그런데 가사의 내용이 의미가 있다.

"사랑이 떠나가고, 행복도 사라지고, 그 자리에 외로움이 찾아든다."로 시작하더니 "낭만도 끝났고 사랑도, 하늘의 별을 세는 일도 끝났다. 그래서Here's the reason 난 매우 자유롭다I'm so free."로 이어진다. 마지막 문장에 주목해 보자. 내가 지금 아주 '자유'로워 졌는데, 그 이유는 연인과의 '사랑'이 끝났기 때문이다. 사랑의 속성은 자유의 구속이다. 연인이 아닌 타자에 대한 배제를 요구하기 때문이다. 그러나 생각해 보면 사랑만이 구속은 아니다. 나의 지식도 구속이고, 믿음이나 신념도 구속이다. 그렇다면 나의 지식이나 믿음, 가치들과 이별하거나 거리를 두는 것 또한 해방이자 자유가 될 수 있다.

단순화의 위험을 무릅쓰고 말한다면, 니체가 말하는 '거리'는 지금까지 내가 사랑하고 믿어 왔던 세상에 대한 기존의 이해, 해석과의 이별을 의미한다. 기존의 해석과 그 해석의 담지자인 자신에 대해 비판적인 거리를 두는 것이다. 어떠한 해석에도 매달리지 않는 것이다. 이때까지는 개별적이고 일면적이며 오류일 수밖에 없는 해석을 객관적 인식인 양 생각[13]했다면 그런 생각과 이별하는 것이다. 니체가 말한 '집착증적 태도'와의 절연이다.

익숙한 것과의 이별은 고통이 따르지만 대신 자유가 찾아온다. 거리 벌리기는 자신에 대한 극복을 의미하며, 자신에 대한 극복은 자신의 성장과 고양을 의미한다. 이를 통해 완전한 자유, 진정한 자기를 찾게 된다. 마찬가지로 지금까지 학습화된 관점들과의 이별을 통해 나를 지배하는 것支配力으로부터 해방Freiheit wovon될 수 있다. 나아가 더 확대되고 고양된 자신의 모습으로 나아가는 것Freiheit wozu을 이룰 수 있게 된다. [14] 이것이 거리를 두고자 하는 인간 정신의 열정(파토스)이다. [15]

인성의 블랙박스와 정신의 귀족

인성의 관점에서 볼 때, 거리의 파토스는 인성이 무엇이고 인성을 어떻게 교육시켜야 할 것인지에 대한 근본적인 성찰을 제공한다. 니체에 따르면 우리는 정신적으로 항상 새롭게 자신을 성장시키려는 자기극복의 갈망을 지닌다. '거리를 두려는 파토스'가 있기 때문이다. 거리의 파토스는 자기 자신 내부로부터 시작한다. 과거의 나로부터 거리를 두고 새롭게 고양시키려는 열정이다. 오늘보다 더 나은 내일의 '나'를 향해 나간다. 어제의 나의 지식, 믿음, 세상에 대한 해석과 관점에 안주하지 않고 더 많은 지식과 인식을 갖춘 '나'가 되려는 열정을 지닌다. 그래서 읽고 쓰고 말한다.

지식만이 아니다. 아무리 불의와 부조리가 가득 찬 세상이라도 나만은 그런 것들과 거리를 두려는 열정을 갖는다. 권력과 부정부패로 재산을 축적한 사람을 부러워하기보다는, 최소한 나는 그들처럼 살지는 않겠다는 생각을 견지한다. 부정과 부조리한 현실에 대한 순응을 거부하고 분노하며 자신이 옳다고 생각하는 신념대로 산다. 니체가 말하는 '낙타' 단계의 인성에서 '사자' 단계의 인성으로 나아가려는 파토스가 있기 때문이다.

과거에 귀족과 노예는 사회적 신분상의 차이였다. 그러나 21세기의 귀족과 노예는 거리의 파토스를 지니고 사느냐 아니냐로 구분된다. 과거 귀족이 노예와 신분상의 거리를 두려고 했다면, 지금의 나는 부패의 노예들과 거리를 두어 내면의 귀족이 되려는 파토스를 지닌다. 물론 '파토스'를 지닌다고 누구나 '정신의 귀족'이 되는 것은 아니다. 그러나 최소한 내면의 귀족으로 사는 사람을 존중하고 부러워하긴 한다. 이 역시 거리의 파토스가 있음을 반증하는 것이다. 거리의 파토스가 있기 때문에 인간은 더 확대되고 고양된 자신의 모습으로 나아갈 수 있는 것이다. 왜 그럴까? 니체에 따르면, 인간은 본질적으로 "영혼 자체의 내부에서 점점 더 새로운 거리를 확대하고자 하는 요구"(16)가 있기 때문이다.

의식을 하건 못하건 우리는 거리의 파토스를 일상적인 삶의 동인으로 갖고 살아간다. 지금의 나를 넘어서고자 하는 파토스가 우리의 삶을 이끈다. 그림을 감상하고 극장을 찾는 이유는 나를 넘어서고자 하는 행위다. 책을 읽고 인문학 강의에 귀를 기울이고 여행을 하는 이유도 마찬가지다. 나 이외의 것이 되고 싶은 것이다. 우리는 늘 나에 사로잡혀 있고 나를 형성하고 있는 지식과 가치, 믿음에 묶여 있다. 그것으로부터 벗어나 더 높이 날고자 한다.

우리가 공부를 하는 이면에는 어제의 나와 오늘의 나 사이의 차이를 벌리고 싶은 욕망이 똬리를 틀고 있다. 어제보다 더 많이 아는 나를 만들어 거리를 벌리려는 파토스다. 여기에는 전제가 있다. 지식과 진리, 세상에 대한 어떠한 절대적인 해석에도 매달리지 않아야 한다. 그래야 어제 내가 행한 해석과 그 해석을 한 자신에 대해 비판적인 거리를 둘 수 있게 된다. 어제의 나에 비해 오늘의 나는 더욱 증가된 힘과 삶의 의지를 지니고 있다. 따라서 내가 어제 행한 해석과 그 해석을 한 나 자신으로부터 거리를 취해야 하며, 이를 통해 나의 현 상태를 극복하는 것이다. 그리고 비로소 진정한 자유를 얻게 된다.

따라서 자신으로부터 거리를 취함은 자신에 대한 극복을 의미한다. 자신에 대한 극복은 자신의 성장과 고양으로 나아간다. 지식에 있어서나 가치관, 신념, 믿음에 있어서 과거의 나와 '거리를 두려는 열정pathos'이 있기에 인간은 성장할 수 있는 것이다. 니체가 말하는 "인간이라는 유형을 향상시키는 일", 고귀한 인간을 만드는 일, '인간의 자기극복' 등은 모두 '거리의 파토스'에 기초한다.

디즈니 그룹과 21세기 공주의 자격

여기 흥미로운 기사 하나가 있다. 월트 디즈니 그룹이 최근 시대상을 반영한 새로운 '공주의 자격'을 발표했다. [17] 영국 학부모 5,000명을 대상으로 '6~12세 딸이 가졌으면 하는 태도'를 설문 조사해서 디즈니가 발표한 '공주 10대 원칙'은 외모가 아닌 인격에 중점을 두었다. 그중 첫째가 '다른 사람을 배려할 것'이었다. 이어 '건강' '정직' '친구에 대한 신의' '자신에 대한 믿음' '불의를 바로잡기' 등의 윤리적인 인성 요인들이 뒤를 이었다. 경쟁과 이익이 우선인 신자유주의가 기승을 부리는 사회지만, 자기 자식만큼은 그런 풍조와 거리를 두고 배려와 정직, 신뢰를 중시하는 인성을 갖추기를 바라는 것이다. 자녀가 성장하면서 자신으로부터 거리를 두는 '거리의 파토스'를 통해 윤리적인 성장으로 나아가길 바라는 부모의 마음이 아닐까.

이렇게 볼 때 인성교육의 본질은 '거리의 파토스'에서 포착할 수 있다. 인간만은 이기적인 본성을 극복하려는, 넘어서려는 특징이 있다. 피는 물보다 진하다고 하지만 다른 동물들과 달리 인간은 물이 피보다 진할 때가 많다. 혈연관계를 넘어서 아무 상관없는 사람을 돕고 연대하려는 파토스를 갖고 있는 것이 인간이다. 『노인과 바다』의 상어 떼처럼 남의 전리품을 약탈하는 비열한 인성과는 거리를 두려는 파토스를 지니는 게 인간이다. 부정부패에 물든 세상이 보내는 탁한 처세의 메시지를 따르기보다 내면에서 속삭이는 영혼의 맑고 명정明淨한 소리에 귀 기울이는 열정, 남들이 공적 시스템을 이용해 사익을 취하는 것을 보고도 나만은 그런 행태와 거리를 두고자 하는 정신, 사회가 아무리 부패해도 자신만은 저속하고 천박한 것과 거리를 두고자 하는 그런 열정이 고귀한 '거리의 파토스'다.

물론 항상 거리의 파토스를 갖고 산다는 것은 결코 쉽지 않다. 니체의 말대로 내 안의 '짐승' 때문이다. 그것이 매 순간 나의 발목을 잡는다. 그래서 우리는 끊임없는 짐승의 유혹에 넘어가 거리의 파토스를 포기하며 살 것인지, 아니면 짐승의 유혹을 극복하고 '위버 멘쉬'로 살 것인지를 매 순간 결단해야 한다. 니체에 따르면 각자가 이러한 '거리의 파토스'를 삶의 전 과정에 걸쳐 발휘할 때 각자의 '생명'이 넘쳐나게 되고 완전한 자유를 얻게 된다.

어쩌면 평생교육의 근원이 바로 여기에 있는지도 모른다. 거리의 파토스를 일깨워 생명이 넘친 자유로운 개인들의 집합체가 될 때 인간다운 사회가 된다. 이것이 평생교육의 이념이 아닐까. 반면에 배움에 대한 열정이 없다는 건 거리의 파토스가 소멸되는 것이다. '거리의 파토스'가 식어갈 때 영혼의 노년이 찾아온다. 젊고 늙음의 기준이 여기에 있다. 거리의 파토스가 식어갈 때 개인은 부패하고 사회는 '죽어가는 조직체'가 된다. 니체는 이를 '데카당스decadence', 즉 '부패' 혹은 '타락'이라 부른다. 생명체가 생명의 성장과 증식에 반하거나 멈출 때 부패는 시작된다. 마찬가지로 삶의 시간적 과정 속에서 지속적인 사람 '됨됨이' 배움을 통해 거리를 확장시키려는 파토스를 포기할 때 영혼의 부패는 시작된다.

안나 카레니나와 행복의 역설

세계 문학사에서 손꼽히는 소설은 대부분 첫 문장에서부터 독자를 사로잡는다. 러시아의 문호 톨스토이의 소설 『안나 카레니나』가 그렇다.

> "행복한 가정은 서로 엇비슷하지만, 불행한 가정은 제각기 다른 이유로 불행하다……."

이 문장에서 톨스토이가 말하려 했던 것은, 행복한 결혼 생활의 조건은 서로 간의 성적 매력, 돈, 자녀교육, 종교, 인척 등에 이르기까지 여럿이라는 것이다. 이런 것들이 다 충족된 가정은 엇비슷할 수밖에 없다. 그러나 대부분 한두 가지 이루지 못한 조건이 불행한 결혼 생활의 씨앗이 된다. 그 한두 가지 실패 요소를 피할 수 있어야 한다.

이 법칙을 확대 적용하면 결혼 생활뿐 아니라 인생의 많은 부분을 이해하는 데에도 도움이 된다. 좋은 부모, 좋은 연인, 좋은 직장인, 그리고 행복한 인생이 되기 위한 요소는 여럿이다. 그러나 좋은 사람, 행복한 인생에 필요한 많은 것들이 충족되어도 어느 한두 가지가 어긋난다면 좋은 사람이 되지 못하고 인생은 나락으로 굴러떨어지게 된다. 따라서 현실적으로는 그 한두 가지 실패 요소를 미리 예방하고 피할 수 있어야 한다. 그 한 가지가 바로 사람 됨됨이, 인성이 아닐까 한다. 어느 시대, 어느 사회에서나 좋은 사람, 행복한 인생이 되기 위한 최고의 조건이면서 최대의 걸림돌이 인성이다. 사람간의 '관계의 질'을 결정하는 블랙박스가 바로 인성이기 때문이다.

밴덤과 이스털린 역설

인성이 행복의 조건이라면, 대체 행복이란 무엇일까? 서양에서 행복happiness이란 단어는 18세기 영국의 공리주의 철학자인 제레미 밴덤Bentham(1748~1823)이 최초로 사용한 것으로 알려지고 있다. 이 단어를 일본학자들이 행복幸福이라 번역한 것이다. 밴덤은 1780년 출간된 『An Introduction to the principles of morals and legislation(도덕과 입법의 원리서설)』의 1장 2절 '공리utility의 원리'에서 happiness란 단어를 제시한다. [1] 이 책은 다음과 같은 유명한 말로 시작된다. "자연은 인간을 고통pain과 쾌락pleasure이란 두 주권자sovereign master의 지배하에 두었다." "오직 고통(불행, 괴로움, 고생)과 쾌락(행복, 즐거움, 만족)만이 우리가 무엇을 할 것인가뿐만 아니라 무엇을 해야 할 것인가를 지적해 준다." 여기서 밴덤은 쾌락pleasure, 좋은 것good을 행복happiness과 같은 의미로 사용한다. 행복은 즐거운 기분, 쾌락이라는 것이다.

이쯤 되면 우리는 밴덤의 사상에 결정적인 영향을 미친 철학자가 누구인지를 어렵지 않게 생각해 낼 수 있다. "쾌락은 존재의 알파이자 오메가"라고 가르쳤던 고대 그리스 헬레니즘 시대의 철학자 에피쿠로스Epicurus(BC341~BC271)다. 그는 절대적인 선이나 악은 없고, 단지 즐거움으로 이끄는 생각과 행동, 고통으로 이끄는 생각과 행동이 있을 뿐이라고 단언했다. 밴덤은 에피쿠로스와 마찬가지로 물질주의자답게 말한다. "인생의 목표는 그저 기분 좋게 사는 거다."

밴덤은 행복을 추구하는 것이 자연스러운 인간의 본성, 곧 인성人性임을 강조한다. 그는 인성에 관한 기초적인 사실들을 분석하면서 인성은 기본적으로 즐거움을 추구하고 고통을 피한다고 말한다. 밴덤은 도덕적인 선악의 기준을 외부적 규범이 아니라 인간의 이기적인 본성에서 찾았다. 삶의 목적은 행복을 추구하는 것이고 행복은 고통을 피하고 쾌락을 얻는 데 있다. 주목할 점은, 밴덤은 윤리적 이기주의자들과는 달리 자신의 이익만을 추구하는 것이 선한 인성이라고 주장하지는 않았다. 오히려 '최대 다수의 최대 행복'이란 원칙에 따라 가능한 한 많은 사람들에게 행복과 이익이 돌아가게 행동하는 것이 참된 인성임을 강조하였다. 이기적으로 자신의 즐거움과 행복을 추구하되, 그 이기심이 타인의 이기심을 침해해서는 안 된다고 전제하는 것이다.

밴덤이 인성의 원리로서 행복을 제시한 이후 수많은 철학자들이 행복에 대해 갑론을박을 해 왔다. 20세기 들어서는 뇌과학자나 신경심리학자들이 행복을 과학적으로 분석하기 시작했다. 이들은 사람들이 언제, 그리고 왜 행복과 불행을 느끼는지 그 요인을 밝혀내고 이를 둘러싼 인과관계를 설명하는 데 집중했다. 사회과학자인 런던정치경제대학교의 리처드 레이어드Layard[2] 교수 역시 마찬가지다. 이들이 내린 결론을 한마디로 종합하면 '행복의 역설'이다.

이스털린 역설Easterlin's paradox이 말해 주듯 소득과 행복은 일정한 지점까지는 정비례하지만, 그 이상 넘어서면 소득이 늘어나도 행복감은 전혀 증가하지 않는다는 것이다. 소득 수준이 높아지면서 생활에 대한 걱정이나 건강 문제를 해결할 수 있으니 그만큼 더 행복해질 가능성이 높다는 것은 분명하다. 하지만 일정 수준의 소득을 넘어서면 행복감은 오히려 감소한다는 아이러니다. 가난한 시절에는 욕구 수준이 낮기에 같은 수준의 소득을 얻더라도 행복감이 증가한다. 그러나 소득의 증가와 함께 욕구 수준이 높아지면 같은 수준의 소득에서 행복감은 줄어들기 때문이다.

스토아 철학과 보이지 않는 손

이런 행복의 역설은 새삼스러운 주장은 아니다. 18세기 시장경제 이론의 틀을 세운 애덤 스미스는 일찌감치 이를 간파하였다. 그는 참된 행복은 부나 지위의 획득으로는 얻지 못한다는 점, 일정한 수준 이상의 부는 행복을 증진시키지 못한다는 점을 틈나는 대로 강조했다. 국부론에 앞서 1759년 발간한 『도덕감정론』에서 스미스는 행복을 다음과 같이 정의한다.[3] "행복은 마음의 평정tranquility과 향유enjoyment 가운데 있다. 평정 없이는 향유할 수 없고, 완전한 평정이 있는 곳에는 향유할 수 없는 것이란 있을 수 없다(제3부 제3장 30절)." 애덤 스미스에게 행복이란 '마음이 평온한 것'이다(참고로, 경제학자의 말처럼 들리지 않는다면 정확한 판단이다. 스미스는 영국 글래스고대학교의 도덕철학 교수였다.).

그렇다면 마음의 평온을 유지하기 위한 조건은 무엇일까? 스미스는 인간 '관계의 질'에 달렸다고 말한다. 인간관계에서 양심에 거리낌 없는 행동을 하는 것이 행복의 조건이라는 것이다. 애덤 스미스하면 『국부론』[4]에 단 한 번 언급(제4편 제2장)된 '보이지 않는 손'만을 신앙처럼 받드는 경제학자들에게는 낯설게 느껴질지도 모른다. 그런 경제학자라면, 경제학자 이전에 도덕 철학자였던 스미스의 사상이 고대 헬레니즘의 대표적 철학이었던 스토아 철학에 깊은 영향을 받았음을 상기할 필요가 있다. 스미스가 행복의 첫째 조건으로 '마음의 평정'을 제시한 것은 스토아 철학의 핵심 사상인 '아파테이아apatheia'를 일컫는 것이기 때문이다.

인간은 행복을 위해 물건을 만들고 팔고 사는 경제행위를 한다. 당연히 경제행위가 제대로 되려면 정직과 공정함, 페어플레이 정신과 같은 인성이 요구된다. 그러나 스미스 추종자들은 경제는 마치 '탈도덕'적 행위라도 되는 듯이 국부론의 '정육점 주인' 문장을 들이댄다.

"우리가 저녁식사를 기대할 수 있는 것은 정육점 주인, 양조장 사장, 빵집 주인의 자비심 덕분이 아니라 그들의 자기중심적인 이익 추구 때문이다. 우리는 그들의 인도주의에 호소하는 것이 아니라 그들의 자기애에 호소하면 된다. 또한 그들과 이야기할 때 우리 자신의 필요를 말하기보다는 그들의 이익에 관해 이야기해야 한다."[5]

이 문장만 보면 마치 이기심이 경제행위자에게 요구되는 지고의 덕목이란 말처럼 들린다. 실제로 신고전파 경제학자들은 스미스의 이 말을 다음과 같이 해석한다. 경제활동에 참여하는 개개인이 스스로의 판단에 의해 자유롭게 이기적 욕망을 추구하게 놔두면 보이지 않는 손에 의해 저절로 경제시스템이 최대한 발휘되고, 결과적으로 공공의 이익을 창출하는 결과厚生를 낳게 된다는 것이다. 이런 논리를 수용한다면 바람직한 인간이란 한마디로 '자신의 쾌락을 극대화하는 데만 관심이 있는 이기적 인성'을 갖춘 사람이다('이기적'이란 단어가 듣기 거북해서인지 경제학에서는 '합리적'이란 표현을 쓴다.). 스미스 추종자들의 이런 논리가 수많은 개인들의 비윤리적인 경제행위, 기업인들의 탈도덕적인 기업경영에 이론적 면죄부를 주지 않았을까.

그러나 국부론을 좀 더 들여다보면 고개를 갸우뚱하지 않을 수 없다. 이기적 행동이 어디서나 작동하고 특정한 효율성을 가져온다는 스미스의 말은 찾기가 어렵다. 고삐 풀린 이기적인 경쟁이 '언제나' 모든 사람에게 최선의 결과를 가져온다고 주장한 내용은 스미스의 어느 문헌에도 없다. 스미스가 강조한 것은 자기 이익의 극대화가 아니다. 주목할 것은 스미스는 '정육점 주인'의 사례를 국부론의 핵심이라 할 수 있는 '분업分業(번영의 일반원리1)' 편에서 제시하고 있다는 점이다.[6] 다시 말해 스미스는 단지 '분업'이 어떻게 작동하는지, 시장의 정상적인 거래가 어떻게 이루어지는지를 규명하는 데 초점을 맞춘 것이다.

예를 들어, 공장에서 모든 노동자들이 혼자서 모든 공정을 수행하는 것보다, 공정별로 각자가 업무를 나누어 맡은 작업을 하는 것이 각자의 전문성 향상은 물론이고 공장 전체의 생산성을 높일 수 있다. 시장경제도 마찬가지다. 사람들이 모든 직업의 일을 혼자 행하는 것보다 직업별로 나누어 분업을 할 때 사회 전체의 높은 생산성을 실현할 수 있다. 뿐만 아니라 증가한 생산성이 낙수효과를 내어 사회의 최하층까지 골고루 확산된다. 경제학적 표현으로 사회 전체의 후생이 증가하는 것이다. 물론 스미스는 이러한 분업 메카니즘이 작동할 수 있는 이유는 이기적 욕망을 충족시키려는 개인들의 심리적인 본성이 있기 때문임을 인정한다. 분업을 통한 교환이 상호 이익임을 서로가 알기 때문이라는 것이다.

그러나 교환의 동인動因인 이기심에만 초점을 맞출 경우 우리는 애덤 스미스 사상의 핵심은 물론 시장경제의 본질을 놓치는 우를 범할 수 있다. 그 본질이란 '인성'이다. 시장에서의 교환이란 자애심自愛心은 물론 동감, 연민, 설득 성향, 교환 성향에 근거해 이루어지는 개인들 간의 호혜적 행위란 점이다. 따라서 시장의 본질은 경제행위 참여자들이 서로 도움의 교환을 행하는 장소이지 경쟁의 장소가 아니다.[7] 스미스는 『국부론』보다 17년이나 앞서 발간한 『도덕감정론』

에서 이 점을 명확히 제시한다.

애덤 스미스의 동정심

애덤 스미스의 철학이 고스란히 담겨 있는 『도덕감정론』은 인간을 이기적 존재로서보다는 오히려 사회적 존재로서 파악한다. 개인의 이익 추구 행동이 무조건적으로 사회 전체의 이익을 가져온다고 주장하지도 않는다. 오히려 타인에 대해 동감하고 타인으로부터 동감받는 행동을 통해 양심에 거리낌 없는 경제행위를 할 때 시장은 제대로 작동하고 개인은 진정으로 행복해진다는 점을 역설한다. 스미스는 이런 인성의 중요성을 도덕감정론 첫 문장에서 강조한다.

> "인간이 아무리 이기적인selfish 존재라 하더라도, 그 천성principles에는 분명히 이와 상반되는 몇 가지가 존재한다. 이 천성으로 인해 인간은 타인의 운명에 관심을 가지게 되며, 단지 그것을 바라보는 즐거움밖에는 아무것도 얻을 수 없다고 하더라도 타인의 행복을 필요로 한다. 연민pity과 동정심compassion이 이런 종류의 천성에 속한다."(8)

인간은 그저 이기적인 존재만은 아니다. 인간은 자신의 이익을 우선하는 것, 그 이상을 넘어서는 다른 천성이 있다. 그것은 타인에게 관심을 가지는 것이다. 애덤 스미스는 인간은 자신의 이해관계와 상관이 없어도 타인의 운명이나 처지에 관심을 가질 수밖에 없는 이타성을 동시에 갖고 있는 존재란 점을 강조한다. 남이 큰 소리로 웃거나 혹은 주저앉아 슬피 우는 사람을 보면 공감이나 측은지심을 갖는 것이 인지상정이다. 내가 그 사람과 같은 경우라면 어떤 감정을 느낄 것인지 역지사지의 마음을 갖는 것 또한 인간의 천성이다.

애덤 스미스에 따르면 인간의 천성인 연민과 동정심은 시장경제 속에 살아가는 인간의 가장 핵심적인 인성의 요소다. 인간의 또 다른 천성인 이기심이 동감에서 파생되는 정의감에 의해 제어될 때 비로소 시장이 작동할 수 있기 때문이다. 그러나 스미스가 연민과 동정심을 강조하는 보다 근본적인 이유가 있다. 행복해지기 위한 인성의 조건이기 때문이다. 스미스에게 참된 행복이란 '마음의 평정 tranquility'[9]이다.

마음의 평정을 향유하기 위해서는 양심에 거리낌 없는 인성을 갖추도록 해야 한다. 마음속 '공평한 관찰자impartial spectator'의 소리에 귀 기울이라는 것이다. 그가 비난할 만한 행동을 모두 피하는 인성의 소유자는 "항상 마음의 평정과 만족 그리고 자기 만족으로써 보상"을 받게 된다. 반대로 이기적인 인성의 소유자는 설령 사회로부터 비난을 받지 않더라도 행복의 조건인 마음의 평상심을 유지할 수 없다.

> "신이 우리 내면에 세워 놓은 대리인(마음속 공평한 관찰자)이 이 도덕 준칙을 위반한 자를 내적 수치심과 자책의 고통으로써 벌하지 않고 내버려 두는 일은 결코 없다."[10]

스미스는 마음의 평정을 향유하기 위해서는 양심에 거리낌 없는 인성 외에 건강하고 빚이 없어야 한다는 조건을 내세운다. 역시 경제학자다. "건강하고 빚이 없고, 양심에 거리낌이 없는 사람의 행복에 무엇이 더해져야 하는가? 이런 사람에게는 추가되는 어떤 재산도 쓸데없는 것이라고 말할 수 있다."[11] 마음의 평온을 말하면서 경제학의 원조답게 '빚이 없어야 한다'는 점을 역설한다. 재산이나 수입으로 행복을 얻을 수는 없지만 인간다운 품위를 유지할 만큼의 수입 혹은 최저 수준의 부는 필요하다는 뜻이다. 그러나 그 이상의 재산을 추가하는 것은 행복을 더 이상 증진시키지 못한다고 말한다. 행복의 역설을 애덤 스미스는 이미 오래전에 강조한 것이다. 이렇게 보면, 애덤 스미스는 행복의 조건으로 스토아 철학의 아파테이아를 제시하면서, 아울러 행복을 실현하는 전략으로 에피쿠로스 철학의 합리적 쾌락주의를 택하라고 주문하는 것이다. 그 합리적 쾌락주의란 진정한 쾌락인 '마음의 평정'을 방해하는 의식과 행동을 배격하는 것이다.

그럼에도 불구하고 사람들이 진정한 마음의 평정을 희생시키면서 끊임없이 돈 버는 일에만 몰두하는 이유는 무엇일까? 애덤 스미스는 경제학자답지 않은 놀랄 만한 답을 제시한다. 바로 인간의 '착각' 때문이다. 먹고 살 만한 최저 수준의 부를 가지고 있어도 더 많은 부를 획득하면 더 행복해질 것으로 착각하는 인간의 연약한 어리석음 때문이라는 것이다. 연약한 인간들은 행복의 크기와 부의 증가가 비례할 것이라는 자신의 믿음에 '기만'당하고 있는 것이다. 반면에 지혜로운 사람은 최저 수준을 넘는 부의 증가는 행복에 영향을 주지 않는다는 점을 이미 간파하고 있다.

스미스는 다시 인상적인 말을 남긴다. 아이러니하게도 그 착각은 다행스러운 것이다. 이런 착각 혹은 '기만'이 사람들을 더욱 부지런하게 만들고 계속해서 부지런하게 만들기 때문이다. 그리고 경제는 발전하고 사회는 문명화된다는 역설이다.

> "천성이 이런 방식으로 우리를 기만한다는 것은 다행스런 일이다. 인류의 근면성을 일깨워 주고 계속해서 일을 하게 만든 것은 바로 이러한 기만이다."[(12)]

놀랍게도, 현대 경제학의 아버지이자 자유 경제체제의 최대 옹호자인 스미스도 현대 자본주의 시장경제는 헛된 욕망을 추구함으로써 생겨난 것이란 점을 인정한 셈이다. 그 욕망을 만족시킨다 해도 실제로는 행복을 가져다주지 않는 욕망일 뿐이다. 그렇다면 경제학에서 말하는 진정한 합리적 경제행위란 오히려 마음의 평정을 향유하는 인성을 계발하고 가꾸는 일이 아닐까.

노래 「양화대교」와 관계의 질

자이언티의 노래 「양화대교」는 택시기사 아버지와 아들의 애틋한 통화 내용을 담고 있다.

> '행복하자 행복하자 우리, 아프지 말고……'

맞는 말이다. 우선 몸이 아프지 말아야 행복할 수 있을 테니까. 허나 '아프지 말자'고 장담은 할 수 있겠지만 뜻대로 되지 못하는 게 인생이다. 다만, 우리가 노력하면 가능한 일이 있다. 그건 '아프게 하지는 말자'고 다짐하는 것이다. 서로가 아프게 하지 않아야 원만한 인간관계도, 마음의 평화도, 그리고 행복도 기대할 수 있게 된다. 하버드대학교 조지 베일런트Vaillant 교수는 하버드대학교 출신 268명의 삶과 인생을 무려 70년간 추적 조사한 결과 『행복의 조건』을 밝혀냈다.[13] 행복을 결정짓는 조건은 돈과 권력이 아닌 '인간관계'라는 것이다. 타인을 아프게 하지 않으려는 마음, 타인과의 조화로운 관계가 마음의 평정, 행복의 꽃을 피운다는 것이다.

행복연구에 일생을 바친 리차드 레이어드Layard 교수[14]는 타인과의 인간다운 관계를 유지하는 인성이 행복의 조건이라는 베일런트나 애덤 스미스의 주장을 과학적으로 입증해 냈다. 그는 "행복의 가장 큰 적은 자기 자신에게만 매몰되는 것"이라고 단언한다. 돈을 많이 버는 게 행복과 직결된다는 이기적인 '생각의 감옥'에서 탈출해야 한다는 것이다. 그는 미국의 『종합사회조사General Social Survey』의 결과를 토대로 행복에 중요한 영향을 미치는 일곱 가지 요소를 밝혀낸다. 이른바 '빅 세븐Big Seven'이다. 즉, 가족관계, 재정, 일, 공동체와 친구, 건강, 개인의 자유, 개인의 가치관이다.

주목할 점은 일곱 가지 요소 중 건강과 재정을 제외하고 나머지는 모두 '인간관계의 질'과 연관이 깊다는 점이다. 타인과의 의미 있는 관계 맺음의 정도가 행복을 결정한다는 말이다. 한 예로 남녀 간 애정관계가 결혼으로 이어질 경우 독신으로 사는 사람은 물론이고 동거하는 경우보다 훨씬 행복감을 느낀다고 한다. 누군가와 사랑하는 관계에 있는 사람은 호르몬 밸런스가 더 좋고 더 건강하며 당연히 더 행복하다.[15] 일 혹은 직업 생활은 경제적 소득의 원천이기는 하지만 그 본질은 결국 타인과의 '관계 맺음'이다. 사람들은 일을 통해 사회에 공헌하고 있다는 기분을 느끼고 싶어 한다. 일은 소득의 수단일 뿐만 아니라 타인과의 관계 형성을 통해 자신의 삶에 부가적인 의미를 주는 것이다.

행복의 또 다른 요소인 공동체와 친구 역시 본질은 타인과의 유의미한 '관계 맺음'이다. 레이어드는 공동체의 질을 평가하는 기준은 그 공동체 내에서 대부분의 사람을 믿을 수 있다고 말할 수 있는가의 여부에 달려 있다고 말한다. 누군가에게 신뢰에 대한 질문을 하면 실제 그 사람이 사는 공동체의 신뢰성에 대해서도 알 수 있다는 것이다. 신뢰는 행복의 중요한 요소다. 따라서 타인을 신뢰할 수 있는 사회에 살고 있다는 사실이 개인을 행복하게 만드는 것은 당연하다.

2016년 유엔지속가능발전해법네트워크가 발표한 『행복 보고서』에 따르면 세계에서 가장 행복한 국가는 덴마크였다. 그 뒤를 이어 스위스, 아이슬란드, 노르웨이, 핀란드, 캐나다가 행복한 나라로 평가됐다. 한국은 카자흐스탄이나 몰도바, 러시아, 폴란드보다 낮은 58위를 기록했으며 이는 전년도에 비해 11계단이나 하락한 것이다. 여기서 주목할 점은 유엔이 행복의 요소로 삼고 있는 6개의 행복 지수다. 국내총생산GDP, 건강수명, 부패지수, 어려울 때 도와줄 사람, 삶을 선택할 자유, 기부 등이다. 앞서 소개한 미국의 종합사회조사 결과와 비교하면 재정과 건강, 공동체와 친구(어려울 때 도와줄 사람), 삶을 선택할 자유(개인의 자유) 등 네 가지 요소가 공통의 행복 지수임을 알 수 있다.

더욱 중요한 점은 유엔의 행복지수에서도 국내총생산과 건강을 제외하고 나머지 네 가지는 모두 타인과의 '관계의 질'과 관련된 요인이라는 점이다. 결국, 개인의 행복이나 공동체의 행복의 본질은 타인과의 '의미 있는 관계 맺음'이다. 타인을 존중하고 배려하는 구성원 개개인의 '인성'에 달려 있는 것이다. 재정GDP과 건강은 어느 정도 충족된 우리나라다. 그러나 나머지 행복 요소의 본질인 '관계의 질'을 중시하는 인성 부족不足이 불행의 씨앗이 되고 있는 것은 아닌지 생각해 볼 일이다.

정치인의 인성과 부정부패

정치는 관계를 맺는 일이다. 정치인의 행복과 그가 속한 사회의 행복은 '관계의 질'에 좌우된다. '관계의 질'을 중시하는 의식과 태도는 누구보다 먼저 사회지도층에게 요구되는 인성이다. 지도층의 부정부패는 모두 '관계의 질'이 추락할 때 발생한다. 그러나 동서고금을 막론하고 정치는 태생적으로 행복과는 거리가 있는 모양이다. 행복하려면 정치를 하라는 조언을 하는 철학자는 찾아보기 힘들다. 애덤 스미스 역시 정치적 지위에 익숙한 사람이나 지위를 추구하는 데 익숙해진 사람이 그 밖의 장에서는 기쁨을 추구할 수 없어진다고 말한다. 그는 확신에 찬 어조로 말한다.

> "당신은 당신의 자유를 궁정의 화려한 노예 생활과 바꾸지 않고 오로
> 지 자유롭게, 두려움 없이, 독립적으로 살아가려는 진지한 결의에 차 있
> 는가? 이 유덕한 결의를 견지해 나갈 수 있는 하나의 방법이 있는 것 같
> 다. 아니, 오로지 이 방법밖에는 없을 것이다. 그것은 곧 되돌아올 수 있
> 었던 사람이 거의 없는 그곳에 들어가서는 안 된다는 것이다. 야심의 영
> 역 속에는 절대로 들어가서는 안 된다는 말이다."[16]

진정으로 행복해지려면 정치적 야심의 영역에 발을 담가서는 안
된다는 경고다. 참된 행복은 부나 정치적, 사회적 지위 획득과는 관
계가 없는데, 정치는 태생적으로 그런 가치들을 추구할 수밖에 없기
때문이란 말이 아닐까.

세계지도를 펴 놓고 각국의 행복지수를 비교해 보면, 불행한 나라
에는 공통점이 있음을 발견하게 된다. '부정부패'가 심하다는 점이
다. 특히, 사회지도층의 부패가 결정적이다. 마이클 존스턴Johnston
미국 콜게이트대학교 교수는 국가 부패 유형을 4가지로 분류한다.
그중 하나가 '엘리트 카르텔형 부패'인데, '사회 상층부 구성원들이
광범위한 네트워크를 구축해 부패의 전리품을 나눠 가지며 기성 질
서 유지를 통해 기득권을 지키는 부패 유형'[17]이다. 여기에 딱 들어
맞는 나라가 바로 한국이다.

우리 사회의 크고 작은 비리, 사건, 사고를 들춰보면 그 정점에는
언제나 '사회 상층부 구성원'들이 똬리를 틀고 있다. 학벌, 돈, 사회

적 지위, 권력의 사다리 꼭대기에 기어오른 정치인, 기업인, 관료, 전문직 종사자들이 그들이다. 정치인이나 공무원은 국가와 국민을 위한 정책을 펴야 하는 대표적 공인이다. 그러라고 피 같은 국민 세금으로 봉급을 주는 것이다. 그러나 과열 입시 경쟁에서 이기는 일에만 도가 트인 자들이 관직을 차지하게 되니 국민이 눈에 보일 리 없다. 거대한 특권계급으로 부상해 '영혼 없는 관료'가 되어 버린다. 특권을 유지하기 위해 끼리끼리의 카르텔을 형성하고 청탁과 연줄을 동원해 부패의 카르텔을 확대 재생산한다. '돈 되고 힘 있는 자리'는 자기 패거리한테만 나눠 준다. 정·관계와 재계는 '누이 좋고 매부 좋은 식'으로 불륜을 저지른다. 정부와 경제가 결탁한 정경유착이란 말이 사라지지 않는 이유가 여기에 있다.

공직자들 사이에는 '세 바퀴'라는 말까지 나돈다고 한다. 정부를 떠나고도 관련 기관, 그 다음엔 관련 기업, 그러고도 연관 있는 대학에 낙하산을 타고 간다. 정부에 로비스트 역할을 하기 위해서다. 그 결과가 바로, 세월호 참사, 원전비리, 철도비리 등 정신 차릴 수 없을 정도로 빈발하는 대형 사건, 사고들이다. 공직자들이 '세 바퀴'를 도는 나라에 공정한 경쟁, 창의력과 사회의 활력이 살아날 리가 없다. 공정한 게임의 룰이 짓밟히다 보니 사회가 불공정하다는 인식이 팽배해진다. 자연히 빈부격차는 벌어지고 불평등은 심화된다.

우리 사회에서는 돈 있고 힘 있고 배운 자라고 할 수 있는 사람들이 주로 지도층으로 불린다. 그러나 법조삼륜法曹三輪을 비롯한 정치인, 기업인, 관료들의 부정부패에서 볼 수 있듯, 이들 불량 지도층은 법치를 악용하여 처벌만 피하면서 자신들의 도덕적 타락과 양심의 마비에 대해서는 전혀 아랑곳하지 않는 삶을 살고 있다. 플라톤에 따르면 이들의 삶이 바로 부정의 극치다. 부정의 극치란 선량한 사람이 아니면서 선량한 사람처럼 보이고 또 남에게 그렇게 생각되는 사람이다.

정치인의 기게스 반지

그리스 철학자 플라톤은 21세기 대한민국 지도층의 이러한 인성 파괴적인 삶을 미리 예견이라도 한 듯 그 행태를 파헤치고 대안을 제시하였다. 그는 당시 아테네 위정자들이 자신의 몸보신만 하는 행태에 분노를 했던 모양이다. 그러나 정치인이 아닌 철학자로서 그가 할 수 있는 일은 날카로운 비유를 들어 정치인들의 '착한 척'하는 삶을 비판하는 일이었다. 그의 대표적인 저서 『국가Republic』에서 플라톤은 자신의 형인 글라우콘의 입을 통해 마치 '정부가 하는 꼴을 보라'는 식의 분노를 논리적으로 표출한다. 그의 이런 숭고한 분노에 답을 해 주는 사람은 소크라테스다. 글라우콘은 전설(헤로도토스의 역사서 제1권)에 나오는 기게스Gyges의 요술반지를 갖게 된 사람 이야기를 꺼낸다. [18]

> 기게스는 리디아 왕에게 고용되어 왕의 양 떼를 돌보는 양치기였다. 하루는 양들에게 풀을 먹이고 있던 중 폭우가 쏟아지고 지진이 일어나 땅이 온통 갈라졌다. 놀라움에 휩싸인 그는 갈라진 땅 속으로 내려갔

다. 그 속에서 여러 가지의 놀라운 것을 보았는데, 그중 아무것도 걸치지 않은 채 손에 금반지만 끼고 있는 덩치가 큰 송장을 보게 되었다. 금반지를 빼 갖고 밖으로 나온 목동은 그걸 자신의 손가락에 끼고 다녔다. 며칠 후 매달 열리는 양치기들 모임에서 왕에게 양들의 현황을 보고하게 되었다. 기게스는 반지를 끼고 앉아 있다가 무심코 반지의 구슬이 자신을 향하도록 돌렸다. 그러자 갑자기 자신의 모습이 보이지 않게 되었다. 신기하게 생각한 그는 반지를 일정한 방향으로 돌리면 자신의 모습이 사라지거나 나타난다는 사실을 확인하게 되었다.

이러한 사실을 알게 되자 그는 왕에게 양 떼의 상태에 대해 보고하는 역할을 자청해서 왕궁으로 갔다. 왕궁에 도착한 목동은 반지를 이용해 왕비를 유혹해 간통한 다음 그녀와 짜고 왕을 덮쳐 살해하였다. 그리고는 왕관을 쟁탈하고 나라를 장악하게 되었다.

글라우콘이 말하고자 하는 것은 국가의 정치인들이나 정부 관료들은 양 떼를 거느린 목동과 같다는 것이다. 그러나 이들은 양 떼의 이익이 아니라 자신들의 이익만을 챙기는 데 수단과 방법을 가리지 않는다. 어쩌다 우연히 획득한 금반지를 이용해 정부 요직을 차지한 이들이 직분을 망각하고, 사람들의 눈이나 법망을 교묘히 피해 가며 재산축적과 권력쟁탈에 혈안이 되어 있다. 한때 우리나라의 국정을 농단한 주체들의 행태를 빼닮은 상황이다. 권력을 사유화한 대통령이나, '대통령이란 기게스의 반지'를 끼고 온갖 사익을 취한 천박한 여성과 그 가문의 행태가 영락없는 기게스의 모습이다.

전설의 내용이 다소 추상적이라 생각했는지 플라톤은 친절하게 해석을 곁들인다. 그 해석[19]을 우리 정치현실 감각에 맞게 재구성해 보면 아마 다음과 같지 않을까.

대통령이란 금반지를 끼게 된 기게스는 이제 무엇이든 원하는 걸 취할 수 있다. 청와대를 '보안손님'이란 이름으로 투명인간처럼 드나들 수 있다. 보이지 않게 대기업의 손목을 비틀어 막대한 부를 축적할 수 있다. 기업을 만들고 해외 유령 기업을 통해 마음대로 돈을 빼돌리고 돈세탁을 할 수 있다. 돈이 있으니 원하는 사람 아무하고나 잠자리를 할 수 있으며, 맘에 드는 사람은 정부 요직에 앉히고, 맘에 들지 않는 사람은 '블랙리스트' 작성을 시켜 쫓아내거나 죽음을 유도할 수도 있다. 자기 마음대로 감옥에 집어넣거나 풀어 줄 수 있고, 또 그 외 온갖 일을 하며 사람들 사이에서 위세를 부리며 폭군처럼 살 수 있게 된다. 자, 소크라테스여, 이런 상황에서 그 누가 끝까지 정의의 길을 갈 것이며, 또 누가 끝까지 남의 재산에 손대지 않겠소. 그렇게까지 티 하나 안 묻히고 깨끗이 살 수 있는 사람은 아마 없을 것이오. 그러면 그 자의 행동은 올바르지 못한 사람과 무엇이 다르오. 어차피 둘은 똑같은 길을 걷는 것이나 다름없소.

글라우콘 아닌 소크라테스

글라우콘에 따르면 이런 불량 인간들은 "온갖 부정한 일을 꾸미고도 실패하는 법이 없다."[20] 그만큼 남의 눈을 잘 속이고 많이 배워

법치를 악용하기 때문에 그 부정에 대한 단서를 잡히지 않는다. 국회 청문회에서 목격하듯 그들은 "설사 무슨 일에 실패하더라도 이를 수습할 만한 능력을 갖추고 있으며 자신이 저지른 부정이 발각되면 사람들을 설득시킬 수 있는 변설辯舌의 힘마저 가지고" 있다. [21] 우리나라 법조인이나 정치인, 관료, 기업인에다 교수 같은 지식인들 중에 이런 부류에 속하는 사람들이 적지 않다. 놀랍게도 2천 5백 년 전 아테네의 정치 지도자들이나 21세기 대한민국의 지도층이나 모두가 도덕 불감증에 있어서는 별반 차이가 없는 듯 보인다.

그럼 글라우콘이 이 사고思考 실험에서 말하고자 하는 것은 무엇일까? 그것은 사람들이 선하게 살아가는 것은 그것이 선한 일이기 때문이 아니라 자신이 잘못한 일이 들통날까 봐 두려워서 마지못해 행하기 때문이라는 것이다. 따라서 그들에게 "인생을 사는 현명한 방도란 선량하게 사는 사람이 아니라 남에게 '선량하게 사는 것처럼' 보이는 사람으로 행세하는 것"[22]이다. 글라우콘은 이런 부류의 지도층 인사들이 소위 출세가도를 달리고 남들에게 좋은 평판을 받게 되는 부조리한 구조를 다음과 같이 구체적으로 설명[23]한다. 마치 현재 우리의 현실을 예견한 듯하다.

"그는 올바른 자로 보임으로써, 첫째로 그 나라에서 통치를 하게 되며, 다음으로 자기가 원하는 어떤 가문과도 혼인을 하며, 자기가 원하는 누구와도 자녀들을 혼인시키고, 자기가 원하는 누구와도 거래를 하며 제휴하는데, 이런 것들 이외에도 올바르지 못한 짓을 저지름에 있어 거리낌이 없게 됨으로써 이득을 취하게 되어, 모든 면에서 덕을 본다고 사람들은 말합니다. 따라서 그는 사사로운 또는 공적인 경쟁에 임하여서도 상대를 능가하게 됩니다. 일단 능가하게 되니, 부유하게도 되어, 친구들은 잘되게 해 주되 적들은 해롭도록 해 주고……."

말을 마치자 글라우콘은 집요하게 따지고 든다. 그러니 소크라테스여, 현실이 이러할진대 '실제로 선한 것'보다 '선하게 보이는 삶'이 더 바람직하지 않을 이유가 어디 있습니까? 이에 대한 소크라테스의 대답은 간결하다. 인간에게는 이성이 있고, 이성이 자신을 통치해야만 행복할 수 있다. 그런데 이성은 단순히 겉으로만 선하게 사는 것보다는 진정으로 선한 삶을 살기 위해 애쓴다. 따라서 소크라테스는 부정이 아무리 많은 이득을 가져온다 해도 오직 이성이 원하는 올바른 행위만이 진정으로 그를 행복할 수 있게 해 준다고 말한다. 도덕적인 행위는 그 자체로서 보상되는 것이며, 윤리적인 사람만이 참으로 행복할 수 있다는 것이다. 따라서 선하게 사는 사람으로 '보이기dokein'를 바랄 것이 아니라 실제로 선하게 사는 사람'이기einai'를 택하라는 것이다.

도덕적 인성이 행복

그러나 이런 성인군자 같은 대답에 만족할 글라우콘이 아니다. 그럼 소크라테스의 대답을 어떻게 증명할 수 있느냐고 되묻는다. 다시 말해 어떻게 정의롭지만 평판은 나쁜 사람이 정의롭지 못하지만 널리 훌륭하다고 알려진 사람보다 더 행복할 수 있는지 증명해 달라고 한다. 그래야만 직성이 풀리겠다는 거다. 도덕 심리학자인 뉴욕대학교의 조너선 하이트Haidt[24] 교수는 글라우콘의 질문을 다음과 같은 사고실험으로 명확하게 제시한다.

> "자, 여기 신들이 모여 여러분이 태어나는 날 동전 던지기를 한다. 동전의 앞면이 나오면 당신은 일평생을 누구보다 정직하고 공평한 사람으로 살아가지만, 주변 사람들은 모두 당신을 파렴치한 악당이라고 믿는다. 한편 동전의 뒷면이 나오면 당신은 자신의 필요에만 맞으면 언제든 사람을 속이고 거짓말하는 사람으로 살아가지만, 주변 사람들은 모두 당신을 성인군자라고 믿는다. 여러분이라면 동전의 앞뒤 중 어느 쪽을 택하겠는가?"

앞서 본 대로 글라우콘은 사람들은, 특히 사회의 상층부에 자리한 많은 사람들은 동전의 뒷면을 선택한다고 주장한다. 그러나 소크라테스는 동전의 앞면을 선택하라 말할 것이다. 글라우콘은 앞면을 선택한 사람이 더 행복할 수 있는지를 증명해 달라고 하는 것이다.

소크라테스가 앞면을 선택해야 한다는 이유는 무엇보다 인간 본성에 대한 그의 확고한 신념 때문일 것이다. 우리가 '~을 해야 한다.'와 같은 당위적 주장은 인간의 본성과 심리에 대해 어떤 가정을 품느냐에 따라 그 내용이 달라지기 마련이다.[25] 소크라테스나 플라톤에게 인간의 본래적 본성은 이성이었다. 이성을 인간 본성의 핵심으로 보는, 이성의 완벽성에 대한 그의 신념은 가히 종교적이었다. 따라서 아무리 주위의 평판이 좋고 출세가도를 달린다 해도 이성이 지시하는 대로 선하게 살지 못하는 사람은 불행하게 된다. 그 이성은 때로는 세태에 물들어 타락하기도 하지만 배움의 활동을 통해 언제든 이성의 빛을 회복할 수 있게 된다. 그래서 진정으로 행복하길 원한다면 이성이 요구하는 대로 선한 인성을 갖추라는 것이다.

여기서 우리는 선한 행위 혹은 선한 인성에 대한 플라톤의 이분법적 논의가 갖는 한계를 지적할 수가 있다. 플라톤은 글라우콘의 입을 빌어 사람들의 삶의 행태를 두 가지로 구분한다. 정의롭지만 평판은 나쁜 사람, 반대로 정의롭지 못하지만 평판은 좋은 사람이다. 플라톤은 논지를 명확히 하기 위해 이분법적 구분을 하였겠지만, 이 논리에는 정의와 평판은 함께하기 힘들다는 전제가 깔려 있다. 그러나 시대는 바뀌었다. 기원전 5세기의 아테네와는 달리 21세기 글로벌 평판경제시대에는 정직하고 공평한 사람으로 살아야 주변의 평판이 좋다는 것이 입증되고 있다. 따라서 글라우콘의 주장이나 이를 바탕으로 한 하이트Haidt 교수의 사고실험에는 선택지가 하나 더 추가되어야 한다. 즉, '정직하게 살면서 주변의 평판이 좋은 사람'이다.

플라톤을 넘어 이기적 이타주의로

다시 앞으로 돌아가 보자. 소크라테스는 정직하고 정의로운 사람이 행복한 이유가 무엇이냐에 대한 글라우콘의 질문에 이성에 따른 선한 행동만이 행복을 가져다준다고 답한다. 그러나 소크라테스는 '사람들이 선하게 사는 것은 자신의 잘못을 감추고 남에게 잘 보이기 위해서가 아니냐'는 글라우콘의 질문에는 속 시원한 답을 주지 못했다. 자, 그렇다면 이런 글라우콘식의 인성은 비도덕적인가, 또 불행한 것인가?

소크라테스의 답변에서 보듯이 플라톤은 『국가』에서 '실제로 선한 삶'만이 행복에 이르는 길임을 갖가지 논변을 들어 구구절절 주장한다. 그러나 도덕심리학적으로 볼 때 "인간은 실제보다는 외관과 평판에 더 신경을 쓰는 법"이다.[26] 어찌 보면 글라우콘이야말로 현실을 제대로 볼 줄 아는 탁견을 갖춘 인물일 수 있다. 다시 말해 현실의 사회적 세계는 글라우콘식의 세계이기 때문이다. 중요한 점은, 평판을 위해 '선하게 보이는 삶'을 산다고 해서 걸리지만 않으면 부정한 짓을 해야 하는 것은 아니란 점이다. 선한 행위의 동기가 선한 행위 그 자체를 위한 내재적 동기이든, 아니면 자신의 평판을 위한 외재적 동기에서건 간에 중요한 점은 부정한 짓을 행하지 않는 것이기 때문이다.

여기서 주목할 점은 플라톤이 개인의 이익과 선한 행위가 함께할 수 없다고 말한 것은 아니란 점이다. 또한 도덕적 명분과 개인의 이익 사이에서 이익을 도외시해야 한다는 주장을 한 적도 없다. 사막에서 고행하는 탁발승들이 아닐 바에야 이기적 본성의 사슬을 벗어나지 못하는 현대인들에게 그건 지나치게 가혹하다. 그렇다면 이기적 행위와 선한 행위가 반드시 대척점에 놓여 있는 것은 아니다. 단지, 하나의 조건, 즉 사적인 이익은 반드시 도덕적 명분을 바탕으로 할 경우에만 그렇다는 것이다. 자신의 이익을 추구하되 도덕성을 고려하는 삶이 하나의 대안으로 제시될 수 있는 이유가 여기에 있다. 사익을 추구하되 페어플레이를 하라는 것이다.

애덤 스미스는 플라톤의 주장에서 한 발 더 나아간다. 사람이 세상의 존경을 얻기 위해서는 두 가지 다른 길, '덕에 이르는 길road to virtue'과 '재산에 이르는 길road to fortune'이 있다.

> "존경받을 자격이 있고, 존경을 획득하고, 사람들의 존경과 감탄을 즐기려는 것은 야심과 경쟁심의 위대한 목적이다. 그렇게나 열심히 갈망하는 이 목적을 달성할 수 있는 두 개의 서로 다른 길이 우리에게 제시되어 있다. 하나는 지혜를 배우고 도덕을 실천하는 길이다. 다른 하나는 부와 권세를 획득하는 길이다. (27)

그러나 세상은 지혜와 덕이 있는 사람을 존경하고 어리석음folly과 악덕vice을 경멸한다. 그와 동시에 부유한 사람, 사회적 지위가 높은 사람을 존경하고 가난한 사람, 사회적 지위가 낮은 사람을 경멸하거나 무시하는 게 현실이다.

스미스는 플라톤과 같은 맥락에서 '재산에 이르는 길'은 '연약한 사람'이 선택하고 '덕에 이르는 길'은 '지혜로운 사람'이 선택한다고 주장한다. 평범한 사람은 연약함과 지혜로움을 모두 가지고 두 가지 길을 동시에 가려고 한다. 하지만 세상은 눈에 보이는 부와 지위를 기준으로 사람을 평가하다 보니 대부분의 사람은 '덕에 이르는 길'의 중요성을 알면서도 '재산에 이르는 길'을 우선시한다. 그렇다면 스미스가 허용하는 것은 명확하다. '덕에 이르는 길'을 걷는 동시에 '재산에 이르는 길'을 추구하는 것이다. 이를 위해서는 공정한 규칙의 준수와 윤리적인 방법의 선택이 요구된다.

부와 영예와 높은 지위를 향한 경주에서 사람들은 다른 경쟁자들을 이기기 위해 자신의 온 힘을 다해 달리고, 자신의 정신적 육체적 노력을 모두 기울일 것이다. 그러나 만약 그가 자기 경쟁자들 중 어느 누구를 밀어제치거나 넘어뜨린다면, 관찰자들의 관용은 거기서 완전히 끝난다. 그것을 공정한 경쟁을 위반하는 것으로, 관찰자들은 그것을 용납할 수 없다.[28]

실제로 이기주의적이면서 이타적인 인성을 추구하는 사람들이 늘고 있다. 어차피 이기적인 인간 본성을 당당하게 인정하면서 이타적인 본성 또한 돌아보자는 트렌드[29]다. 예를 들어, 나를 위해 물건을 사고 싶은 욕망, 나 자신에게 가장 좋은 것을 하는 것, 나에게 이익이 되는 것을 하고자 하는 욕망에 정직하자. 하지만 그것이 환경과 생태계 그리고 다른 사람들에게 어떤 피해도 입히지 않으며 동시에 다른 사람을 돕고자 하는 욕구를 결합시키는 것이다. 크고 작은 기업들은 이런 소비자의 욕구를 이미 경영에 반영하고 있다. '내일을 위한 신발'을 목표로 내건 글로벌 기업 '탐스 슈즈Tom's shoes'는 소비자가 신발 한 켤레를 구입하면, 제3세계 어린이들에게 신발 한 켤레를 기부한다. 나를 위해 신발을 구입하면서 동시에 신발이 없는 어린이에게 신발을 기증하고자 하는 소비자의 이타심을 충족시켜주고 있는 것이다.

03

인성, 평생교육의 목적

　6년 만의 '불수능'(어려운 수능)이었다던 2016년 부산의 한 시험장. 1교시 까다로운 국어시험에 긴장한 수험생들이 문제를 풀 즈음 교실 한편에서 휴대폰이 울렸다. 한 여학생의 도시락 가방에서 휴대폰이 나왔다. 어머니가 아침에 도시락을 쌀 때 실수로 들어간 것이다. 수능 부정행위로 퇴실당한 그 학생은 점심시간도 되기 전에 집으로 돌아갔다. 그날 저녁 그녀는 수험생 인터넷 카페('수만휘')에 글을 올렸다.

> "오늘 부정행위로 걸린 재수생입니다. 엄마가 도시락 가방을 주시기에 그대로 받아 시험 치러 갔는데……. 저랑 같은 시험실에서 치신 분들께 정말 죄송하다고 말씀드리고 싶어요. 한창 집중해야 할 국어시간에."[1]

　아침에 시험 보러 가는 딸 도시락을 정성스레 준비했을 어머니가 깜빡한 실수로 수능 시험을 망친 그녀였다. 그러나 원망이나 억울함은커녕 동료 수험생에게 피해를 준 점이 더 마음에 걸려 사과한 것이다. 때마침 '돈도 실력'이니 "돈 없으면 니네 부모나 원망해."라는 천박한 젊은 여성의 말이 사람들의 마음을 짓누르던 때인지라 그녀의 사과는 잔잔한 감동을 선사하였다. 덴마크 언론으로부터 '승마공주'란 비아냥을 들은 철부지 여성에게 빗발치듯 쏟아진 비난과는 대조적으로, '휴대폰' 학생에게는 '인성이 훌륭하다.' '힘내라.'는 격려와 응원의 메시지가 전국에서 날아들었다.

'어쩌다 어른'이 문제

그냥 어쩌다 나이가 들어 40세 이상이 되면 아저씨다. 그런데 이들이 공공장소에서 사람들의 따가운 눈초리를 받을 만한 언행을 하면 '개'저씨(개와 아저씨의 합성어)로 변신한다. 지하철에서는 거친 목소리의 '난데족'이나 '쩍벌남', 직장 여직원에겐 툭하면 반말이나 성희롱 발언, 하청업체에겐 관행처럼 하는 갑질 등등. 한마디로 부정적인 의미로 포장된 무개념 중년 남성을 가리키는 말이다. 인터넷이나 예능 프로그램에서 때로는 웃음의 기제로, 때로는 조롱의 용어로 자주 등장하는 우리 사회의 부끄러운 민낯이다. 그러나 따지고 보면 아저씨만 가지고 난리 피울 일은 아니다. 비슷한 증상을 가진 아줌마들은 물론이고 할머니, 할아버지도 쌔고 쌨지 않은가?

그런데도 우리 사회는 인성 문제를 말하면 우선 청소년부터 떠올린다. 청소년들의 폭력이나 자살, 왕따, 성범죄, 금품 갈취 등 다양한 사회적 일탈 행위나 범법 행위가 발생할 때마다 그들의 인성 문제를 개탄한다. 인성교육을 등한시하는 학교교육에 대한 비난의 화살이 빗발친다. 하지만 솔직해질 필요가 있다. 세월호 참사에서 역력히 드러났듯, 우리 사회에서 발생하는 대부분의 사건이나 참사는 오로지 성인들의 인성 부재가 불러들인 인재人災가 아닌가. 그런데도 일이 터질 때마다 학교 인성교육을 들먹이며 대책을 찾는 진풍경이 벌어진다. 대표적인 사례가 세월호 사건이고 또 참사 이후 제정된 「인성교육진흥법」(2015년 7월 시행)이다.

'살다보니 별별 법이 다 있다.' '세계 최초로 인성교육을 법제화한 것으로 기네스북감'이란 비난들이 쏟아졌다. 법의 취지와 타당성에 대한 논의는 차치하고서라도 오죽했으면 이런 희한한 법의 제정을 생각했을까 공감할 수는 있다. 문제는 법 제정의 발단이 된 세월호 참사만 보더라도 성인들에 의해 수백 명의 청소년들이 희생을 당했는데도, 성인들은 제쳐 놓고 청소년을 위한 인성교육법이 제정되었다는 아이러니다. 마치 성인들은 문제없는데 청소년들이 문제라는 발상이다. 백번 양보해, 젊은 세대들이 부패한 사회를 욕하면서도 닮아 가는 악순환의 고리를 끊어 버리자는 예방 교육적 차원일 수도 있다. 그렇다 해도 논리적으로만 보면 청소년이 아닌 성인들을 위한 인성교육진흥법을 우선적으로 제정했어야 맞다. '조심해야 할 것은 어른들'이기 때문이다.

그렇다면 왜 인성교육을 학교의 몫으로만 돌리는 것일까? 「인성교육진흥법」의 목적인 '건전하고 올바른 인성을 갖춘 시민 육성'은 성인들에게 더 시급한 현실인데 말이다. 그럼에도 불구하고, 정책

입안자나 성인교육, 평생교육의 학자나 전문가로 자처하는 사람들에게서 어떤 문제의식마저 찾아볼 수 없는 이유는 무엇일까? 어쩌면 인성이란 아동 청소년기에 형성되는 것이며, 아동·청소년을 대상으로 하는 학교의 몫이지 성인교육의 문제는 아니라는 전제를 암묵적으로 공유하고 있기 때문인지도 모른다. 마치 19세기 초반 독일에서 '교육이란 오직 아동에게'란 전제하에 성인교육이란 개념에 대한 논의조차 무시했던 사례와 다를 바 없다.

1833년 당시 독일의 문법학교 교사였던 알렉산더 카프Kapp는 플라톤의 페다고지pedagogy를 논하면서 이에 대비되는 학습으로서 앤드라고지andragogy를 최초로 제안하였다. 아동 청소년뿐만 아니라 성인들의 자기 계발과 성숙을 위한 교육적 실천방안 역시 필요하다는 것이었다. 그러나 당시 교육사상에 영향력을 행사하던 요한 헤르바르트 Herbart[2]는 이를 교육에 대한 무지라고 평가 절하했다. 교육이란 아동을 대상으로 한 것으로 어린 시절의 제대로 된 교육이 올바른 인성을 지닌 성인을 만드는 것이니 성인교육은 불필요하다는 이유였다.

그렇다면 성인 인성교육 역시 같은 맥락에서 생각해 볼 문제다. 인성교육은 어린 시절에 형성되는 것이기에 성인들과는 과연 관계가 없는 것인가?

인성은 학교 아닌 평생교육

사람 됨됨이나 인성의 문제는 청소년에게만 해당되는 것은 아니다. 남녀노소, 사회적 지위에 관계없이 개개인의 고유한 색깔이자 자아 정체감의 핵심 요소가 인성이다. 우리가 평생을 통해 '무언가를 배우는' 목적, 즉 학문學問의 목적도 결국은 인성을 기르기 위함이 아닌가. '學(배움)'의 목적어는 '問(인간에 관한 물음)'이다. 즉 '사람됨'에 관한 통합적인 물음이다. 따라서 학문을 한다는 것은 사람됨을 배우는 것이다. 논어의 학이學而 편 첫 문장인 '배워서 그걸 쉬지 않고 익히면 기쁘지 않겠는가?'도 평생 동안 '사람됨'의 인성을 배우고 기르라는 가르침이라 할 수 있다. 그렇다면 평생교육의 목적은 곧 인성교육이다.

어느 시대 어느 사회나 교육은 '사람 됨됨이'에 초점을 맞추었다. 무엇이 '사람됨'이냐의 정의는 달랐지만 고대사회든 21세기 4차 산업혁명시대든 교육의 목표는 변하지 않았다. 20세기 중반 이후 대두된 인본주의와 행동주의 교육철학에 영향을 받은 말콤 노울즈Knowles는 성인교육의 목표를 인간의 '전인격' 발달에 두었다. 개인의 자유와 존엄성을 기초로 인간의 지적, 감정적, 정서적 특성의 함양을 중시하는 전 기능적full functioning 인간이 되어야 한다는 것이다. 같은 맥락에서 유네스코UNESCO의 포르 보고서Faure Report[3]는 평생교육의 목적은 '온전한 인간complete man'에 있음을 천명한다. 개인의 신체적, 지적, 감성적 발달에 윤리적인 완성이 결합될 때 온전한 인간이 될 수 있다는 것이다. 주목할 점은 '온전한 인간'이란 한 개체의 독립적인 완성이 아니라 사회 속에서 다른 사람과의 조화로운 관계를 통해 형성해 가는 '통합적 인성'이라는 점이다.

인성이란 지적, 신체적, 정의적 그리고 윤리적 요인이 통합적으로 발달하여 형성되는 것이다. 그럼에도 불구하고 흔히 '인성'을 정의적 혹은 윤리적 측면으로 국한시키는 경우가 많다. '공부는 못하지만 인성은 좋다.' '공부는 못해도 인성이 좋아야 한다.'는 말들이 한 예다. 공부와는 무관하게 '착하다.' '예의 바르다.' '정직하다.' 등은 심성이 좋다는 뜻일 것이다. 그러나 무심코 하는 이런 말들은 자칫하면 인간에 대한 이해와 학습의 목적, 나아가 교육에 대한 왜곡된 인식을 심어줄 수 있다. 다시 말해 '공부 따로 인성 따로'라는 생각, 공부의 목적이 지식이지 인성은 아니라는 생각, 그리고 인성은 지식과는 별개의 것이라는 생각이다.

인성 개념과 인간

학문적 개념이 흔히 그러하듯 인성에 대한 어떤 공통된 정의는 존재하지 않는다. 사람 '됨됨이'란 말에서 보듯 인성은 철학적이면서 심리학적인 용어로서 포괄적이면서 상호중첩이 되는 개념이기 때문이다. 먼저, 인성人性의 자의字意적 정의를 내리면 '사람人의 성품性品 혹은 품성品性'이다. "저 사람은 성품이 온화하다."라고 한다면 그의 인성을 표현하는 것이다. 그러나 '성품'이란 말 역시 포괄적이다. 성품의 다양성에 초점을 맞춘다면 각자의 고유한 사고와 감정, 행동을 아우르는 '개성'이란 개념과 연계된다. "우리 부부는 개성이 너무 강하다."는 말은 서로가 다르다는 말과 같다. 그렇다면 서로 다른 개성의 선천적 요인에 초점을 두면 '기질'이나 '성질', '성격'과도 같은 의미가 된다. 같은 맥락에서 인성을 '인격' '마음' 혹은 '본성' 등의 용어와 동의어로 보는 경향도 있다.

이와 같이 인성이란 개념은 어디에 초점을 맞추느냐, 혹은 어떤 관점에서 접근하느냐에 따라 다양한, 상호 중첩되는 개념으로 정의된다. 현대에 와서는 인성을 뜻하는 personality를 심리학 분야에서는 '성격'에 초점을 맞추어 접근하는 경향이 강하다. 또 정신의학 분야에서는 '인격'으로 이해하는 반면, 교육학 분야에서는 '인성'이라고 번역해 사용한다.[4] 어떤 개념에 초점을 맞추든 간에 "인성이란 상대적으로 잘 변하지 않는 것으로서 한 개인의 행동에 지속성과 개별성individuality을 부여하는 고유한 성격이나 특질"[5]이라고 할 수 있다.

주목할 점은, 인성에 대한 이런 정의는 인성의 의미를 주로 심리학적 관점에서 지나치게 제한하고 있다는 것이다. 인성을 성격이나 기질과 같이 개인의 심리적 특질로서 잘 변하지 않는 속성으로 보는 것이다. 그러나 철학이나 성인교육학은 물론 심리학에서도 이에 동의하지 않는 시각들이 적지 않다. 한 예로 TV토론을 통해 드러난 대통령 후보자들의 태도나 행동은 각자의 성격이나 기질의 표현일 수도 있지만 개인의 지식 수준이나 교육환경에 의해 좌우될 수 있다고 보는 것이다. 일상에서 우리가 판단하는 개인의 인성은 주로 태도나 행동으로 드러난 것이며 그 태도나 행동은 일생을 거쳐 배움을 통해 변화될 수 있다고 보기 때문이다. 평생학습 역시 이런 교육적 믿음을 전제로 한다. 이런 관점에서 볼 때 인성이란 개념은 좁은 의미와 넓은 의미의 두 가지 측면에서 접근할 필요가 있다.

우선 협의狹義의 관점에서 인성은, 사회생활에서 드러나는 개인의 가치관이나 태도, 행동을 말한다. 가치나 태도를 포함하는 개인의 자아개념self-concept을 인성으로 보는 관점이다. 앞의 '억울한 휴대폰 수험생'의 행동을 아름다운 인성으로 평가하는 것이 단적인 예다. 한때 우리 사회를 뒤집어 놓은 "돈도 실력이야······."란 말은 개인의 천박한 가치관이 행동으로 나타난 것이다. 좁은 의미의 이런 인성은 교육이나 훈련, 학습에 의해 얼마든지 변화가 가능하다.

보다 넓은 의미廣義에서 인성은 가치관이나 태도, 행동을 유발하는 동기나 기질은 물론 이에 영향을 미치는 개인의 지식 및 인식수준 등을 포괄한다. 개인의 가치관이나 태도는 개인의 지식 혹은 인식 수준에 크게 영향을 받는다. 개인의 지식, 인식 수준은 교육에 의해 바뀌는 것은 물론이다. 나아가 심리학의 일반적인 주장[6]과는 달리 성격이나 특질마저도 교육에 의해 변화가 가능하다고 주장하는 학자들이 적지 않다.

인성에 대한 이런 두 가지 관점은 인성을 의미하는 영어 personality의 어원과도 연계된다. personality는 라틴어 persona(페르소나)에 그 뿌리를 두고 있다. 또한 영어의 person(사람)이란 단어는 라틴어 여성명사(f) persona에서 접미어 '-a'를 떼어내 만들어진 것임을 알 수 있다. 즉, 사람이란 '인성(페르소나) 그 자체'인 것이다. 그런데 흥미로운 점은 페르소나란 낱말은 서로 상반되는 듯한, 그러나 개념적으로는 상통하는 두 가지 의미를 지니고 있다. 하나는 페르소나는 '가면mask'을 의미하며, 다른 하나는 사람의 격格, 인격人格의 의미를 내포한다는 점이다. '가면'으로서의 페르소나는 사회생활을 통해 드러나는 개인의 태도나 행동, 즉 좁은 의미의 인성

을 의미한다. 반면 '인격'으로서의 페르소나는 개인의 태도나 행동
은 물론 그에 영향을 미치는 성격이나 지식, 인식 수준을 포괄하는
넓은 의미의 인성이라 할 수 있다.

가면, 첫째 페르소나

인성personality의 라틴어 어원인 persona는 mask(가면)란 뜻을 지닌
다. 고대 그리스의 드라마에서, 그리고 라틴어가 당시 지배층의 주
된 언어였던 로마시대에 극장에서 배우들이 연기할 때 가면theatrical
mask을 썼는데 이를 페르소나라 불렀다[7]. 가면을 쓰는 이유야 명확
하다. 자신의 모습을 감추고 다른 성격을 연기하기 위해서다. 연극
무대의 한 구성원으로서 주어진 역할을 제대로 수행하기 위해 자신
의 본래 모습을 감추어야 한다. 자신의 생김새는 물론 자신의 감정
과 욕망까지 연극의 역할 수행을 위해 철저히 감추어야 한다. 연극
에서 맡은 역할이 항상 같지는 않을 것이다. 그러나 어떤 역할을 맡
든 그 역할에 적절한 가면을 써야 하는 것이 연극배우의 의무이자
훌륭한 배우의 조건이 된다.

극장 밖의 인간 세상도 차이가 없다. 굳이 셰익스피어의 말을 빌
리지 않더라도, 인간은 인생이란 연극무대 위의 배우다. 때로는 연
극의 기획자로서, 때로는 남이 지시하는 역할을 수행하는 배우로
서 살아갈 수밖에 없는 존재다. 다른 점이 있다면 모노드라마가 있
는 연극무대와는 달리 인생이란 연극무대에는 모노드라마가 없다.

'나'의 존재는 언제나 '타자他者'의 존재를 전제로 한다. 때로는 마음 속 진실을 감추어야 한다. 부모 마음에 들기 위해, 고객이나 직장 상사의 마음에 들기 위해 그들이 어떻게 생각하는지도 신경을 써야 한다. 그들과 만나고 소통하면서 내 감정을 외면하거나 습관적으로 억누르기도 해야 한다. 결국 인간은 오직 타인과의 관계 속에서만 실존하며, 타자 속에서 자신의 실존을 긍정해야 하는 고독한 주체다. 이것이 마스크를 쓰고 사는 인간의 본성이다.

인간 본성이 무엇인지, 또 본성이란 것이 과연 존재하는지에 대해서는 다양한 주장들이 있다. 그러나 인간이 사회적 동물이란 점에는 모두 동의한다. 인간의 사회성은 모든 역사시대를 관통하는 인간의 본질적 속성이다. 고대 그리스의 아리스토텔레스에서부터 메를로퐁티와 레비나스, 칼 구스타프 융, 에리히 프롬에 이르기까지 인간은 "그 실존이 불가피하게 사회조직과 결합되어 있는 존재"[8]라는 점을 강조한다.

이들 철학자들에 의하면 '타인이 항상 이미 거기에 있음'이 곧 인간 본성이자 실존의 모습이다.[9] 따라서 인간 삶에서 진정으로 근본적인 것은 타인과의 관계다. 이러한 인간 본성을 프랑스의 철학자인 브르댕Bourdin[10]은, "주체는 자신과 다른 타자들의 의식을 만남으로써만 스스로 독자적인 의식으로 수립될 수 있다."는 말로 강조한다. 남과의 대화, 갈등 혹은 단순한 시선만으로도 나에게 타인의 존재는 드러난다. 이렇게 볼 때 근대철학 이후 데카르트적 주체를 강조하는 "나는 생각한다. 고로 나는 존재한다."는 명제는 홀로 존립할 수 없다. 오히려 "우리는 함께 있다. 고로 우리는 존재한다."로 바꾸는 것이 인간 본성에 대한 적절한 명제가 될 것이다.

인성이란 낱말 속에 내포된 '가면'은 인간의 사회성을 함축적으로 표현한다. 가면을 쓴 배우처럼 모든 사람은 각자의 자아상self-image 이란 가면을 쓰고 살아간다. 집에서는 부모나 자녀지만 직장에서는 상사나 부하 직원의 자아상을 갖게 된다. 학교에서는 교사지만 친구들을 만나면 막말을 주고받는 허물없는 친구가 된다. 상황과 조건에 따라 개인은 다양한 자아상을 갖게 되며 그 자아상에 적절한 태도와 행동을 해야 한다. 직업이 검사라고 친구들을 만나 피고인을 심문하는 검사같이 행동하면 좋아할 친구가 있겠는가. 나의 자아상은 타인의 자아상과 조화로운 관계를 유지할 때 원만한 사람 혹은 원만한 인성을 갖춘 사람으로 평가받게 된다. 그렇지 못할 경우 인성이 부족하거나 나쁜 사람이란 평을 받기 십상이다. 자신의 자아상에 요구되는 책임과 책무를 완수할 때, 그리고 그 책임을 위해 자신의 자유나 욕구를 자제할 수 있을 때만이 타인과의 유의미한 관계가 형성될 수 있는 것이다.

페르소나를 교육하라

가면을 쓴 인간 본성을 인격의 중요한 요인으로 분석한 심리학자가 칼 구스타프 융Jung이다. 융은 자신의 내면에 있는 참 모습이 아니라 남들에게 보이기 위한 자신의 모습mask을 페르소나라 칭한다. 이 페르소나가 세상을 향한 얼굴이기에 정신의 외면外面이며 개인의

'사람됨'의 판단기준이 되는 것이다. 참고로 융은 정신의 내면에 대해 남자의 경우는 '아니마anima', 여자의 경우는 '아니무스animus'라고 불렀다. 라틴어 단어의 남성과 여성을 교차한 것에서 알 수 있듯이, 아니마 원형은 남성 정신의 여성적 측면이고 아니무스 원형은 여성 정신의 남성적 측면이다. 모든 인간은 남성 호르몬과 여성 호르몬이 모두 분비된다는 생물학적 의미뿐만 아니라 태도나 감정 등의 심리학적 의미에서도 각각 이성異性의 성질을 갖고 있다는 의미[11]다.

융에 따르면 가면을 의미하는 페르소나란 남에게 좋은 인상을 주고 사회의 인정을 받을 수 있도록 남들에게 보여 주는 겉모습이다. 페르소나에 의해 사람은 자신의 성격이 아닌 다른 성격을 연기할 수 있다. 그렇다면 이런 페르소나가 가짜 인격처럼 오해받을 수 있지만 오히려 융은 페르소나를 인격의 한 원형으로 강조한다. 페르소나는 생존을 위해, 그리고 사회가 유지되기 위해 필요한 본성으로서 '순응conformity' 원형[12]이라는 것이다. 따라서 사회생활과 공동생활의 기반이 된다.

그렇다면 인성교육에서 무엇보다 먼저 관심을 가져야 할 교육의 대상은 개인의 페르소나가 될 것이다. 개인의 선천적인 기질traits이나 아니마 혹은 아니무스 같은 인간의 내면은 바꾸기가 쉽지 않지만, 페르소나는 교육에 의해 변화가 가능하기 때문이다. 예를 들어, 공직에 취업한 젊은이의 경우를 생각해 보자. 그는 남보다 먼저 승진하기 위해서 조직이 자신에게 어떤 역할을 기대하고 있는지 알아야 한다. 여기에는 출근 시의 복장에서부터 직장에서의 몸가짐, 상사와의 관계 등은 물론 자신의 정치적 입장까지 포함될 것이다. 물론 맡은 일을 정확히 처리하고 부지런하며 신뢰할 수 있는 사람이어야 한다. 이런 성질도 페르소나의 일부이다. 결국 자신의 회사적 이미지의 가면을 쓰지 못하는 사람은 승진에서 밀리거나 실직하게 될 수도 있다.

물론 상황에 따라 페르소나는 다른 방식으로 나타날 것이다. 공직과 달리 기업이나 비즈니스 상황에서의 페르소나는 다를 것이다. 가정에서는 직장에서 쓰는 것과 다른 가면을 써야 될 수도 있다. 사이클 동호회에 갈 때와 어릴 적 친구를 만날 때는 또 다른 가면을 쓸지도 모른다. 범법자를 기소하는 냉정한 경찰이나 검사지만 자기 자녀들에게는 자상하고 따뜻한 부모가 되기도 한다. 이런 모든 가면을 하나로 합친 것이 한 개인의 페르소나이다. 융에 의하면 그는 다른 상황에서 다른 방식으로 '순응'하고 있는 것이다. 페르소나는 허위적인 자신의 모습이 아니라 사회생활을 하기 위해 반드시 필요한 수단이다. 여기까지는 별 문제가 아니다.

문제는, 자기가 맡고 있는 역할에 너무 빠져들어 그의 자아가 그 역할에만 동일화하기 시작할 때이다. 융은 이를 '팽창'이라고 한다. 이 경우 그 사람의 내면인 아니마나 아니무스 같은 인격의 다른 측면은 밀려나게 된다. 마치 로버트 스티븐슨Stevenson의 소설 『지킬박사와 하이드』에서 지킬이 하이드로 변신하게 되는 것이다. 지킬박사는 "인간은 결국 여러 개의 모순되면서도 각기 독립적인 인자들이 모인 집합체"라고 인간을 정의한다. 문제는 특정한 인자에만 너무 빠져들어 그 역할에 압도될 경우다. 융에 따르면 페르소나에 압도된 사람은 지나치게 발달된 페르소나와 미처 발달되지 못한 인격의 또 다른 부분이 갈등을 일으키기 때문에 자신의 본성에서 멀어져 긴장 속에서 살게 된다.[13] 공직사회에서나 기업과 같은 조직에서 법과 윤리를 도외시한 조직에 대한 충성과 그로 인한 부정부패가 발생하는 게 바로 이런 경우다.

이런 공직자(페르소나가 팽창된)는 자신이 역할을 대단히 잘한다는 생각에서 지나친 자존심을 갖게 되기도 한다. 국정농단사태 때 '법꾸라지'로 불렸던 어느 공직자의 '야간의 주간화, 휴일의 평일화, 가정의 초토화'란 업무지침이 언론에 보도된 적이 있었다. 융에 따르면 그는 청와대 참모로서 자신이 맡은 역할을 탁월하게 수행한다는 자부심이 강했을지도 모른다. 또 개인적으로는 본인 스스로 페르소나의 팽창에 의한 희생자일 수도 있다. 문제는 그가 자신의 역할을 다른 부하 직원들에게 투사하여 그들도 같은 역할을 하도록 강요한 데 있다. 게다가 자신의 불법적이고 비윤리적인 페르소나를 직위를 이용해 자신의 지배하에 있는 사람들에게 요구했다는 데 문제가 있다. 이 경우 조직 구성원 개개인의 욕구는 무시되고 획일적인 행동 기준이 집단 전체에 강요되는 위험한 상황이 발생하게 된다. 그 결과, 점차적으로 불법과 비리가 판치는 조직문화가 형성되는 것이다.

인성교육이 성인들에게 필요한 핵심적인 이유를 융의 심리학은 역설적으로 보여 주고 있다. 청소년에 비해 성인들은 저마다 다양한 페르소나를 갖고 살아가기 때문이다. 직업이나 신분, 사회적 관계에 따라 각자의 페르소나는 다르며 그에 맞는 적절한 성인교육이 필요하고, 또 실제로 그런 교육들이 시행되고 있다. 뿐만 아니라 성인들을 대상으로 한 공공장소에서의 페르소나, 글로벌 시민으로서의 페르소나 교육에도 더 많은 관심이 필요한 시점이다. 그러나 더 중요한 인성교육은 사회지도층의 비리에서 드러나듯이, 비윤리적 혹은 불법적인 페르소나와 자아가 동일화되는, 팽창된 페르소나를 예방하는 성인교육일 것임은 말할 나위 없다.

인격, 둘째 페르소나

사회생활에서 타인과의 관계에서 드러나는 개인의 태도나 행동, 즉 마스크로서의 페르소나를 좁은 의미의 인성이라 한다면, 보다 넓은 두 번째 의미로서의 인성은 '사람의 격人格' 혹은 품격品格으로서의 페르소나persona다. 광의의 인성은 곧 인간의 품격, 인격을 의미한다. 가면을 쓴 배우로서의 인성을 심리학적 표현으로 '외적 인격' 혹은 '가면을 쓴 인격'이라 한다면, 품격으로서의 인성은 '내적 인격'이자 개인의 민낯이다. 연극무대 위의 가면을 쓴 배우로서의 나를 사회적인 나Me라고 한다면, 가면을 벗어버린 민얼굴의 나는 본래의 나I, 나의 품격이다. 작고한 영문학자 장영희교수는 수필집『내 생애 단 한번』에서 가면에 속지 말라고 말한다. [14]

> "나한테 속지 마세요. 내가 쓰고 있는 가면이 나라고 착각하지 마세요. 나는 몇 천 개의 가면을 쓰고 그 가면들을 벗기를 두려워합니다. 나의 겉모습은 자신만만하고 무서울 게 없지만, 그 뒤에 진짜 내가 있습니다. 방황하고, 놀라고, 그리고 외로운."

앞서 논의한 대로 인간은 마스크를 써야 하는 존재로서의 '사회적인 나'이다. 그러나 인간은 마스크만 쓰고 살아갈 수 있는 존재는 아니다. 타인을 의식해야 하는 무의식적인 처세공식을 갖고 하루를 지내지만, 집에 돌아오면 그 가면을 벗어던지고 '본래의 나'로 돌아온다. 그리고 '나는 누구인지' '내가 진정 원하는 것은 무엇인지'를 들여다보고 싶어 한다. 예일대학교 사회심리학 교수인 스탠리 밀그램Milgram의 말대로 자율성 없이 타인을 만족시키는 '대리자적 자세'에서 탈피해 본래의 자기 자신을 바라보고자 하는 것이다. 그리고 이런 물음에 스스로에게 정직할 때 자신의 민낯을 찾을 수 있다.

가면을 쓴 '사회적인 나'와 민낯의 '본래의 나'는 외견상 대척점에 놓여 있는 듯이 보일 수 있다. 그러나 두 가지 인성의 속성이 반드시 분리되는 것은 아니다. 오히려 민얼굴이 건강해야 다양한 배우의 역할을 성공적으로 수행할 수 있는 힘을 얻게 된다. 다시 말해 인성으로서의 품격을 갖춘 사람이 타인과의 의미 있는 관계를 형성하며 나아가 성공과 행복으로 나아갈 수 있다는 것이다.

그런데 나의 민낯, '본래적인 나'는 무엇일까? 칼 구스타프 융Jung이 말하는 남자의 '아니마anima', 여자의 '아니무스animus'는 실재하는 것일까? 질문에 대한 답은 문제 설정을 어떻게 하느냐에 따라 달라진다. 정신분석의 관점과는 별개로 철학자 임마누엘 칸트Kant나 에리히 프롬Fromm은 '본래적인 나'의 바탕은 이성이라고 주장한다. 이성적인 사고와 판단, 행동이 개인의 '내적 인격'을 형성한다는 것이다. 이렇게 본다면 본래적 자아 혹은 내적 인격은 인간의 본질로서 내재하는 것이 아닌 이성을 기반으로 하는 학습에 의해 형성되는 것임을 알 수 있다. 개인의 감정이나 느낌, 호불호好不好를 합리적 이성으로 걸러 내어 지식이나 신념, 믿음을 구비할 때 내적 인격이 형성되는 것이다. 예를 들어 보자.

『로마인 이야기』로 잘 알려진 일본 작가 시오노 나나미가 2014년 일본 월간지 『문예춘추』에 일본군 위안부에 관한 내용을 기고했다. 인도네시아에 거주하던 네덜란드 여성을 강제로 일본군 위안부로 삼은 소위 '스마랑 사건'과 관련된 글[15]이다. 그녀는 백인 여성을 위안부로 삼았다는 이야기가 구미歐美에 알려지면 치명적이므로 정부 차원에서 대처하고 회피해야 한다고 주장했다. 게다가 위안부 피해자 증언의 신빙성에 대해서도 의문을 제기하였다. 이 글이 자신의 소신을 밝힌 것이라면 인성의 관점에서 볼 때 '사회적 자아'가 아닌 그녀의 민낯으로서의 '내적 인격'을 보여 준다고 할 수 있다. 한국에서도 밀리언 셀러를 기록했던 작가의 이런 역사 인식에 많은 사람들은 분노할 수밖에 없었다. '스마랑 사건'은 이미 일본 정부도 인정하고 사죄한 사건이었는데도 시오노 나나미는 이를 부인하고 은폐시킬 것을 주장했기 때문이다. 역사적 사실(지식)을 외면하는 그녀의 민낯으로서의 이런 인성은 어디서 비롯되는 것일까?

확증편향과 인지적 오류

특정한 역사적 사건이나 정치적 현상에 대해 의견을 달리하는 것은 개인의 자유다. 개인 간에, 집단 간에 존재하는 감각적 거부감도 있을 수 있다. 문제는 시오노 나나미의 경우처럼 감각적 거부감을 역사적 사건에 대한 해석이나 타자에 대한 비판의 근거로 삼을 때 발생한다. 감각적 거부감은 대상에 대해 즉각적이며 주관적이다. 자기 생각에 갇혀 보고 싶은 것만 보고, 듣고 싶은 것만 듣고, 입맛에 맞는 결론을 내리는 것, 즉 확증편향confirmation bias이다. 막스 베버 Weber는 이를 '감정의 비합리적 직접적 이해'라고 말한다. 이런 경우 마음속으로 결정을 내리고 나서 내 결정을 뒷받침할 수 있는 증거들만 선택하는 인지적 오류cognitive biases를 범하기 십상이다.

확증편향에 영향을 미치는 감각적 거부감이 밑도 끝도 없이 생기는 것은 아닐 것이다. 정치인에 대한 경우도 마찬가지다. 한 예로 대선 후보 TV토론에서 후보들의 말이나 태도가 시민들의 감각적 거부감을 키우기도 한다. 특정 후보에 대한 분노와 화풀이를 하는 듯한 태도를 볼 때나, 남의 말에 갑자기 끼어들어 토론의 맥락을 끊어버릴 때 정서적인 거부감을 느낄 수도 있다. 매너가 너무 거친 후보, '돼지 흥분제' 사건에 휘말린 후보, 까칠하거나 오만하고 때론 막무가내 기질을 보이는 후보를 보며 감각적 거부감을 키울 수도 있다. 출연자의 얼굴에 떠오른 미묘한 감정 변화와 몸짓 등 미묘한 것들역시 주관적인 거부감에 영향을 줄 수 있을 것이다.

확증편향에 기름을 붓는 것이 인터넷이다. 언론 매체에 따라 생각이 비슷한 사람들끼리 교류하면서 확증편향은 심화된다. 가수 '타블로 사건'에서 보듯, 사람들은 거짓이라는 사실이 드러나더라도 이를 바로잡으려 들지 않는다. 캐스 선스타인Sunstein 미국 하버드대학교 교수[16]는 확증편향이 '정보의 폭포화information cascades' '동조의 폭포화

95
03. 인성, 평생교육의 목적

conformity cascades' 및 '집단 극화group polarization'로 인해 파괴력이 커진다고 분석한다. '폭포화'는 우리가 판단을 내릴 때 타인의 생각과 행동에 의존하려는 경향을 보이면서 일어난다. 집단극화는 같은 생각을 가진 사람들끼리 토론을 하면 잘못된 사실에 대한 믿음이 더욱 극단화된다는 이론이다.

폭포화와 집단극화는 실제로 내가 아는 정보 대신 남들의 생각에 근거해 판단을 내리게 만드는 주범이다. 인터넷에서 이뤄지는 집단의 세몰이 양상을 떠올리면 쉽게 이해되는 대목이다. 문제는 감각적 거부감을 타자에 대한 비판 준거로 삼는 데 있다. 국가적 문제일 경우는 더욱 그렇다. 예를 들어 보자. 영국이 EU를 탈퇴했다. 브렉시트 투표를 통한 결정이다. 그런데 코믹한 일이 발생했다. 브렉시트 투표가 끝난 후 영국 구글에서 둘째로 많이 검색된 질문 중 하나가 "EU가 뭐예요?"였다고 한다. 국민의 72%가 넘게 투표한 사안이다. EU 탈퇴를 찬성해 놓고 EU가 뭐냐고 묻는 것이다. 누구 말대로, 밥그릇 다 비우고 "그런데 누구 생일이에요?"라고 묻는 것도 이보다는 낫다.

막스 베버Weber는 이런 행태가 '어리석고 비열할 수도 있는 인간의 '평균적 결함들'[17]이라고 혹평한다. 그렇다면 이를 예방하기 위해서는 어떻게 해야 할까? 하나의 과정이 반드시 추가되어야 한다. 즉, 싫다는 느낌을 비판의 준거로 삼기 전에 이성에 의한 사유의 과정이 반드시 선행되어야 한다. 이런 사유의 과정을 베버는 '이성의 합리적 직접적 이해'라고 말한다. 이성을 통한 합리적 사고와 판단, 행동이 칸트의 '계몽된 인간'이며 '어리석고 비열한' 결함을 극복한 '내적

인격'인 것이다.

인간의 이러한 인지적 오류 혹은 '평균적 결함들'을 경계하라는 주장은 베버나 칸트는 물론이고 고대 그리스의 플라톤과 스토아 철학에서도 강조한 내용이다. 플라톤이나 스토아학파는 개인의 감정과 충동은 신뢰할 수 없으며 이성을 이용해서 이들을 억누르는 지속적인 연습을 통해 인간은 이성의 지배를 강화할 수 있다는 점을 강조한다. 이런 연습을 통해 인성의 조화를 이룰 수 있으며, 감정과 충동에 의해 이리저리 끌려 다니는 상태를 벗어나 우리는 '자신의 주인'이 된다는 것이다. 이를 입증하는 사례 하나를 보자. 논란이 큰 국가적 현안을 시민들의 이성적 토론 과정을 통해 결정한 사례다.

합리적 이성과 인성

2017년 10월 정부는 신고리 5, 6호기 건설을 재개하느냐, 중단하느냐의 문제를 공론 조사 방식을 활용해 결정했다. 이른바 숙의熟議 민주주의의 시험이다. 숙의란 말 그대로 '깊이 생각하고 토론하기'다. 정책 결정 모델로 공론조사 방식을 활용하는 데 대한 반대도 있다. 헌법상 대표기구도 아닌 비전문가 집단이 중요한 국가정책을 결정할 권한이 있느냐는 비판도 나온다. 우리가 주목해야 할 점은 '숙의'를 통한 시민참여단의 생각과 입장의 변화다. 시민참여단은 건설 재개 측과 중단 측에서 제공한 자료로 공부했다. 공부한 후에는 시민참여단 471명에 대한 2박 3일의 합숙토론이 진행되었다. 이를 통한 4차에 걸친 여론조사 결과는 흥미로운 시사점을 제공한다.

합숙을 시작하면서 진행된 3차 조사에서는 1차(35.8%)와 비교해 유보 의견(24.6%)이 줄어들었다. 당시 건설 재개 답변이 44.7%, 건설 중단이 30.7%였기에 합숙토론 결과에 따라 승부가 뒤집어질 수 있는 상황이었다. 하지만 합숙을 마친 뒤 이뤄진 4차 조사에서는 건설 재개가 59.5%로 건설 중단(40.5%)을 압도적으로 앞섰다. 14%포인트에 불과했던 3차 여론조사에서의 차이가 19%포인트까지 벌어진 것이다. 마지막 합숙토론 이전까지는 이른바 '회색지대'인 판단 유보층이 3분의 1을 넘었다.

합리적 이성을 바탕으로 한 '숙의' 전과 후의 의견이 크게 달라진 것이다. 특히, 안전과 환경 이슈에 상대적으로 민감한 2030세대의 생각의 변화에 주목할 필요가 있다. 20대는 처음 조사에서는 모든 연령대 중 유보 비율이 53.2%로 가장 높았다. 반면 건설 재개(17.9%) 비중은 가장 낮았다. 하지만 마지막 조사에서는 재개 56.8%, 중단 43.2%로 역전됐다. 감각적 거부감이 합리적 이성에 기초한 학습과 토론에 의해 공적公的 이성으로 거듭날 수 있음을 보여주는 사례라 할 수 있다.

위의 사례가 보여 주듯, 확증편향에 의한 인지적 오류는 개인적 지식이나 가치관과 무관하지 않다. 스펜서와 스펜서Spencer & Spencer[18]에 따르면 개인의 역량은 지식과 스킬, 자아개념(가치, 태도 등), 동기, 특질 등 5개로 구성된다. 같은 맥락에서 내적 인격 또한 개인의 가치와 태도, 기질, 동기에다 지식과 감정, 감각 등이 포괄적으로 합쳐서 형성된다고 볼 수 있다. 시오노 나나미는 역사적 지식은 있지만 역지사지易地思之의 사유능력이나 가치관이 빈곤한 사람일 수도 있다. 반대로 우리 사회에는 지식이 없는 무지의 상태에서 감각적 거부감이 앞서는 사례도 적지 않다.

한 예로, 국정농단사태로 대통령이 탄핵된 지 3일 후 대통령 사저 앞에 나타난 60대 여성 두 명이 울먹이며 절을 올렸다고 한다. "하도 억울하고 분해서 3일 동안 잠도 못 자고 먹지도 못했습니다. 마마!" 언론 보도가 사실이라면 이들의 민주주의 혹은 대통령에 대한 인식 혹은 지식은 '왕권신수설'에 가 있는 것이다. 내적 인격은 본래적으로 갖고 태어나는 것이 아니라 자신이 소유한 지식에 영향을 받으며, 또한 끊임없는 학습에 의해 형성될 수 있음을 단적으로 보여주는 사례라 할 수 있다.

아리스토텔레스의 인성

인성이 평생교육이라는 관점은 심리학의 관점만은 아니다. 고대 그리스의 아리스토텔레스는 이미 인성이 일생을 통해 형성되는 점진적인 과정임을 강조한 바 있다. 인성에 대한 아리스토텔레스의 철학에서 주목할 점은 인성이 행복의 핵심 조건이며, 인성의 형성은 평생 동안 지속적인 학습과 행동을 통해 형성됨을 강조한다는 점이다. 즉 인성을 인간의 행복과 분리될 수 없는 필수조건으로 연계하는 것이다.

먼저, 아리스토텔레스는 인간 삶의 목적을 '행복'이라고 규정한다. 그는 스승인 플라톤과 달리 인생의 목적이 선을 위한 선이 아니라 행복에 있다는 것을 솔직히 시인한다. "왜냐하면 우리는 행복 그 자체를 원하는 것이지 그 밖의 것을 바라는 것은 아니기 때문이다. 한편 우리가 명예, 쾌락, 지성을 원하는 것은 물론 그 자체 때문이기도 하지만 이러한 것들에 의해 우리가 행복해질 거라고 믿기 때문이다."[19] 그렇다면 행복이란 무엇인가?

아리스토텔레스는 행복이란 한마디로 자신의 '잠재력을 실현시키는 것'이라고 단언한다. 많이 들어 온 말이 아닌가? 2천 5백 년 전의 아리스토텔레스의 말이 21세기 교육에서는 '자아실현'이나, 성인교육에서는 '각자성의 실현'이란 교육의 목표로 환치되고 있음을 알수 있다. 아리스토텔레스에 따르면 산의 나무나 풀에서 사람에 이르기까지 모든 살아 있는 생명체는 각각의 능력과 잠재력을 부여받고 있는데 이들의 행복은 곧 이러한 잠재력을 실현시키는 데 있다. 도토리는 참나무가 될 잠재력을 실현해 참나무가 되는 것에 행복이 있듯이 인간도 마찬가지다. 그런데 인간은 다른 생명체와 달리 자신이 실현하려는 목적을 인식하는 능력을 하나 더 가지고 있는데, 그 목적이 바로 행복이다.

그런데 이 목적에는 두 가지의 유형이 있다. '본질적으로 선한' 목적과 '수단적 의미에서 선한' 목적이다.[20] 예를 들어, 돈은 대부분의 사람들에게 수단적으로 선한 것이다. 그 자체가 목적이 아니라 그것으로 얻을 수 있는 것들을 위해 필요로 하기 때문이다. 물론 누군가가 수단으로서의 돈의 가치가 아니라 순수하게 돈 자체만을 목표로 하는 예외적인 경우도 있을 수 있다. 반대로 수단으로서 요구되는 것이 아니라 그들 자신만을 위해 요구되는 어떤 선한 것이 있다. 다른 모든 것들보다도 더 가치가 있는 하나의 선한 것이 있는데, 그것이 바로 행복이다. 이런 행복은 순간적이며 쉽게 사라지는 느낌이나 감정이 아니라 좀 더 실체적이며 지속적인 어떤 것이다.

예를 들어, 돌아가신 아버지를 회고하며 "우리 아버지는 '행복하게' 살았다."라고 회상한다고 해 보자. 이 말은 무슨 의미일까? 아리스토텔레스에 의하면 단지 돈을 많이 벌어 마시고 먹는 일(수단적인 목적)에만 신경 쓰고 산 인생이 아니라, 어떤 완전하고 훌륭한 삶을 살았거나 인간으로서의 목적과 야망을 실현한 삶이다. 그럼 그 훌륭한 삶, 완전한 삶이란 무엇인가? 앞에서 이야기한 대로 인간으로서의 잠재력인 이성의 능력을 발휘하며 발전시킨 삶이다. 중요한 점은, 이성이라는 고등한 잠재태 혹은 능력은 단지 소유하는 것이 아니라 행동을 통해 발휘하고 실현해야 한다는 점이다. 그렇다면 이성을 계발시킨다는 것은 무엇일까?

품성적 탁월함이 먼저다

아리스토텔레스에 따르면 이성을 발휘해서 추구하는 것은 두 가지의 덕德 혹은 탁월성arete이다. 하나는 지적인(기능적) 탁월성이며 다른 하나는 품성적(도덕적) 탁월성이다.[21] 지적인 탁월성은 지성과 연관된 것으로서 삶의 다양한 규칙들을 발견하고 인식하는 능력을 포함한다. 반면에 품성적 탁월성은 선한 것으로 인식된 규칙들을 따르기 위해 자신의 욕구나 정열들을 억제하는 능력을 다룬다.[22] 이런 품성적 탁월성은 명석한 판단이나 자제력, 욕망의 조절 등에서 생긴다. 인간은 자신의 감정이나 욕망을 억제하지 못한다면 이런 감정들로 인해 탁월해지기는커녕 탁월함이 무엇인지도 인식하지 못하게 된다. 이 품성적 탁월성이 바로 아리스토텔레스가 말하는 성인의 인성이다.

아리스토텔레스는 인성으로서의 품성적 탁월성은 평생 동안 경험을 통해서 아주 점진적으로 형성되는 과정이란 점을 강조한다. 평생교육이란 언설은 없지만 성인들의 인성교육을 위한 평생교육의 중요성을 이미 주장하고 있는 것이다. 또한 품성적 탁월성을 위해 자신의 감정과 욕구를 통제하고 자제하는 것은 인간이 태어날 때부터 갖추고 있는 능력이 아니라 배움과 노력을 통해 성취하는 것이란 점을 역설한다.[23]

그는 한 예로, "올림피아 경기에서 승리의 월계관을 쓰는 사람은 가장 멋있고 힘이 센 사람이 아니라, 경기에 직접 참가한 사람들"[24]이라고 행동과 실천을 강조한다. 우리가 용감하게 태어나는 것이 아니라, 그렇게 되도록 배워야만 하고, 또 용감한 일들을 행동함으로써 배워야만 한다는 것이다. 마찬가지로 개인의 욕구나 감정은 그 자체로 선하거나 악한 것이 아니며 그것을 어떻게 통제하는지를 배우고 행동함으로써 악하게 되기도 하고 선하게 되기도 하는 것이다. 다시 말해 인간은 탁월성이 있기 때문에 올바르게 행동하는 것이 아니라 올바르게 행동하기 때문에 탁월성을 갖추는 것이다.

그렇다면 그런 인성 혹은 품성적 탁월함을 어떻게 배우고 행동해야 하는가? 아리스토텔레스는 탁월한 인성을 형성하는 학습 가이드를 제시한다. 그것은 바로 중용中庸이다. 성격의 여러 성질은 세 갈래로 구분할 수 있다. 셋 중에 첫 번째 성질과 마지막 성질은 극단과 악덕이고, 중간 성질이 탁월성이다. [25] 즉, 양극단은 똑같이 악하다는 것이다. 선한 인성의 소유자는 두려움을 무시함으로써 용감하게 행동하는 것이 아니라 그것을 조절함으로써 용감하게 행동하는 것을 터득한 사람이다. 인성이 겸손하다는 것은 지나친 허영심에서 유래하는 자만심과, 지나치게 허영심이 결핍된 상태에서 나타나는 비천함의 중용에서 존재하는 것이다. 결국 인성으로서의 품성적 탁월함은 지나친 결핍이나 초과에 의해 파괴되는 것이다.

그러나 말이 쉽지 중용에 기초한 품성적 탁월함을 실현한다는 일은 여간 어려운 일이 아닐 것이다. 왜냐하면 어떤 일정한 상황에서 중용을 발견하기가 어렵기 때문이다. 지나친 운동과 부족한 운동 간의 중용을 유지하는 것은 그리 어렵지 않다. 먹고 마시는 것도 마찬가지다. 그러나 원의 중심을 정확히 발견하기 어려운 것과 같이 어떤 절제나 용기 같은 덕목의 중용을 찾기는 쉽지 않다. 올바른 방식으로 올바른 이유를 위하여 적절한 시기에 적절하게 올바른 사람처럼 행동하고 느끼는 일은 아무나 가능하지 않을 것이다. 아리스토텔레스가 일생을 통해 지속적인 학습과 노력, 행동을 강조하는 이유도 바로 여기에 있을 것이다.

아리스토텔레스는 중용에 대한 학습이 평생 동안 지속적으로 이루어져야 함을 '장년기' 발달 단계의 특성을 통해 간접적으로 강조한다. 그는 『수사학Rhetoric』에서 삶의 세 가지 중요한 단계를 다음과 같이 기술한다. 젊은 사람은 지나침을 존중하며, 늙은 사람은 결여를 존중한다. 반면에 최상의 상태에 있는 장년층이 중용을 존중한다는 것이다.[26] 그는 장년층의 인성을 다음과 같이 평가한다.

"그들은 남에게 온화할 뿐만 아니라 용감하며, 또 용감하면서도 온화하다. 이러한 덕들은 젊은이와 늙은 사람들의 경우에서는 분리되어 있다. 즉, 젊은 사람들은 용감하지만 온화하지 못하며, 반대로 늙은 사람들은 온화하지만 용감하지 못하다. 모든 도덕적인 특징이 젊은이와 늙은 사람들의 경우에서는 분리되어 있지만 장년에게는 통일되어 있다…. 신체상으로는 장년의 시기는 30에서 35세까지이며 정신적으로는 30에서 49세까지이다."(『수사학』, 제2권 14장)

성인교육의 관점에서 볼 때 아리스토텔레스의 인성 발달론의 한계는 존재한다. 그러나 인성이 아동 청소년기에 완성되는 것이 아니라 청년기와 장년기, 그리고 노년기에 이르기까지 일생 동안 지속된다는 점을 강조하고 있음에 주목할 필요가 있다. 또한 이를 위해 지속적으로 학습과 노력을 해야 하며 직접 행동을 함으로써 인성이 실현된다는 점을 지적한 것도 성인교육에 시사하는 바가 크다고 할 수 있다.

에릭슨의 평생인성교육

인성은 어린 시절 가정이나 학교교육을 통해 형성된다는 것은 누구나 안다. 심리학에서는 성격이나 인성은 출생 후부터 경험하게 되는 환경과의 상호작용에 의해 형성된다는 점을 강조한다. 부모의 양육방식이나 가족 구성원들과의 상호작용, 학교생활을 통한 다양한 상호작용이 중요한 영향을 미친다는 것이다. 특히, 부모가 아이에게 어떤 모델이 되는지, 아이를 어떻게 다루는지에 따라 유아의 성격이나 인성이 형성되어 간다. 따라서 청소년의 됨됨이를 보면 그 부모의 인성을 유추할 수 있다는 말도 나온다. 한 예로 국정농단의 주역인 한 여성과 그 딸의 볼썽사나운 행태들이 인구에 회자된 적이 있었다. 사람들은 천박한 인성도 대물림되는 것 같다고 입을 모았다. 비슷한 시기 대학가에서는 '박정희의 최대 실패는 자식교육'이라는 현수막이 내걸리기도 했다.

인성 형성의 결정적 시기가 가정과 학교 중심의 아동 청소년기라는 데는 대부분 동의한다. 그러나 그렇다고 청소년기의 인성이 무덤까지 지속된다거나 교육을 통한 변화가 불가능하다는 말은 아니다. 주목할 점은, 많은 심리학자들은 사람의 성격이나 인성은 아동 청소년기에 완성되는 것이 아니라 전 생애에 걸쳐 발달한다는 점을 강조한다는 것이다. 물론 "성격 변화는 비교적 오랜 시간을 거친 후에 완만하게 일어나기 때문에 개인의 인성에는 어느 정도의 항상성恒常性이 인정"[27]되지만, 성인기와 노년기를 거치는 과정 중에 지속적으로 재구성되기 때문에 변화한다는 것이 발달심리학의 주장이다.

흔히 나이가 들면 현명해진다고 말한다. 그러나 영화 〈비열한 거리〉에 삽입된 노래 중 알란 파슨즈 프로젝트 그룹이 부른 노래 「Old and Wise」처럼 과연 나이가 들면 현명해지는 것일까? 나이가 들수록 성숙한 방어기제가 더 증가한다는 점에서는 일정 부분 수긍이 간다. 그러나 저절로 되는 건 아니다. 그만큼의 노력과 학습을 한다는 전제하에서다. 늙고 지혜로운 사람도 있지만 늙고 비열한 인성의 소유자들 또한 적지 않기 때문이다.

자아심리학의 체계화에 공헌한 정신분석학자 에릭 에릭슨Erikson은 인성의 중요 요소인 자아정체감은 청년기의 학교교육에서 완성되는 것이 아니라 일정한 단계를 거쳐 평생 동안에 이루어진다는 점을 강조[28]한다. 요람에서 시작해 무덤에 갈 때까지 이루어진다는 것이다. 성숙하고 현명한 노인이 되기 위해서는 청소년기 이후의 삶의 단계에서 요구되는 과제들을 잘 수행해야 한다. 먼저, 자아 정체성을 확립하는 청소년기 이후 성인기(18~35세)에 들어서면 다른 사람과 서로 의지하고 도우며 사는 원만한 인간관계 능력(친밀감)을 키워야 한다. 원만한 타인과의 관계를 통해 우정, 결혼, 직업적 안정도 얻게 되는 것이다. 반면에 그렇지 못할 경우 오히려 고독감과 소외감을 느끼게 된다.

이런 친밀감의 능력을 통해 결혼도 하고 아이도 갖게 되고 가정과 사회에서 일정한 역할을 하게 되는 중년기(35~55세)에 접어든다. 이 시기에는 가정생활이나 직업세계에서 아이를 돌보는 가장으로서, 또는 직업세계에서 주어진 책임을 수행하게 된다(생산성). 아이를 키우는 부모로서 타인을 배려하는 폭넓은 마음이 개발될 수도 있는 반면, 생산적인 일을 하지 못할 경우 삶의 의욕을 상실하는 '침체감'을 맛볼 수도 있다.

마지막으로 노년기(55세 이후)에 들어서면 생산과 발전에서 조금

뒤로 물러나 공동체의 가치와 의미, 타인과 사회 및 생태계 간의 조화로운 관계, 다음 세대에게 문화를 전수하는 역할(의미의 수호자)에 관심을 갖게 된다. 이런 과정을 통해 인생을 조감하고 정리하는 마음을 갖고 자신의 삶의 가치와 의미를 통합하게 된다(통합). 반대로 이 시기의 역할 수행에 실패하면 비관적이고 옹고집을 부리는 부정적 성격이 형성될 수도 있다. 선천적인 기질은 나이가 들어가면서 더 강하게 발현되기 때문에 심술궂은 옹고집이 나타나는 것[29]이다.

한 사람의 인성은 청소년기에 완성되는 것이 아니라 괄호 안의 발달 단계들을 성공적으로 성취해야 비로소 성숙해지고 현명해진다는 것이다. 그냥 나이가 든다고 현명해지는 것이 아니라 성인기, 중년기, 그리고 노년기의 세월을 거치는 동안 지속적인 배움의 노력과 열정을 쏟아야만 성숙한 인품의 소유자가 될 수 있는 것이다. 따라서 인간은 평생에 걸쳐서 자기만의 고유한 인성을 확립해 나가는 창조적 존재이며, 완성이 아닌 지속적인 과정 중에 있는 존재인 것이다. 인성은 평생을 통해 '되어 가는' 과정일 뿐이다.

인성은 습관이며 동기

"또 사고 친 회장 셋째 아들"[30]

한 일간지의 기사 제목이다. 제목만 봐도 내용을 알 정도로 잊을 만하면 터지는 재벌 2세의 '갑질' 행태다. 술집에서 술 마시고 특별한 이유 없이 욕설과 폭행을 하고, 그것도 모자랐는지 순찰차 안에서도 갖은 행패를 다 부렸다. 문제는 이번뿐만이 아니라 과거에도 음주 폭행죄로 처벌을 받은 전력이 있다는데, 아들의 사건을 알게 된 회장은 크게 화를 내며 "잘못을 저지른 만큼 벌을 받고 깊은 반성과 자숙을 하라."고 말했다고 한다. 그런데 알고 보니 회장 본인도 과거에 '보복 폭행'을 가한 혐의로 처벌을 받은 적이 있다. 참으로 민망한 일이다.

정직의 의미를 아는 것이 정직은 아니다. 정직하게 행동하는 것이 정직이다. 한 개인의 인성이 폭력적이냐 아니냐의 기준도 그 사람의 행동이 결정한다. 또한 거짓말을 일삼는 사람이 어쩌다 정직했다고 그가 정직하다고 말할 수는 없을 것이다. 정직함에 대한 일관성이 담보될 때 정직한 인성을 지닌 사람으로 평가받는다. 이렇게 인성은 행동으로 드러나야 되며, 행동을 하기 위해서는 평소의 습관이 필요하다. 동서고금을 막론하고 습관의 중요성이 강조되는 이유가 여기에 있다.

프랑스의 철학자 미셸 드 몽테뉴Montaigne는 『너의 의지를 경작하라』는 글에서 한 개인의 인성을 형성하는 데 미치는 습관의 중요성을 지적한다. 한마디로 '습관은 제2의 천성Habit is a second nature'으로서 개인의 천성만큼이나 강력하다[31]는 것이다. 몽테뉴와 학문적 동학이었던 파스칼Pascal은 한 발 더 나아가 습관이 오히려 천성을 바꾼다고 말한다. 그러나 습관의 중요성을 인식하게 된 것이 18세기 계몽주의 시대의 전유물은 아니다. 습관이 인성에 미치는 절대적 영향력을 강조한 철학자는 고대 그리스의 아리스토텔레스다. 아리스토텔레스[(32)]는『니코마코스 윤리학』제2권을 인성은 곧 습관이란 점을 강조하면서 시작한다.

> "성격적 탁월성은 습관의 결과로 생겨난다. 이런 이유로 성격을 이르는 '에토스ēthos'도 습관을 의미하는 '에토스ethos'로부터 조금만 변형해서 얻어진 것이다." (첫 모음의 장단에서만 차이를 보인다.)

아리스토텔레스는 여기서 현대의 성인 인성교육에 철학적 전제가 될 만한 의미 있는 말을 한다. 즉 "성격적 탁월성들 중 어떤 것도 본성적으로 우리에게 생기는 것이 아님은 분명하다."는 것이다. 지적 혹은 기능적 요인이 아닌 품성으로서의 인성은 타고난 천성이 아니라 습관에 의해 형성된다는 말이다. 그 이유를 간명하게 설명한다. 논리적으로 볼 때 "본성적으로 그런 것은 어느 것이든 본성과 다르게는 습관을 들일 수가 없기 때문"이다. 예를 들어, "돌은 본성적으로 아래로 움직이도록 되어 있기에 위로 움직이도록 습관을 들일 수는 없을 것이다. 만 번을 위로 던져 습관을 들이려 해도 도저히 그렇게는 할 수 없지" 않으냐는 것이다.

아리스토텔레스는 탁월한 인성을 형성하는 방법은 먼저 발휘해 보는 것이라고 강조하면서 다음과 같은 예를 친절하게 제시한다.

> "어떤 것을 어떻게 만들어야 하는지 배우는 사람은 그것을 만들어 봄으로써 배운다. 건축가는 집을 지어 봄으로써 건축가가 되며, 기타 연주자는 기타를 연주함으로써 기타 연주자가 되는 것처럼 말이다. 그러니

이렇게 정의로운 일들을 행함으로써 우리는 정의로운 사람이 되며, 절제 있는 일들을 행함으로써 절제 있는 사람이 되고, 용감한 일들을 행함으로써 용감한 사람이 된다."

좋은 인성을 갖추려면 연습을 해야 한다는 것이다. 아리스토텔레스는 윤리적인 인성을 리라 연주에 비유한다. 리라 연주자가 연습을 할수록 기량이 나아지듯, 인간도 연습을 통해 성격을 개선할 수 있다는 얘기다. 오랫동안 훈련하면 습관이 완전히 몸에 배고, 그러면 적절한 때에 자동적으로 적절한 행동을 하게 되기 때문이다.

현대 심리학자들 역시 아리스토텔레스의 철학을 이어받아 습관이 인성 형성에 미치는 결정적인 영향에 대해 이야기한다. 이들 역시 인성은 습관의 구성체라고 단언한다. 예를 들어 리코나Lickona[33]는 "습관이란 정형화된 장면은 물론 비정형적 장면에서 직면하게 되는 갖가지 선택의 순간에 진실, 신실, 전심, 대담, 친절, 공정 등을 바탕으로 자신이 행위 혹은 행동하도록 만드는 강력한 힘"이라고 강조한다. 같은 맥락에서『습관의 힘』을 쓴 홋지Hodge[34]는 "성격은 기본적으로 습관의 합"이라고 결론 내린다. 습관적인 행동방식이 바로 개인의 성격이 된다는 것이다. 랜돈Landon[35] 역시 마찬가지다. 습관은 곧 행동으로서 행동이 모여 습관이 된다는 것이다. 사람은 습관에 따라 시간과 장소, 환경 속에서 좋고 나쁨의 성질이 바뀌기에, 결국 인생이 곧 습관이라는 말이다.

습관화된 행동으로 좋은 인성을 형성한다는 것이 쉬운 일은 아니다. 앞의 회장 아들은 왜 폭력적인 행동이 습관화되다시피 했을까? 심리학자인 스펜서 Spencer & Spencer[36]는 인간의 중요한 역량으로서 동기motive를 든다. 개인의 동기에 따라 개인의 인성이 크게 좌우된다는 것이다. 동기이론의 전문가인 프레더릭 허즈버그Herzberg[37]는 위생 요인과 동기부여 요인을 설명한다. 위생 요인은 불만족을 좌우하는 것으로 지위나 보상, 직장의 직무 조건 등이 해당된다. 이들 요인이 충족되지 못하면 불만족스럽지만, 충족된다고 해서 반드시 만족하고 동기가 부여되는 것은 아니다. 이들 요인만으로는 삶의 만족을 만들어 내는 데 한계가 있다. 허즈버그가 강조하는 동기부여 요인은 무엇보다 자신이 하는 일에서 의미를 찾는 것이다. 술집 폭행을 한 회장 아들은 아마 위생 요인은 충족되었을 것이다. 허나 자신의 삶에서 동기부여는 충족되지 않았을 수 있다. 동기부여가 되지 않은 상태에서 물리적인 처벌만으로 좋은 행동, 좋은 습관, 좋은 인성이 형성되기는 어려울 것이다.

04

평판경제와 국가의 인성

> "이게 나라냐?"

과거 국정농단을 규탄하는 광화문 촛불시위에서 시민들은 물었다. 대통령이 탄핵되자 이번엔 탄핵 반대 시민들이 '이게 나라냐?'고 목소리를 높였다. 이들이 묻는 '나라'의 정의는 서로 다를 것이다. 나라에도 사람처럼 품격이라는 게 있을까? 나라는 국가를 의미한다면 국가란 무엇인가?

이 물음에는 두 가지의 논의가 가능할 것이다. 국가는 독자적인 실재라는 주장(국가실재론)이 있을 테고, 반면에 국가는 그저 이름만 있을 뿐이라는 시각(국가명목론)도 있을 것이다. 국가에 대한 사전적 정의를 찾아보지 않더라도 국가는 국민과 영토, 주권의 세 가지 요소로 구성된다는 건 상식이다. 그렇다면 국가명목론은 설득력이 떨어진다. 그럼 시민들이 묻는 '나라'는 이 셋 중 무엇을 말하는가?

위기에 처한 민주공화국

"이게 나라냐."는 탄식의 본질은 물론 나라를 이 지경으로 만들어 놓은 정치권력에 대한 분노다. 엄밀히 말하면 대통령의 존재 이유에 닿아 있다. 그러나 한 걸음 더 들어가 보면, 이 질문은 민주공화국인 대한민국에서 '주권을 가진 국민의 존재 의미'에 대한 시민 스스로의 물음이자 성찰이다. "대한민국은 민주공화국이다."「헌법」제1조1항의 내용이다. 1948년의 제헌헌법 이후 헌법은 여러 차례 개정되었지만 우리나라의 정체政體를 '민주공화국'으로 규정한 이 조항만은 지금까지 변함없이 보존돼 오고 있다. 그렇다면 '주권재민主權在民'을 근간으로 하는 민주공화국이란 무엇일까?

'공화'란 말은 중국의 경우 기원전 841년 폭군이던 서주西周의 여왕이 쫓겨난 후 민중의 뜨거운 지지로 공의 제후共伯 화和가 왕 역할을 대신한 데서 나온 말[1]이라 한다. 고대 로마인들도 왕을 축출한 후 평민이든 귀족이든 대중이 정부를 선택할 수 있는 정부 형태를 선택하였다. 공화국을 뜻하는 영어 republic은 라틴어 '레스 푸블리카 res publica'에서 유래한 것을 보면 알 수 있다.[2] 즉, '공공의publica 것, 업무res'란 말이 의미하듯, 민주공화국은 국민이 부여한 권력을 공공적 가치를 위해 사용해야 하는 정치체제를 말한다. 따라서 진보나 보수를 막론하고 민주공화국의 생명은 '공공성公共性'이다. 대통령을 지지하든 반대하든 그 잣대는 무엇보다 '공공성'에 충실했느냐에 두어야 하는 것이다.

'대한민국은 민주공화국'이란 헌법조항은 이렇게 엄중한 시대정신을 담고 있다. 1조2항에서 설명은 구체화된다. "대한민국의 주권은 국민에게 있고, 모든 권력은 국민으로부터 나온다." 대한민국은 '자유시민의 나라'라는 공화정적 가치가 최우선이라는 뜻이다. 공화정적 가치 혹은 "공화주의 원리란 국가가 특정 개인이나 그룹의 사유물이 아니라 구성원 전체가 평등한 자격으로 고르게 지분을 나눠 갖는 공유재산commonwealth이라는 전제 위에 서있는 정치원리"[3]다. 따라서 자유 시민들을 우습게 보고 나라가 마치 자신의 것인 양 착각하는 대통령이나 정치가에게 공화국의 시민들이 분노, 단죄하는 건 당연한 일이다. 국정농단에 따른 대통령 탄핵사태는 바로 '공공성'의 시대정신을 망각한 당사자들의 인성이 불러온 재앙이었다.

비슷한 시기, 홍콩에서는 도널드 창 행정 장관이 부패 혐의로 구속돼 실형을 선고받았다.[4] 홍콩 고등법원 재판관은 "최고위 인사가 이처럼 추락하는 것을 본 적이 없다."고 준엄하게 꾸짖었다. 행정장관의 부패 혐의는 '재임 시절 중국 광동성의 빌라 한 채를 리스하면서 정부에 보고하지 않았다.'는 것이다. 창 장관은 부주의해서 신고를 누락한 것이라고 주장했으나 배심원들은 유죄를 인정했다. '빌라대여' 신고를 안 했다는 이유만으로 국가 행정수반에 실형을 선고하는 것이 홍콩의 법치이자 지도층의 인성이다. 비선을 위주로 한 철저한 기득권과 이해관계에 따라 움직이면서 시정잡배나 하는 파렴치한 범죄에 가담하는 한국의 정치 상황이 오버랩되지 않을 수 없다.

변화에 추월당하면

> "외부의 변화가 기업 내부의 변화를 추월하는 순간, 그 기업은 도태된다."

경영학의 아버지라 불리는 피터 드러커Drucker가 생전에 한 말이다. 기업이 외부의 환경 변화를 예의 주시하고 그에 앞서가지 못하면 도태당한다는 것이다. 스스로 혁신하지 않으면 외부에 의해서 혁신당한다는 말이기도 하다. 의미심장한 말처럼 들리긴 하지만 너무 당연한 진리다. 변화는 자연의 순리다. 삼라만상은 끊임없이 부침이 이뤄지고 있다. 옛것은 사라지고 쉴 새 없이 새것이 등장한다. 그래서 변하지 않는 진리가 있다면 '모든 것은 변한다.'는 말이라 한다. 이렇게 삶 자체가 변화인데도 그 변화를 받아들이기는 쉽지 않다. 그래서 드러커의 말이 새삼 와 닿는다.

드러커의 말은 비단 기업경영에만 해당되는 것은 아니다. 개인도 마찬가지다. 글로벌화된 사회가 4차 산업혁명시대로 치닫고 있는데 혼자서만 산업화시대의 의식과 학습방식을 고수하고 있다면 결과는 어떻게 될까. 드러커의 말은 행복한 삶, 성공적인 삶을 위해 자신을 경영하는 평범한 사람들이나, 기업과 조직, 국가를 경영하는 기업인이나 정치인, 공직자 모두에게 적용될 수 있다.

21세기 들어 기업경영의 패러다임이 바뀌고 있다. 윤리경영, 기업윤리는 물론이고 의미경영, 평판경영이 보편화되고 있다. 기업경영자들이 갑자기 윤리적으로 바뀌어서가 아니다. 환경이 바뀌었기 때문이다. 만일 1970년대 노벨경제학상을 받은 밀톤 프리드먼 Friedman이 '윤리경영'이란 말을 들었다면 이해를 못 했을 것이다. 프리드먼은 기업의 목적은 오직 이윤창출이라 생각했다. 당시는 그게 상식이었다. 이에 맞장구를 치듯 하버드대학교의 앨버트 카Carr 교수는 기업경영의 윤리는 고스톱 판의 윤리poker ethic라고 정의를 내렸다.[5] 이런 시대에 윤리경영이란 말이 먹혀들었을 리가 없다. 마치 '살인의 추억'이나 '동그란 삼각형'처럼 뭔가 어울리지 않는 말을 조합한 '형용모순oxymoron'처럼 들렸을 것이다. 지금 생각하면 격세지감이다.

인성교육도 같은 맥락에서 접근할 수 있다. 인성교육이 법제화되는가 하면 중고등학교 앞을 지나다 보면 '인성이 실력'이란 글귀를 자주 접한다. 인성이란 말은 과거에는 도덕 선생님이나 종교 지도자의 전유물이었다. 지금은 회사 사장들이 더 목소리를 높인다. 기업의 인재상에는 인성이란 단어가 빠지지 않는다. 한 예로 10대 그룹을 대상으로 신입사원 채용 트렌드를 분석한 결과 대기업이 가장 중요하게 생각하는 자질은 인성으로 나타났다. 일은 교육을 통해서 가르칠 수 있지만 인성은 바꿀 수 없기 때문[6]이라 한다. 과거에도 인성 좋은 직원을 마다했을 리가 없지만 인성보다는 어학성적이나 자격증 같은 스펙이 우선이었다. 지금은 스펙 자리에 인성이 들어섰다. 인성교육을 강조하지 않는 기업이나 조직이 없다. 사회문화적 환경이 변했기 때문이다.

정치적 인성도 변해야

국내외적인 환경 변화에 가장 앞서가야 할 분야가 정치다. 정치 지도자에게는 급변하는 국제정세를 면밀히 판독하고 그 변화에 앞서나갈 지혜와 용기의 인성이 요구된다. 포퓰리즘 유혹에서 벗어나 대중의 단기적 승인을 받기 어려운 견해라도 옳다면 밝히는 용기와 강인함의 덕성이 필요하다. 그때 꼭 필요한 변화에 성공하지 못하면 후에 혹독한 비용과 대가를 치르게 된다는 것을 역사는 보여 주고 있기 때문이다.

지도자의 지혜와 용기의 인성은 국내의 부패나 스캔들에도 적용된다. 세계는 정보통신기술을 바탕으로 투명성 혁명이 진행 중이지만 정치인, 공직자들은 '내가 하는 모든 것이 공개될 수 있다.'는 사실을 받아들이지 못하는 경우가 많다. 과거의 국정농단 및 대통령 탄핵사태 역시 시대의 변화를 읽지 못한 데서 비롯되었다. 탄핵을 찬성한 측은 '나라를 이 지경으로 만들어 놓고 어떻게 감히' 하며 분노한다. 반면에 상대적으로 소수지만 그게 '탄핵받을 만한' 잘못이냐는 반론도 있었다. 역대 정권에서도 권력의 사유화나 부정부패가 비일비재했지 않느냐는 주장이다. 심지어는 과거 대통령이 더 나쁘지 않았냐고 반문하기도 한다.

드러커의 말을 상기하기 전에, 우선 후자의 주장은 두 가지 점에서 논리적 모순을 범한다. 하나는, 남들도 다 교통위반을 했는데 왜 나만 딱지를 떼느냐는 논리다. 정서적으로는 설득력이 있어 보인다. 그러나 주목할 점은 헌법이 보장하는 '법 앞에 평등'은 합법의 평등이지 불법의 평등을 의미하지 않는다는 점이다. 헌재도 "헌법상 평등은 불법의 평등까지 보장하는 것은 아니다."라고 밝힌 바 있다(2014헌바372).[7] '불법의 평등'을 요구하는 일부 보수층의 주장이 치명적인 또 다른 이유는, 어느 논설위원의 지적[8]대로 앞으로 어느 대통령이 어떤 헌법과 법률 위배 행위를 해도 박대통령과 견줘 보곤 탄핵하지 못하게 만든다는 데 있다. 이런 논리가 정당화되는 국가를 원하는 국민은 없지 않을까.

드러커의 말을 빌리면 국정농단과 탄핵사태는 정치 지도자의 인성이 시대의 변화를 읽지 못했기 때문이다. 대통령의 인성이 사회 변화에 추월당해 벌어진 사태다. 개발독재가 정당화됐던 1960, 70년대의 국정운영자의 초헌법적인 의식과 비민주적 통치행태는 '우리도 한번 잘 살아 보자.'는 산업화의 구호를 등에 업고 정당화되었다. 그러나 그로부터 반세기가 지난 21세기의 패러다임은 그러한 지도자의 인성을 더 이상 허락하지 않는다. 유통기한이 너무 지났다.

그러나 외부의 환경 변화를 포착하고 앞서 나가는 것은 말처럼 쉽지가 않다. 대통령을 포함한 정치인들의 구태의연한 사고방식이 이를 입증한다. 19세기 말 미국이나 유럽 거리에 자동차가 처음 등장했을 때 마차를 갖고 있던 운수업자들은 위기감을 느꼈다. 이들은 자동차 속도를 제한하는 법까지 만들었고, 심지어 어떤 이는 마차 속도를 높이려 채찍 개량에 나서기도 했다.[9] 지금 보면 실소를 금치 못하는 대처방안이다. 그러나 과거의 일만은 아니다. 나중에 보면 실소를 금치 못할 일들이 지금 벌어지고 있다. 한 예로 현대자동차는 단체협약으로 공장에 로봇이나 자동화 설비를 도입할 때 일일이 노조 동의를 받게 해 두고 있다.

우리 사회를 밑바탕에서 지지하는 시스템은 디지털 혁명과 그에 따른 투명성 혁명으로 '열린 세상'이 되었다. 사건과 정보가 빛의 속도로 공유되는 세상이 아닌가. 인터넷으로 인해 힘의 구조는 극적인 변화를 겪고 있다. 『마켓 4.0』의 저자인 필립 코틀러Kotler[10]는 '이제 세계에서 가장 인구가 많은 국가'는 어디냐고 묻는다. 중국과 인도가 아니라 페이스북이다. 자그만치 16억 5,000만 명(2016년 3월 기준)의 국민을 두고 있기 때문이란다.

이에 따라 힘의 구조는 개인에게서 사회 집단으로 이동하고 있다. 시민들의 커뮤니티는 과거 어느 때보다 강력한 힘을 갖게 됐다. 그들은 더 큰 목소리를 내고 있으며 권위적인 정권을 두려워하지 않는다. 관료와 기업이 무조건 '윗분' 뜻을 받드는 행태는 여전하나 시민들이 용납하지 않는다. 기업의 손목을 비틀어 정경유착하거나, 국정의 사사화私事化, 비선실세를 통한 음습한 '내부자 거래'는 결국에는 드러나고 단죄를 받는다.

변화의 2가지 이유

정치는 물론이고 기업을 포함한 사회 각 분야에서 인성이 중시되고 윤리를 말하는 것은 단순한 시대적 패션이 아니다. 4차 산업혁명이란 말이 함축하듯 하나의 거대한 문명사적 조류다. 따라서 인성교육의 의미와 중요성을 이 거대한 변화의 관점에서 조망하는 것이 필요하다. 역사를 돌이켜 보면 변화는 크게 두 가지 이유로 발생한다.

"석기시대가 끝난 것은 돌이 바닥나서가 아니다."

석유수출기구인 OPEC 장관을 지낸 셰이크 야마니Yamani가 한 말이다. 석유라는 자연적 '우연성'의 혜택을 입어 세상 돌아가는 것을 모르고 풍요를 구가하는 중동 산유국들에게 정신 차려야 한다는 경고성 발언인 듯하다. 그러나 우리에게도 많은 생각을 하게 해 주는 말이다. 석기시대의 종언을 고한 것은 돌 부족이나 돌을 다루는 기술이 발전하지 못해서가 아니다. 돌과는 전혀 다른 청동이란 새로운 패러다임이 출현했기 때문이다.

이 말을 받아 경영 컨설턴트인 앨런 패닝턴Fairnington[11]은, 증기기관 시대가 종말을 맞이한 것은 물과 원료가 바닥나서가 아니지 않은가라고 반문한다. 답은 간단하다. 증기보다 나은 석유라는 대체 수단이 있었기 때문이다. 그 결과 19세기 증기기관 시대에서 석유 동력의 시대인 20세기로 이행한 것이다. 셰이크 야마니의 예측대로 석유시대는 얼마 안 있어 절정에 달해 쇠퇴하게 될 것이다. 그런데 주목해야 할 점은, 그 쇠퇴하는 이유가 돌보다 나은 청동이란 대체 수단으로 석기시대가 끝난 것과는 양상이 다르다는 점이다.

패닝턴은 그 이유를 두 가지에서 찾는다. 하나는, 기존의 것보다 더 나은 새로운 제품이나 기술이 개발될 때 기존의 것은 쇠퇴하면서 변화가 이루어진다. 기업의 제품과 서비스의 생명 주기는 냉정하게 이 법칙대로 이뤄진다. 잘 나가는 기업이 긴장의 끈을 놓을 수 없는 이유다. 자사의 제품과 서비스가 대량 판매시기에 접어들어 황금기를 구가할 때일수록 기업은 더 새로운 것을 창출하려는 노력을 경주할 수밖에 없다.

1900년만 해도 미국 뉴욕 맨해튼의 길거리는 마차로 뒤덮였었다. 그러나 1908년 미 포드사가 고가의 사치품이었던 자동차의 대량 생산에 성공해 저렴한 가격에 공급하면서 마차의 시대는 종지부를 찍었다. 100여 년이 지난 지금은 어떤가? 마차를 대체한 자동차의 운전자가 이번엔 인공지능에 의해 다시 대체되고 있다. 자율주행차가 불러올 변화는 또한 엔터테인먼트, 부동산, 철강, 정유, 보험 등 다양한 산업의 변화를 불러일으킨다. 기업들로선 세상 변화에 온몸의 촉수를 곤두세울 수밖에 없는 이유다.

그러나 우리가 인성교육 측면에서 주목해야 할 것은 또 다른 사회 변화의 이유다. 가치관의 변화 혹은 새로운 가치관의 등장이다. 기업이 인식하지도 못하는 사이 소비자들의 행동 양식이나 가치의 변화로 브랜드의 인기가 추락하고 시장과 동떨어지기도 한다. 새로운 기술의 등장은 눈에 보이고 설명하기도 쉽다. 그러나 한 사회의 가치관의 변화는 알아차리기가 어렵다. 수많은 시대가 지나간 다음에야 정의되는 이유가 바로 여기에 있다. 17~18세기 계몽주의 시대에 살던 사람들이 자신이 계몽의 시대에 산다고 생각하지는 않았을 것이다. 후대 역사가들이 그렇게 정의한 것이다.

21세기 글로벌 사회는 제품과 기술의 혁신은 물론 중대한 가치관의 변화를 맞이하고 있다. 기업을 포함한 모든 직업인과 이해관계자들의 가치관이 변하고 있다. 정치적 관점에서는 일반 유권자들의 가치관이 변하고 있다. 사회 전반적으로 시민들의 가치관이 변하고 새로운 가치를 요구하고 있다. 필립 코틀러Kotler[12]의 말대로 수직적 힘의 구조는 수평적인 시민들의 힘에 의해 약화되고 있다. 특정 집단의 권력에서 다차원적 힘의 구조로 이동하고 있는 것이다. 이런 변화는 표면적으로 눈에 띄게 드러나지 않아 쉽게 알아차리기 힘들 수도 있다. 그러나 사람들의 의식구조나 가치관의 변화는 우리가 알아차리지 못하는 사이 발생한다.

국가도 인성이다

사람들의 의식구조나 가치관은 한 국가의 사회문화적 힘의 원천이 된다. 그렇다면 개인의 인성이 존재하는 것처럼 국가에도 어떤 집단적 인성이 있다고 말할 수 있을까? 흔히, '미국 사람들은…' 혹은 '일본인들은…' 하는 식으로 특정 국가 사람들을 일반화시켜 평가하기 때문이다. 신문에 실린 글 하나를 보자.

어느 겨울의 바쁜 출근길, 한국 경기도 판교의 한 버스정류장에서 찍은 몰래 카메라 영상 하나가 중국 웨이보(중국판 트위터)에 올라왔다. 양복 차림의 젊은이가 "첫 면접 날인데 넥타이 매는 법을 모르겠다."며 도움을 청한다. 제 목에 넥타이를 걸어 매듭을 만들어 건네주는 아저씨,

넥타이를 매 준 뒤 청년의 어깨를 토닥이며 "파이팅!"을 외치는 백발 할아버지, "추운데 외투도 안 입었느냐. 나는 안 춥다."며 자신의 핫 팩을 꺼내 주는 초로의 아주머니 등 낯선 청년을 가족처럼 챙겨 주는 평범한 한국인들의 모습이 담겨 있었다. (조선일보 2017. 3. 6.)

한국에 대한 사드 보복이 한창이었던 때였지만 중국인들의 찬사 댓글이 줄을 이었다. '마음이 따뜻해진다.' '눈물 난다.' '정부는 개판인데 인민은 훌륭하네.' '한국 놈들을 욕하지만 만약 중국이었다면 모두가 무관심했을 것'이라는 등 대부분이 한국에 긍정적인 반응이었다고 전한다. 한 가지 주목할 만한 건 '일본인들은 더 멋있다.' '역시 일본인이 최고'라는 식의 댓글이 적지 않았다는 점이다. 거의 매일 항일抗日 드라마가 방영되는 중국이지만 일본인에 대해서는 '대단하다.'는 말을 입에 달고 산다는 것이다. 이를 대변하듯 중국의 한 저명한 국제정치학 교수는 "한국에 가면 질 좋은 김과 전기밥솥을 살 수 있어 좋지만 일본에 가면 수준 높은 사회 분위기를 맛볼 수 있어 좋다."고 말한다. [13]

"수준 높은 사회 분위기"란 표현은 어떤 사회 집단이나 국가에도 인성이란 것이 존재할 수 있다는 것을 말해 준다. 인성은 지극히 각자적各自的이고 개인적인 특성이다. 심리학자들이나 정신과 의사들은 이러한 개인적 인성을 분석하고 이해하는 데 초점을 맞춘다. 반면에 심리인류학자들은 특정 사회에서 일반적으로 나타나는 사람들의 인성에 관심을 기울인다. 어떤 사회 집단에 특징적으로 나타나는 '사회적 인성'이 있다는 것이다. 앞의 트위터의 글을 보면, 중국인들은 도저히 넘볼 수 없고, 한국인보다도 한 수 위인 일본의 국민성, 한마디로 일본인들의 '가면mask'으로서의 '품격'을 높이 평가한다. 속은 모르겠지만 겉으로 드러난 일본인들의 사회적 인성에 대한 평가라 할 수 있다.

'사회적 인성'이란 '사회 실재론'을 전제로 한다. 사회란 단지 개인들의 집합체로서 이름으로만 존재(사회명목론)하는 것이 아니라 사회란 실체가 존재한다는 생각이다. 독일의 철학자 게오르크 지멜Simmel에 따르면 사회란 단지 여러 개인들이 모여 이뤄진 집합체가 아니다. 사회란 사람들 간의 '상호작용의 집합체a set of interaction'다.[14] 말과 행동으로 이루어지는 상호작용을 통해 인간은 사회적, 정치적 실천을 이룬다. 이를 통해 스스로 사물이 아니라 고유의 존엄함과 개성을 지닌 존재임을 증명한다. 함께 말하고 행동하는 역동적인 상호작용이 국가 사회를 만드는 것이다.[15]

이렇게 볼 때 사회란 서로 간의 상호작용을 통해 각자의 발전과 운명에 영향을 주고받는 하나의 이벤트event이며 삶의 경험lived experience이다. 각자는 일상에서의 사소한 자신의 행동, 타인과의 상호작용을 통해 삶의 경험을 풍요롭게 하는 것이며 이것이 바로 사회문화적인 힘이 되는 것이다.[16] 이 '사회문화적인 힘'을 사회적 인성이라 할 수 있지 않을까. 라인홀드 니버Niebuhr[17]가 사회를 사회적 사실social fact로 보지 않고 개인의 도덕적, 윤리적 시각의 집합체로 보는 것도 같은 맥락이라 할 수 있다.

사회적 인성social personality이란 개념은 존 호니그만Honigman[18]에 의해 제시되었다. 인성 특성들은 그 집단의 많은 사람에 의해서 또는 모든 사람에 의해서 공유될 수 있다는 것이다. 한 사회의 개인은 고

유의 인성을 갖기도 하지만 개인의 인성은 사회생활 경험에 의해 크게 영향을 받게 된다. 따라서 '한 사회에서 생활한 결과로 개인이 형성하는 인성의 모든 측면'이 곧 사회적 인성[19]이 된다. 물론 그 사회의 모든 사람이 똑같은 인성을 소유하거나 구현한다는 것은 아니다. 사회적 인성은 여러 상황에서 사회성원들에 의해 표현된 행위나 사고, 감정의 일반적인 유형을 말하는 것이다. 미국의 인류학자 루스 베네딕트Benedict[20]의 저서『국화와 칼』은 바로 일본인들의 일반적인 성격과 인성 유형 혹은 문화 유형patterns of culture을 분석한 대표적인 사례다.

한국은 거짓말 천국

게리 로크Locke 주중 미국 대사가 중국인을 평가하는 말이 언론에 보도된 적이 있었다.

> "중국인들은 불공평한 것은 문제 삼지 않고 자기가 이익을 못 보면 따진다. 걸핏하면 외부를 비판하지만 스스로 반성하는 일은 거의 없다."

중국인의 인성을 꼬집는 말이지만 딱히 중국인에게만 한정된 인성은 아닐 것 같다. 우리나라 언론에서는 한국 사회를 '거짓말 천국'이라고까지 비판할 정도다. 사회 저변에 퍼져 있는 각종 보험 사기에다 법정에서 거짓말을 하는 위증죄, 남을 거짓으로 고소 고발하는 무고죄 등이 갈수록 심해지고 있기 때문이다.

여기에 일본 매체는 한 술 더 거든다. "한국인은 숨 쉬는 것처럼 거짓말을 한다."는 것이다. 나아가 한국이 세계 제1의 사기 대국大國이자 부패 대국이라고 주장한다. 다른 나라도 아닌 일본인들로부터 우리의 '아픈 곳'을 후벼 파는 말을 듣고 있는 현실[21]이다. 이런 비판이 위증죄, 무고죄, 사기죄 등에 관한 한국 경찰청의 통계를 바탕으로 한 것이니 인정하지 않을 수가 없다. 속은 쓰리지만 우리의 교육과 문화를 냉철하게 성찰하는 계기가 되어야 하지 않을까.

교육부 장관을 지낸 서울대학교 문용린 교수가 전하는 사례다.[22] 미국 동부의 한 명문 대학 미국인 교수가 안타까운 심정으로 전해 준 내용이라 한다. "우리 미국 대학에 한국인에 대한 좋지 않은 소문 세 가지가 떠돈다. 첫째, 우리 대학에서 커닝 사건이 일어나면 모두 한국인이다." 자기 대학에는 커닝이란 것이 없었는데 한국 학생들이 입학하면서 커닝하면 으레 한국인이 하는 걸로 알고 있다는 얘기다. "둘째, 한국에서 오는 서류는 더 자세히 검토해 보라는 쪽지가 항상 붙는다." 가짜가 많기 때문이다. "한국에서 오는 서류뿐만 아니라 한국 학생이 제출하는 서류에는 믿지 못할 내용이 너무 많다. 추천서는 볼 필요도 없다." 똑같이 카피해서 내기 때문에 믿질 못한다는 것이다. "셋째, 전 세계에서 우리 대학을 사칭하고 다니는 사람 중에 한국인 제일 많다." 자신의 학벌까지 명문 대학으로 속이려는 사람이 많다는 것이다.

미국인 한 사람의 사적인 경험이나 편견일 수도 있다. 그러나 개인적, 국가적 차원의 통계를 보면 할 말을 잃게 된다. 보험사기는 여전히 세계적이다. 금융감독원이 제출한 국감 자료에 따르면 보험 사기로 부당 지급한 보험금이 연간 1,135억 원을 넘어섰다. 한 해에 적발된 보험사기족은 7만 8,000명에 이른다.[23] 그 수법도 날로 진화해 생계형 보험사기와 더불어 전문적인 범죄형 보험사기가 계속 늘고 있다. 국제투명성기구TI가 매년 평가하는 '부패인식지수CPI', 스위스 국제경영개발대학원IMD에서 매년 발표하는 '회계신인도' 등의 외부적인 평가에서는 우리나라가 항상 '최하위' 수준을 맴돈다. 우리가 인식하지 못하는 사이 '거짓말 한국'의 문화가 자리 잡은 것은 아닌가 불안하다. 더욱 우려되는 것은 거짓말에 대한 불감증이 어린 세대부터 길러지고 있다는 점이다. 미국 유학중인 대학생들의 커닝 문제가 나왔으나 중고등학생이라고 예외는 아닌 것 같다.

몇 해 전 국정감사에서 밝혀진 내용이다.[24] 조기 유학을 갔다가 커닝을 해서 퇴학을 맞고 귀국하는 우리나라 학생 수가 연간 500명에 달한다고 한다. 또다시 믿고 싶지 않은 내용이지만, 유학원 통계를 바탕으로 국정감사에서까지 밝혀진 사실이다. 조기유학 알선 홈페이지에 들어가면 이런 경고문이 있다고 한다. "커닝으로 퇴학 시 본원은 책임지지 않습니다." 서양 선진국에서는 커닝하는 것을 절도죄로 본다. 일본 게이오대학교 학생들은 시험 볼 때면 너나 할 것 없이 반드시 물휴지를 가져온다고 한다. 책상 위에 적힌 글씨를 시험 전에 지우기 위해서다.

두말할 나위 없이 거짓말은 관찰학습의 결과다. 인간의 학습은 사회적 인지 학습이론에서 주장하듯 사회적 환경 속에서 발생한다. 다른 사람들을 관찰함으로써 사람들은 지식과 규칙은 물론 가치와 태도를 습득하게 된다.[25] 특히, 반두라Bandura는 학습은 대리적인 것이 될 수 있다고 주장한다. "직접 경험으로부터 생기는 사실상 모든 학습 현상은 관찰자가 다른 사람들의 행동과 그 결과들을 관찰함으로써 대리적인 방법으로 발생"한다[26]는 것이다. 거짓말 하는 사람이 주변 환경에 영향을 미치고, 다시 환경이 사람들이 행동하는 방식에 영향을 미치는 상호작용을 한다는 것이다. 이와 관련된 기사 내용을 보자.

> 서울 종로의 한 패밀리 레스토랑 앞. 30대로 보이는 여성이 아들에게 신신당부했다. "식당에서 누가 물어보면 일곱 살이라고 해야 해." 아이는 두 눈을 동그랗게 뜨고 엄마가 왜 거짓말을 하라고 시키는지 모두지 이해할 수 없다는 표정을 지었다. "엄마, 나 여덟 살인데 왜 일곱 살이라고 해야 해. 학교도 들어갔잖아." 엄마는 말했다. "그냥 엄마가 시키는 대로 해. 알았지?" 모자의 대화를 옆에서 지켜보던 아빠는 못 들은 척 딴청을 피웠다. 가족이 레스토랑 입구에 들어섰다. 점원이 아이의 나이를 묻자 아이는 잔뜩 긴장한 얼굴로 "일곱 살이요."라고 답했다. 거짓말 덕분에 가족은 샐러드바 이용료 7,300원을 아꼈다. 아이 엄마는 미소를 지으며 샐러드바로 걸어가는 아들의 엉덩이를 툭 치며 말했다. "잘했어!"[27]

일본 기업의 굳센 거짓말

'거짓말 천국' 한국은 어려서부터 부모를 통해 시작된다. 그 결과,

일본 언론은 일반화의 위험을 감수하면서까지 '한국'이란 국가적 인성을 들먹인다. 그러나 거짓말을 비난하는 일본인들이 자신들의 거짓말로 곤욕을 치르고 있다.

> "줄 잇는 데이터 조작, 일본 '품질관리 신화'의 배신"

끊임없이 이어지는 일본 기업의 거짓말, 사기 행각을 보도하는 신문 제목이다.[28] 2017년까지의 3년 동안만 해도 일본의 대표적 기업들이 행한 사기 행각은 일본의 모노즈쿠리(장인정신을 기반으로 한 일본 제조업 문화)를 배신했다.

2014년 다카다의 에어백 결함 은폐 사건, 2015년 도요고무공업의 건물용 면진(지진 충격 최소화) 고무성능 데이터 조작, 2016년 미쓰비시자동차의 62만 대 연비 테스트 조작, 닛산자동차의 '캐시카이' 모델 배출가스 불법 조작, 스즈키자동차의 210만 대 연비 테스트 조작, 2017년 닛산차(9월) 및 스바루(10월)의 무자격 종업원의 완성차 검사 및 서류 조작, 그리고 고베제강의 알루미늄, 구리 강도 데이터 조작(10월) 등 거짓과 은폐 행위가 해가 갈수록 심해지고 있다. 불과 몇 해 전인 2010년, 도요타자동차가 가속페달 결함을 숨겨 무려 천만 대 리콜을 당하고 전 세계인들 앞에 고개를 숙였었다. 그러나 그 이후 나아질 기미는 전혀 보이지 않는다.

기업의 데이터 조작이나 은폐 사건이 일본 기업에만 한정된 것은 아닐 수 있다. 그러나 이들 일본 기업인들의 거짓과 조작은 정부 규제의 허점을 노린, 철저히 계획적이며 장기적이란 점에서 죄질이 무겁다. 미쓰비시는 무려 25년 동안이나 거짓말을, 스즈키자동차는 6년 동안 연비를 속였으며, 스바루자동차는 30년 넘게 무자격자에게 완성차 검사를 맡겼고, 고베제강의 품질 조작은 10여 년에 걸쳐 관리직 묵인하에 조직적으로 이뤄졌다.[29] 한마디로, '걸리지 않는 한' 끝까지 조작과 거짓을 멈추지 않겠다는 것이다.

특히, 2017년 10월 일본 3대 철강기업인 고베제강의 품질 조작 사태가 오랫동안 조직 전반에 걸쳐 광범위하게 이뤄져 온 사실이 드러나면서 글로벌 스캔들로 확산됐다. 제너럴모터스, 포드, 보잉, 테슬라와 다임러 등 세계 유수의 글로벌 기업 30여 곳이 문제가 된 고베제강의 알루미늄 제품을 사용했음은 물론 원자력발전에도 불량품이 공급됐기 때문이다. 그럼에도 고베제강 회장은 조작 사태가 탄로나기 하루 전까지도 "철강 제품에는 부정이 없다."고 잡아뗐다.[30] 말이 '조작'이자 비열한 '사기' 행각이다. "수치스럽다."고 스바루 본사 사장은 말했다.[31] 그러나 이런 말은 과거 동일한 사기 행각이 발각됐을 때 행한 기업 회장들의 데자뷔Deja Vu일 뿐이다.

베네딕트의 '국화와 칼'

'가깝고도 먼 나라'란 말을 들으면 싫건 좋건 떠오르는 나라가 일본이다. 지리적으로는 물론 역사적 정치·문화적으로 가깝기 때문이다. 그러나 '먼 나라'란 말이 품고 있는 함의는 단순하지가 않다. '알다가도 모르겠다.'는 말이다. 외교 업무를 담당하는 공무원들부터 일본인 친구를 가진 사람들에 이르기까지 이구동성으로 하는 말이다. 그런데 우리만 그런 게 아니다. 이 '알다가도 모를' 일본인의 속성과 문화를 학계에서는 '국화와 칼'이란 은유적 비유로 대신한다.

2011년 3월 발생한 동일본 대지진은 전 세계에 두 가지 측면에서 큰 충격을 주었다. 하나는 엄청난 강도의 지진해일로 인한 처참한 인명·재산 피해 및 원전 폭발로 인한 방사능 누출이었다. 다른 하나는 대지진 초기에 일본인들이 보여 준 타인에 대한 배려 및 질서의식이었다. 주유소나 구호품 배급소 앞에 질서정연하게 줄지어 선 모습, 지진으로 폐허가 된 도로에서도 교통신호를 지키는 시민들은 신선하면서도 '미스터리' 같은 충격이었다. 세계 각국은 물론 한국 언론도 앞다투어 일본인들의 시민의식을 크게 상찬했다. 미국 언론은 뉴올리언스New Orleans 지역 홍수 때 벌어졌던 미국인들의 무법천지 상황과 비교하기도 했다. 심지어 영국의 『파이낸셜타임스FT』는 "일본의 시민의식은 인류의 정신이 진화한다는 사실을 보여줬다."고 극찬했다. 정말 부러울 정도로 아름다운 일본인들의 인성이었다.

그러나 다른 한편으로 이런 일본인들의 행동에 고개를 갸우뚱하는 사람들이 적지 않다. 끊이지 않고 드러나는 일본 기업들(자동차, 철강기업 등)의 조직적인 사기 행각, 전범 행위에 대한 지속적인 거짓말, 정치인은 물론 일반인들의 인종차별 발언과 시위 등은 아무리 봐도 '인류정신의 진화'와는 거리가 멀기 때문이다. 특히, 일본 도심에서 지속적으로 벌어지고 있는 혐한 인종차별 시위는 역사의 시계를 반세기 이상 돌려놓고 있다. 추잡한 '저질 폭언'들을 쏟아 내는 일본인들의 행태는 오히려 '인류정신의 퇴보'를 보여 주는 듯하다. 더 심각한 문제는 일본 정부, 언론들이 이를 방관하고 있다는 점이다. 마치 제2차 세계대전 당시 일본 사회의 망령이 되살아나는 느낌마저 든다.

1923년 9월 1일 간토關東 대지진 당시 일본 언론이 그랬다. 진도 7.9의 대지진과 화재로 민심이 흉흉해졌다. 그러자 동요한 민심을 수습하기 위해 방화의 책임을 한국인들에게 덮어씌우고 한국인을 쳐 죽이라고 선동했다. 관민 일체가 된 일본인들은 칼과 죽창을 들고 거리를 누비며 한국인이라면 닥치는 대로 학살했다. 이렇게 해서 죄 없이 죽어간 한국인들이 6000여 명에 이른다. 당시 도쿄 유학 중이던 이기영이 자신의 목격담을 토대로 쓴 소설『두만강』에는 "강물이 시뻘겋게 피에 물들도록" 한국인을 처참하게 살육한 일본인들의 만행이 끔찍할 정도로 적나라하게 그려져 있다. [32]

물론 전쟁 시의 국민의 행동을 평화 시의 프리즘으로 조망할 수 있느냐는 반론이 있을 수 있다. 틀린 말은 아니다. 그러나 간토대학살은 국가가 주동이 돼 군중을 선동해 자행한 이민족 대학살이란 점에서 죄질이 극히 나쁘다. 나치의 유대인 학살과 더불어 유례를 찾을 수 없는 만행이다. 전쟁과 평화 시의 행동에는 간극이 존재하기 마련이다. 그러나 스탠포드대학교 심리학과 필립 짐바르도Zimbardo[33] 교수가 저서『루시퍼 이펙트』에서 분석하였듯이, 일본인들에겐 그 간극이 지나치리만치 극명하다. 아무리 전쟁 상황이라도 인간이 이렇게 까지 '악마Lucifer의 무리'로 전락할 수 있는가 하는 물음이다. 짐바르도 교수는 그 대표적인 사례로 일본인을 꼽는다.

일본 연구서의 고전이 되다시피 한『국화와 칼』의 저자, 루스 베네딕트Benedict[34]는 일본 민족성의 본질을 한마디로 '모순'으로 정의한다. 철저한 이중성이다. 일본인은 손에는 아름다운 국화를 들고 있지만(다테마에: 겉 표현), 허리에는 차가운 칼을 찬(혼네: 속 마음) 이중적 인간이라는 것이다. 영어식으로 표현하면 'but also'다. 일본인은 '착하다' 혹은 '나쁘다'가 아니다. 착하면서도 나쁘고 친절하면서도 불친절하며 복종적이면서도 반항적이다. 국화와 칼처럼 어울리지 않는 양면성, 그것이 일본인이다. 일본인에 관한 많은 연구논문들은 베네딕트 여사의 주장을 강력히 뒷받침하고 있다.

적지 않은 일본인들 역시 베네딕트의 분석에 고개를 끄떡인다. 일본 NHK 프로듀서 출신인 경희대학교 초빙교수 후지모토 도시카스 교수의 분석[35]은 보다 구체적이다. 일본에는 '세켄世間'이란 말이 있다. 남의 시선을 늘 의식하고 자신의 욕망과 행동을 제약하며 산다. 슬픈 일이 닥쳐도 과도하게 울지 않는다. 이른바 눈치를 보는 것이다. 일본인들이 가장 좋아하는 말이 '화和'다. 따라서 남에게 절대 '메이와쿠迷惑', 즉 폐를 끼쳐서는 안 된다. 끊임없이 타인의 시선을 의식하면서 상호간 갈등을 최소화 하는 데 신경을 곤두세우게 된다. 학자들은 그 이유를 일본의 지리적 속성에서 찾기도 한다. 섬이라는 폐쇄적 공간의 생태적 속성이 서로에게 폐를 끼치지 않도록 만들고 타인과의 '화'를 처세의 중심에 놓게 만들었다는 말이다. '배려'는 생존수단이며 복종과 순응은 몸에 전해온 DNA인 것이다.

선생님이 질문하면 알고 있어도 손을 안 든다. 남들도 다 아는 것을 손 들면 잘난 척하는 것처럼 되기 때문이다. 질문도 안 한다. 남에게 폐가 되기 때문이다. 주유소에서 철저하게 줄을 서는 것은 새치기할 경우 질서 파괴자로 집단 왕따를 당할 두려움 때문이다. 다시 말해 폐를 끼치지 않거나 친절을 베푸는 것은 두렵기 때문이라는 것이다. 집단 왕따의 두려움이 일상적으로 학습화되어 있는 것이다. '폐'를 피하는 소극적인 의식과 태도가 결과적으로 친절과 매너로 드러난다. 자연히 '혼네(속마음)'와 '다테마에(겉표현)'가 달라야 된다. 한국인이 싫어하는 표리부동表裏不同이란 이중성이 일본에선 사회윤리의 핵심 덕목이 되는 것이다.

일본인의 맥락적 인성과 도착적 도덕

오다가다 일본인을 만나거나, 혹은 일본여행을 해 본 사람이면 일본인들의 친절과 배려를 경험한다. 일본의 지하철에선 다리를 꼬고 앉거나 양팔을 벌려서 신문을 읽는 사람이 없다. 있다면 한국인이다. 이처럼 남에게 폐를 끼치는 행동을 극도로 자제하다 보니 예의 바르고 친절하게 보인다. 우리에겐 부러울 수밖에 없는 시민의식이다. 그런데 이런 '부러운' 시민의식에 찬물을 끼얹는 사건들이 잊을 만하면 발생한다.

일본 도쿄 인근 사이타마 축구장에서 프로축구 경기가 벌어졌다. 그런데 홈팀 응원단이 '오직 일본인만Japanese Only'이란 다분히 인종차별적 현수막을 경기장에 내걸었다. 제대로 된 나라에서는 있을 수 없는 국수주의적 행태다. 타인에 대한 친절과 배려가 생명인 일본인들의 행동과는 상반되는 행태에 국내외 축구 팬들은 혼란과 분노를 표출했다. 문제는 일부 몰지각한 일본 축구 팬들의 일탈로 치부할 수 없다는 데 있다. 일본인들의 이런 '모순된' 태도에 대한 일본 학자들의 분석은 베네딕트의 연구와 대체로 일치한다.

베네딕트의 분석은 인상적이다. 미군정 시절에는 일본인들이 점령군의 통치에 얼마나 철저히 복종을 하는지 눈을 의심하지 않을 수 없었다고 한다. 미군들은 "이들이 얼마 전까지 비행기에 폭탄을 싣고 돌진(가미가제)하던 그 일본인들이 정말 맞느냐?"며 놀랐다는 것이다.

하마구치 교수의 말대로 일본인의 인성은 한마디로 '맥락적contextual'이다. '화和'를 중시하지만 '화'의 범주에 '다른 나라 사람'은 포함되지 않는다. 타인과의 상호관계란 맥락 속에서 갈등을 피하고 화합을 중시하지만, 그 '맥락'은 일본 내 자국인에게 한정된다. 특히, 자신보다 못하다고 판단하면 배척의 강도는 더욱 높아진다. 험한 시위에서 보듯 일본 내 소수민족은 철저히 무시하지만 미국이나 유럽인들을 대하는 태도는 다르다.

'맥락' 속에서 사람을 대하고 행동을 결정한다는 것은 도덕이나 윤리 역시 상황이나 맥락 속에서 결정됨을 의미한다. 축구 경기장 인종차별 현수막 배경에는 이런 '일본식' 상황 윤리가 뒷받침되고 있다. 일본인들 간의 화합, 단합을 위해서는 인종차별도 문제될 게 없다. 인종차별 현수막이나 욱일승천기를 흔들면서도 아무런 수치심을 느끼지 않는 이유다. 니체는 무리짐승의 도덕이 지닌 단 하나의 행동준칙은 '타인과 동일하게 행동'하는 것이라 주장한다. '모두가 동일하게' 되는 것 자체에서 '만족'과 '쾌락'을 찾는 것이다.

일본 관중들과는 달리 일본축구협회는 현수막 사건에 단호히 대응했다. 일본 정부도 인종차별에 반대한다는 공식 입장을 재빨리 내놓았다. 주목할 점은 보편적 윤리에 반하는 행동에 대한 반성이나 수치심 때문이 아니란 점이다. 인종차별 행위를 엄격하게 제재하는 국제축구연맹FIFA이란 '권력'이 두렵기 때문이다. 반면에 일본 도심 한가운데서 벌어지는 극단적인 인종차별 시위, 혐한 시위는 방관한다. 이때는 언론의 자유를 들이댄다. 일본 관료들의 위안부 사건을 포함한 인종차별 발언들이 제재를 받기는커녕 오히려 조장되는 이유도 마찬가지다. 니체는 자신의 행위가 도덕적인지 아닌지에 대한 판단을 행위 자체에 내재하는 가치를 고민해서가 아니라 단지 다른 사람과 동일한지를 기준으로 결정할 때 도착적倒錯的인 도덕이 탄생한다고 말한다.

루스 베네딕트는 일본인의 행동을 분석하는 틀로서 수치문화shame culture란 개념을 사용했다. 서양의 죄의식문화guilt culture는 절대적인 윤리기준과 양심에 기초한 내면적 죄의식을 중시하는 데 반해, 수치문화는 자신에 대한 타인의 평가 및 자신의 체면이 행동의 기준이 되는 것이다.[36] 유대-그리스도교 전통의 죄의식문화에서는 윤리의 기준이 명확하다. 인간은 모두 신의 모상Imago Dei을 지닌 피조물이기에 인종에 관계없이 모두 그 자체로서 존엄하고 평등하다. 남을 사랑해야 하는 이유는 인간이 존엄하기 때문이다. 따라서 인종차별은 죄를 짓는 행위이며 그에 따른 죄의식을 갖게 된다. 서양 사회에서도 인종차별적 발언이나 행동이 없지 않다. 그러나 사회는 그런 행동을 윤리적으로 용납하지 않는다.

반면에 수치문화에서는 윤리의 절대적 기준이 모호하다. 맥락과 상황에 따라 선악의 기준이 달라진다. 자신이 속한 집단과 사회 속에서 화합和을 위한 행동이 윤리의 기준이 된다. 따라서 '타인의 시선'이 행동을 결정하는 모티브로 작동한다. 당연히 상황 윤리적 의식과 행동이 처세술이 된다. 인종차별적 의식이나 행동도 맥락에 따라 윤리적 혹은 비윤리적이게 된다. 상황에 따라 힘 있는 자에게는 굴종적이고 약한 자는 짓밟는 선별적이고 상황적인 배려가 되기 십상이다.

우리나라는 유교 전통이란 측면에서 일본의 수치문화와 같은 맥락이라 할 수 있다. 그러나 우리의 체면문화face-saving와 비교해, 11세기에서 17세기까지 7백 년 동안 봉건제도를 겪으며 강화된 일본의 수치문화는 윤리적 속성에서 차이가 있다. 게다가 종교 인구 중 그리스도교가 차지하는 비중이 가장 큰 21세기 한국 사회에서는 '죄의식'에 기초한 윤리의식이 중요한 행동기준이 될 수밖에 없다. 그렇다고 한국인들이 항상 친절하고 타인을 배려한다는 것은 물론 아니다. 의식과 행동이 반드시 일치하지 않는 것은 어느 국민이나 마찬가지다. 한국인 또한 상황 윤리에 치우치는 경향이 강한 것은 마찬가지다.

일본인의 친절이나, 시스템 속에서의 한국인의 친절이나 외현적으로 보면 모두가 도구적인 행위다. 도구적인 것은 그 자체로 좋고 나쁨의 대상은 아니다. 오히려 일본인의 도구적인 친절과 배려, 규칙 준수는 일본의 국가경쟁력이자 부러움의 대상이 되기도 한다.

도구적인 공공질서의식이라도 당연히 배워야 한다. 오죽했으면 마키아벨리는 혼란한 정의사회보다 질서 있는 정의롭지 못한 사회가 낫다고 했을까.

그러나 생각해 볼 점은 수단적이며 처세술로서의 친절에는 자칫하면 타인에 대한 '인간으로서의 배려'가 결여되기 쉽다는 점이다. '배려 없는 친절'은 윤리적 바탕이 허약하며 맹목적, 관습적이 될 수 있다. 문화적, 상황적 압력으로 인해 도덕규범을 습관적으로 체화시킬 수 있지만 자신의 도덕적 확신을 이성적, 합리적인 논의로서 뒷받침할 수 있는 능력이 결여될 수 있다. 이 경우 도덕적인 미숙아로 남게 된다. 반면에 '배려에 기초한 친절'은 윤리적 바탕이 굳건하다. 맥락이나 상황에 좌우되지 않고 자신의 행위를 반성적으로 추론하여 체화시킬 수가 있다.

평판경제시대의 국가평판도

일본의 3대 경영의 신으로 불리며, 일본 CEO들이 가장 존경하는 CEO로 평가받는 사람이 있다. 교세라그룹 창업주인 이나모리 가즈오다. 고인이 된 우장춘 박사의 사위로도 잘 알려져 있는 그는 인생의 결정적인 성공 변수는 바로 삶을 대하는 가치와 태도라고 단언한다.[37] 가치와 태도가 먼저이며 그 다음이 노력, 능력의 순서라는 것이다. '왜 일하세요?'란 질문의 답을 '먹고살기 위해서'에만 한정시킬 경우 불행과 실패의 싹이 튼다는 것이다.

말로만 국민의 공복公僕이란 가치와 태도를 지닐 때 공직자들의 '먹고 살기만을 위한' 민관民官 유착 비리가 횡행하게 된다. 관료 마피아란 말이 전혀 이상하지 않을 정도로 공직세계 곳곳에는 여전히 부패의 카르텔이 고착되어 있다. 세월호 참사에서 드러났듯, 아무리 해운업체가 비정상적인 경영을 해도 관료들이 퇴직 후 산하기관으로 옮기는 '관피아' 관행이 요지부동이다 보니 관련 부처 공무원들이 일을 제대로 할 리가 없다. 그걸 감시하고 비정상과 비리를 견제, 감시하는 교정 시스템이 전혀 작동하지 않는다. 이런 해운업계 적폐積弊를 파헤치다 보니 기존의 '해피아'는 물론 '철피아(철도)' '식피아(식품의약품안전처)'에다 급기야는 '군피아(군대 마피아)'까지 드러났다. 방산업체나 무기 중개업체에 재취업한 예비역들이 현역 장교들과 결탁해 정보를 빼내고 돈을 주는 유착구조가 뿌리 깊은 것이다.

국가를 이끌어 가는 고위 공직자나 전문지식을 가진 고급 엘리트 집단의 부패는 곧 국가인성의 부패 정도를 대변한다. 국제투명성기구TI가 매년 발표하는 각국의 부패인식지수에서 한국은 34개 OECD 국가 중 사실상 최하위권을 고수하고 있다. 부패국가로 인식되면 해외자본 유치는 물론 우리나라 기업이 해외에 진출할 때 큰 불이익을 받게 된다. 국가적으로는 OECD 평균 수준만큼이라도 부패가 감소되면 1인당 GDP가 138.5달러 늘어나고 경제성장률도 무려 4%나 상승한다. 세계지도를 펴 놓고 보라. 부패가 심한 나라치고 선진국이 있는가?

부패가 심한 사회가 평판이 좋을 리 없다. 21세기는 기업이나 국가의 평판이 경제적 이익을 결정하는 기제로 작용하는 경제, 이른바 평판경제reputation economy시대다. 특히, 소셜미디어가 확산되고 정보의 확산 속도가 빨라지면서 기업이나 국가에 대한 평판이 쉽게 만들어지기도 하고 또한 급속히 허물어지기도 한다. 뉴욕에 본부를 둔 평판연구소RI: Reputation Institute는 매년 기업은 물론이고 국가별로 평판을 측정하고 순위까지 발표한다. 2017년의 경우, 한국의 평판순위는 조사 대상 50개국 중 35위로 최하위권에 머무르고 있다. 매년 거의 같은 수준이다(2012~2015년: 31위, 34위, 41위, 41위) 아시아 국가 중에서도 최하위다. 반면에 일본은 전 세계 12위이며, 아시아 국가 중에서는 1위를 차지했다. 우리의 국가평판도가 전범 국가로 낙인찍힌 일본보다 월등히 낮은 것이다.

우리는 그동안 다양한 매체를 통해 글로벌 사회에서 한국의 위상이 '대단하다'는 것을 보고 듣고 또한 자부심도 가졌다. 외신들도 틈만 나면 거들었다. 전쟁의 폐허와 분단의 아픔을 딛고 세계 7대 수출국으로 성장한 한국경제의 힘을 '한강의 기적'이라고 앞다투어 보도했다. 국내 언론도 이에 질세라 무역 1조 달러(2011년 말) 달성과 1인당 소득 2만2k 달러, 인구 5,000만 명50M을 뜻하는 '20~50클럽' (2012년) 국가에 진입하였으며, 1인당 소득 3만 달러를 달성한 2017년에는 '30~50클럽'에 진입했다고 대서특필하였다. 어디 그뿐인가? 케이팝과 싸이로 대표되는 한류가 전 세계 수많은 사람들을 사로잡는 것을 보며 역시 "우리 것이 좋은 것이요."의 자부심과 흐뭇함을 즐기기도 한다. 놀라운 성과임에는 틀림없다.

그러나 한국에 대한 외부의 평판은 우리의 자부심에 찬물을 끼

없고 있다. 그 이유를 냉정히 따져봐야 할 때이다. 평판연구소RI는 평판의 기준으로 6개의 핵심 지표를 제시하는데, ① 정서적 매력 emotional appeal, ② 제품과 서비스, ③ 재무성과, ④ 비전과 리더십, ⑤ 근로환경, ⑥ 사회적 책임이다. 주목할 점은 평판의 첫 번째 조건이 정서적인 매력 혹은 감정적인 끌림이란 점이다. 우리가 어떤 사람을 '정직하다' 혹은 '친절하다'고 판단하는 것은 객관적이고 이성적이라기보다는 그 사람과의 개인적 경험이나 감정에서 비롯되는 경우가 대부분이다.[38] 기업이나 국가에 대한 평판도 다르지 않다. 특정 기업의 제품이나 서비스에 대한 감정이나 경험을 통해 기업을 평판하고, 특정 국가를 여행했을 때의 경험이 국가에 대한 개인적 평판을 결정할 수가 있다. 이러한 '일반화의 오류'가 평판에는 결정적 역할을 하는 셈이다.

글로벌 민폐와 시급한 시민 인성

사드 사태와 같은 정치적인 이유로 인해 한국을 찾는 중국인 관광객 수가 요동치기도 한다. 그러나 앞으로도 한국 방문객 중 중국인이 차지하는 비중은 가장 클 것이다. 문제는 한국에서의 관광을 만족하고 있느냐이다. 서울시가 조사한 중국인의 한국 관광 만족도는 5점 만점에 3.8점으로 유럽 미국은 물론 홍콩이나 동남아 만족도보다 낮다.[39] 숙박과 음식, 쇼핑 등에 대한 불만에다 한국인들의 길거리 시민의식 부족이 주된 이유다. 당연히 한국 재방문율이 낮을 수밖에 없다. 그런 중국인들에게 한국에 대한 좋은 평판을 기대할 수는 없을 것이다. 중국인들의 '낮은' 한국여행 만족도는 한국에 대한 부정적 평판으로 이어지고, 한국 방문 기피로 인한 경제적 손실로 연결된다는 것은 짐작하기 어렵지 않다.

한 사람에 대한 평판은 그가 하는 행동에 의해 좌우된다. 행동을 보고 우리는 상대방의 인성personality을 평가한다. 심리학자 밀턴 로키츠Rokeach[40]에 따르면 그 인성이란 바로 한 개인의 가치와 태도, 행동을 말하는 것이다. '일반화의 오류'를 기꺼이 감내하면서, 사람들은 상대방의 행동을 보고 인성을 말하고 매너를 평가한다. 나아가 사람들은 국민 개개인을 보고 국가를 평가한다. 국가와 국민은 동일체기 때문이다. 둘은 쪼갤 수가 없다.

진술한 바대로 아시아에서 국가평판도가 최고인 나라가 일본이다. 뼈아픈 일제강점기의 경험에다 틈만 나면 역사를 왜곡하는 일본 정치인들을 대면하고 있는 우리로서는 납득하기 어렵다. 아니 속이 편치 않을 일이다. 그러나 서양인들에게는 정치인들의 행태나 과거 일본의 만행은 '타인의 아픔'일 뿐이다. 그들에게 더 중요한 것은 일본 방문 시 길거리에서 마주치는 일본인들의 매너와 태도, 휴지 없는 도로, 운전자들의 교통법규 준수일 뿐이다. 일본인 개인을 보고 일본이란 국가를 평가한다.

글로벌 사회에서는 외국에서 드러난 한국인의 시민의식과 태도 역시 국가평판으로 이어진다. '집에서 새는 바가지 밖에서도 샌다.'는 비판을 받는 게 한국인들의 민낯이다. 최근의 기사 하나는 단적으로 이를 보여 준다.

직장인 김 모 씨는 최근 중국 베이징으로 가는 비행기에서 황당한 일을 겪었다. 한 탑승객이 기내에 앉자마자 반려동물 보관 용기에서 강아지를 꺼내 놓아 개 짖는 소리가 기내에 쉴 새 없이 울린 것이다. 승무원의 제지에도 승객은 "강아지가 죽으면 당신이 책임질 거냐."며 아랑곳하지 않았다. 김씨는 "옆자리에 앉은 외국 승객이 '개를 집어넣지 않는 이유가 무엇이냐'고 물어보는데 같은 한국인으로서 부끄러워 대답을 차마 못 했다."고 했다.[41]

공항과 비행기는 물론이고 현지 관광지에서도 한국인이라는 사실이 부끄러울 정도로 얼굴을 찌푸리게 하는 일들이 과거나 지금이나 여전하다. 지난해 말에는 세계 10대 다이빙 명소 중 하나인 태국 팡응아주 시밀란 제도의 바닷속 산호가 한글 낙서로 훼손된 사진이 공개돼 비난을 사기도 했다. 당시 대형 뇌산호에는 '박영숙'이라는 한글 이름이 뚜렷하게 새겨져 있었다. 현지 언론과 주민들은 재발방지대책을 요구하며 강력히 반발했다[42]고 한다.

이른바 한국인들의 '글로벌 민폐'가 국가평판을 깎아내리고 있는 것이다. 유럽의 성당이나 미술관에서 촬영이 금지된 명화의 사진을 찍다가 발각되는 사람은 대부분 한국인이란 말까지 나온다. 자유여행이 늘어나면서 한국인 배낭족들이 호스텔과 캠핑장 등에서 밤늦게까지 큰 소리로 떠들며 술을 마시거나 공용 공간인 부엌과 식탁을 사실상 무단 점거하는 어글리 코리안들이 오히려 늘고 있다고 한다. 그 결과 숙박시설에서는 인종차별이나 무시를 당하는 한국인들도 늘고 있다. 다양한 국가의 관광객이 몰려드는 관광 명소에서는 단 한 사람의 일탈 행위가 한국과 한국인 전체의 이미지에 먹칠을 한다.

시민의식의 실종으로 일상이 피곤하고 국가평판은 부끄러운 수준이다. 외국의 공공시설이나 유원지에서는 '한국인 입장 금지'란 글귀를 마주치기도 한다. 어쩌다 이 지경이 되었을까 하는 자괴감에 시달리지 않을 수 없다. 그런가 하면, 국내에서는 공공장소에서의 시민의식이 사회문제가 되더니만, 급기야는 '어린이 입장 불가'를 내건 식당들마저 생기기 시작했다. 아이들이 악을 쓰고 울며 옆 테이블을 방해해도 이를 제지하지 않는 부모들이 많아 아예 아이들 출입을 제한한 것이다.

정직한 개인과 비도덕적 사회

1807년 프랑스군의 점령하에 있던 베를린에서 독일의 철학자 피히테Fichte[1]는 정부 혹은 사회지도층의 도덕적인 인성이 왜 중요한지를 역설한다. 제목 그대로 『독일 국민에게 고함』이다.

> "국민은 부패할 수 있다. 이기적일 수 있다. 이기심이야말로 모든 부패의 뿌리이다. 그렇지만 그 정부(지도층)가 부패하지 않는다면 그 민족은 존속할 뿐만 아니라 대외적으로 찬란한 업적들을 이룰 수 있다. 그러나 국민과 정부가 함께 부패하면 그 국가는 일격에 무너지고 만다."

선거 때마다 이뤄지는 여론조사에서 차기 대통령에게 필요한 가장 중요한 덕목이 무엇이냐고 묻는다. 그때마다 가장 많은 응답은 도덕성이다. 국가 지도자가 갖춰야 할 가장 중요한 덕목은 능력보다는 도덕성이라고 생각하는 것이다. 물론 도덕성이 지도자의 유일한 덕목은 아니다. 마키아벨리의 말대로 '자기 조국의 생존과 자유'

를 위해서라면 일본 총리처럼 '전략적 노예'가 될 수 있는 인성을 갖출 필요도 있다. 그러나 공직자의 부패가 국가발전의 가장 크고 유일한 방해요소가 된다는 피히테의 말의 울림은 여전히 강력하다.

정직한 국민, 거짓말쟁이 정치인

정치인이든 기업인이든 지도자가 갖춰야 할 가장 중요한 인성의 덕목은 무엇일까? 이 물음에 대한 철학자들의 대답은 동양이나 서양이나 차이가 없다. 능력에 앞서 도덕성이 먼저라는 것이다. 마이클 샌델Sandel[(2)]은 『왜 도덕인가』에서 "정치는 도덕적 가치에 기반을 두어야 한다."고 단언한다. 왜냐하면 "윤리적 기반을 잃은 정치야말로 국가와 국민의 공공선에 해악을 끼치는 가장 무서운 적"이기 때문이다. 따라서 공직자와 정치인의 도덕성은 일반인보다 높아야 한다. 특히, 서양에 비해 상대적으로 많은 사회적 특권을 누리는 한국의 정치인들에게는 그만큼 더 높은 수준의 도덕성이 요구되는 것이 당연하다.

정치인의 도덕적 인성이 중요한 이유는 정치의 막강한 영향력 때문이다. 노벨 경제학상 수상자이자 한국의 경제위기를 예견했던 것으로도 유명한 폴 크루그먼Krugman은 사회의 변화와 영향력의 우위는 정치가 전제되는 것이지, 결코 경제나 그에 부수한 기술적 진보에 의한 것이 아니라고 주장한다. 경제적 불평등, 즉 소득의 양극화 현상이나 경제사회의 기조는 경제 자체의 문제나 영향에 의한 것이 아니라 정치에서 비롯되는 크고 작은 변화에 의한 것이란 얘기다. 따라서 주도권은 언제나 정치에 있게 마련이다. 정치의 기반을 윤리성에 두어야 하는 이유가 여기에 있다.

한국의 정치 지도자들은 어떤가? 정치인을 포함한 한국 사회의 상류층은 오히려 일반 국민들보다 도덕성이 추락한 상태다. 오죽했으면 영국 공영방송 BBC는 한국은 '부패한 상류층과 정직한 국민이 공존하는 기이한 나라'라고 꼬집었을까. 국정농단사태에 분노한 국민의 촛불이 광화문 광장을 뒤덮었던 그해 말 BBC는 "한국에서는 술집에서 자리를 맡기 위해 테이블 위에 지갑을 두고 가도 잃어버릴 염려가 없을 정도로 시민들이 정직한 나라"라고 평가했다. 하지만 "지도자들은 가족이나 주변 사람들의 부정부패로 망가졌다."라고 비판했다.[3] 미국 CNN 서울 특파원은 시위 현장에서 16세 청소년이 대통령을 탄핵시켜야 한다는 주장을 명확히 이야기하는 것에 감동을 받았다고 덧붙였다. "대통령이 무너뜨린 국격을 국민이 쌓아올렸다."[4]는 얘기다.

국회 청문회를 본 사람이면 우리나라 정·재계 할 것 없이 지도자들이 얼마나 부정부패에 물들어 있는지를 확인하게 된다. 무엇보다 그들의 거짓말을 통해서다. 오죽하면 대한민국에는 공개적으로 거짓말을 해도 면죄부를 주는 직업이 딱 한 개 있는데, 그게 바로 정치인이란 말도 나온다. 정치인의 삶이 곧 거짓말이라는 비아냥거림도 있다. 이를 입증이라도 하듯 미국의 『뉴욕타임스』[5]에는 이런 제목의 기사가 떴다.

> "정치인은 모두 거짓말쟁이다. 좀더 거짓말을 하느냐 안 하느냐의 차
> 이만 있다All Politicians Lie, Some Lie More Than Others."

이 말의 방점은 뒷 문장에 있다. 정치인이든 일반 시민이든 거짓
말하지 않는 사람이 드물기 때문이다. 문제는, 특히 정치인이 '더 거
짓말'할 때 발생한다.

대표적인 예로 신문은 도널드 트럼프 미국 대통령을 든다. 트럼프
가 당선되기 전 행한 발언 70여 차례 이상의 내용에 대해 사실조회
를 해 본 결과 무려 4분의 3이 '대체로 거짓mostly false'인 것으로 드러
났다는 것이다. 신문은 이어 공화당 대통령 후보 경선에 출마했던
칼리 피오리나를 비롯한 많은 정치인들의 발언 내용에 대한 사실 확
인을 한 후 그 결과를 도표를 그려 가며 공개하였다.

얼핏 보면 정치인이란 으레 거짓말쟁이니 굳이 새삼스러울 게 없
다는 '면죄부'를 주는 듯하지만, 신문기사의 의도는 정반대다. 우선,
트럼프를 비롯한 이들 정치인들의 거짓말이라는 게 우리네 정치인
들의 '죄질'과는 다르다. 예를 들어, 트럼프는 "9.11테러 때 수천 명
의 군중이 뉴저지에서 테러를 환호하는 모습을 비디오로 보았다."
고 말했지만 사실과 다른 거짓이었으며, 힐러리 클린턴이 자신의 이
메일 계정에 대해 발언한 것은 대중을 오도misleading하는 것이었다는
등의 내용이다. 나라의 정체政體를 뒤흔든 사건에 대한 국회 청문회
에서 보여 준 우리나라 정치인들의 거짓말들과 비교하면 '이게 거짓
말이냐' 할 정도로 차라리 '순진'하기까지 하다.

『뉴욕타임스』의 기사를 보면 국민을 대표하겠다고 나선 정치인들에 대해서는 언론이 사실 확인자fact-checker로서의 역할을 수행해야 한다는 의지가 강력하다. 일반 국민들과는 달리 사소한 도덕성이라도 정치인들은 검증해야 한다는 것이다. 이유는 정치인들의 거짓말이 가져올 파급효과가 워낙 크기 때문이다. 그래서 정치인들에게는 누구보다 신뢰trust와 성실성integrity이 핵심 자산이 된다고 신문은 강조한다.

'이방인'의 거짓말과 비트겐슈타인의 침묵

'거짓말' 하면 떠오르는 소설 속 주인공이 있다. 알베르 카뮈Camus가 쓴 『이방인』의 주인공 뫼르소라는 남자다. 누가 봐도 당혹스러운 인물, 엄마의 죽음에도 냉담했고, 단지 눈이 부신다는 이유만으로 아랍인을 총으로 쏴 죽인 그로테스크grotesque한 인물이다. 그러나 뫼르소란 인간의 특징이 있다.

> "즉, 그는 거짓말을 하는 것을 거부한다. 거짓말을 한다는 것은 단순히, 있지도 않은 것을 말하는 것만이 아니다. 그것은 특히 실제로 있는 것 이상을 말하는 것, 인간의 마음에 대한 것일 때는, 자신이 느끼는 것 이상을 말하는 것을 뜻한다." (6)

그런데 카뮈는 사람들은 누구나 이런 "자신이 느끼는 것 이상을"

"실제로 있는 것 이상을" 매일같이 말한다고 주장한다. 그냥 "좀 간단하게", 골치 아프게 살고 싶지 않아서다. 실존주의 철학자 카뮈가 뫼르소의 입을 통해 강조하는 거짓말이란 있지도 않은 것을 말하는 게 아니다. 더 고질적인 거짓말은 있는 것 이상을 말하는 것, 느낀 것 이상을 말하는 것이다. 정치인의 거짓말 얘기를 계속하기 전에, 잠시 카뮈가 말하고자 하는 '거짓말'의 철학적 함의를 짚어 보는 것도 의미가 있으리라 본다.

돌이켜 보면 인류의 역사는 '있는 것 이상을 말하는' 거짓말 그 자체였다. 지금 우리의 의식구조를 지배하는 것 또한 '있는 것 이상을 말하는' 그 거짓말일 수도 있다. 반면에 '있는 것 이상을 말하는' 그 거짓말 덕분에 인류의 문명은 발전했고, 또한 인간의 마음은 평화를 유지하고 있는지도 모른다. '있는 것'이란 말은 '과학적'이란 말과 등치等値시킬 수 있기 때문이다. 루트비히 비트겐슈타인Wittgenstein에 따르면 "말할 수 있는 것을 명료하게 말하는 방법"이 바로 '과학적'이다.

비트겐슈타인은 생전에 출간한 유일한 책인 『논리-철학 논고』에서 다음과 같이 말한다. "우리가 생각할 수 없는 것을 우리는 생각할 수 없다. 그러므로 우리는 또한 우리가 생각할 수 없는 것을 말할 수도 없다." 따라서 그는 단호한 어조로 말한다. "말할 수 없는 것에 대해서는 우리는 침묵해야 한다What we cannot talk about we must pass over in silence."[7] 그렇다고 비트겐슈타인이 말할 수 있는 것에 관한 논리적 명제만을 강조했다고 생각해서는 안 된다.[8]

비트겐슈타인이 강조하는 '말'은 무엇일까? 그는 우리가 사용하는 말을 세 가지로 구분한다. '의미 있는sinnvoll 명제' '의미 없는sinnlos 명제' 그리고 '무의미한unsinnig 명제'. 의미 있는 명제란 "겨울 바다에 비가 내린다." "가을 산에 단풍이 들었다."란 말처럼 특정한 대상을 지시하거나 상태를 설명하는 말들이다. 확인이 가능하기에 거짓인지 아닌지 판명될 수 있는 명제들이다. 일반적으로 거짓이냐 아니냐를 놓고 논쟁하는 것은 '의미 있는 말'에 속한다. 이와는 달리 '의미 없는 명제'는 아무것도 말해 주지 않는 말이다. 의미 없이 같은 말을 반복(동어반복)하는 말, 어떤 조건에서도 참이지 않은 모순되는 말이다.[9] 예를 들어, "크레타 사람이 크레타인은 모두 거짓말쟁이다."라고 말한다면 어느 조건에서도 모순되는 말일 수밖에 없다.

마지막으로 '무의미한 명제'란 지시하는 대상이 존재하지 않는 말이다. 사랑이니 낭만, 아름다움, 평화 같은 말들이 지시하는 대상은 존재하지 않는다. 종교의 교리를 포함한 윤리적 명제들은 현실과 사실을 서술하는 것이 아니다. 다만 이러저러해야 한다고 규정하는 규범적 명제들[10]이니 전형적인 '무의미한 명제'다. 이런 '무의미한 명제'가 인간 실존을 좀먹는다고 신랄하게 비판의 날을 세운 철학자가 비트겐슈타인보다 한 세대 앞선 19세기 독일의 프리드리히 니체Nietzsche다.

'무의미한 명제'의 발달

니체에 따르면 인간은 삶의 의미와 가치에 대해 자연발생적으로 의문을 품을 수밖에 없는 존재다. 자기 존재의 불안정함에 대해 실존적으로 끊임없이 불안과 공포를 느끼는 존재이기 때문이다. 그렇다보니 영원불변의 본질이나 무한자 같은 초감성적인 가치를 추구하려는 욕망을 지닌다. 그 결과 불변하는 영원한 것, 현상계에 대립하는 이데아의 세계, 차안을 넘어선 피안을 추구하는 욕망을 갖게 된다. 반면에 인간이 발을 딛고 사는 '지금 여기'의 삶, 생성 소멸하는 이 세계에 대한 의미와 가치를 찾지 못한 결과 허무주의Nihilism에 빠져 살게 된다는 것이다.

니체는 세상의 가치를 부정하는 허무주의를 초래한 주범이 바로 플라톤을 중심으로 한 서양전통형이상학과 그리스도교라고 단언한다. 니체의 관점대로라면 플라톤의 이데아, 본질, 실재 등의 관념은 카뮈가 말하는 거짓말, 즉 "실제로 있는 것 이상을 말하는 것"일 뿐이다. 그리스도교의 신, 영혼, 구원, 원죄 등의 개념도 마찬가지다. 또한 이들 개념들은 비트겐슈타인[11]이 말하는 무의미한 명제, 예를 들면 "세계의 의미는 세계의 바깥에 놓여 있어야 한다."든가 "실로 말로 표현할 수 없는 것이 존재한다." 등의 무의미한 명제와 같은 것이다.

니체가 말한 서양전통형이상학이나 그리스도교에서의 영원성을 추구하는 이런 시도들은 하나의 관점일 뿐이다. 그러나 인간들은 이런 무의미한 명제를 인간으로부터 독립해 존재하는 실재로서 간주하고 허위적인 의미를 신봉하는 데서 허무주의의 비극이 발생했다고 말한다. 한 예로, 인간을 허무주의로 짓누르는 주범은 '인간은 죄인'이란 '무의미한 명제'다. 그리스도교 문화권에서는 인간은 누구나 원죄原罪에 물들어 태어난다고 믿는다. 그 결과 '인간은 죄인'이란 프레임frame에 갇혀 자신을 부정하는 자성예언을 하며 살아간다. 문제는 이런 원죄론은 한 개인의 관점일 뿐인데도 마치 신의 계시에 의한 진리인양 믿고 산다는 데 있다.

'원죄'란 개념을 그리스도교에 처음 소개한 사람은 기원후 2세기 리용의 주교인 이레니우스Irenaeus다[12]. 그는 『이단논박』이라는 책에서 아담의 후손들은 죄와 죽음의 포로로 태어난다고 주장했다. 기원후 5세기413년 아우구스티누스Augustinus는 『신국론』에서 이레니우스의 교리를 발전시켜 그 죄의 전달 과정을 다음과 같이 부연 설명한다. '아담은 교만과 신에 대한 불순종의 결과로 죄를 지었고, 아담이 죄를 짓는 순간 인간의 본성이 바뀌었으며, 죄에 물든 인간 본성은 아담 이후부터 성교에 내재한 정욕을 통해 다음 세대로 전염되어 오고 있다.'

한마디로 아우구스티누스는 아담이 죄를 지었을 때 인류가 동참했기 때문에 인류 모두 죄를 진 상태라고 주장한다. 일종의 죄의 연좌제緣坐制인 셈이다. 연좌제는 일반적으로 범죄자와 일정한 친족관계가 있는 자에게 연대적으로 그 범죄의 형사책임을 지우는 제도다. 그런데 친족이나 가족의 범위는 주로 3촌의 근친에 한정된다는 점을 감안하면 원죄의 연좌제는 아무리 생각해도 좀 과하다는 생각이 든다. 더구나 우리나라에서는 벌써 오래전에 연좌제가 폐지되지 않았는가?

공리주의와 대통령의 전략적 거짓말

한 연구에 따르면 인간은 하루에 200번씩 거짓말을 한다고 한다. 예의상 하는 '하얀 거짓말'에서 부터 온갖 종류의 수많은 사회적 거짓말을 한다는 것이다. 그런데 더 믿을 수 없는 것은 이런 사실을 알면서도 스스로를 거짓말쟁이라고 여기는 사람이 거의 없다는 사실이다. 그렇다면 정치인도 인간인지라 그들에게 완벽한 정직을 요구하는 것은 옳긴 하나 비현실적이다. 그럼 정치인의 거짓말은 어디까지 용서할 수 있는가?

이에 대해 정치철학자 마이클 샌델Sandel[13]은 흥미로운 사례를 든다. 과거 미국의 빌 클린턴 대통령이 모니카 르윈스키와 성관계를 부인한 것은 잘못된 일일까? 당연히 '예스'이다. 사적인 일이라 해도 백악관 인턴과 혼외정사를 가진 일이나, 거기에 거짓말까지 했다는 것은 죄를 더욱 가중시키기 때문이다. 그러나 부도덕한 행위에 대한 공개적인 거짓말이 도덕적으로 바람직한 것은 아니지만 그런 거짓말이 그렇게 해서 감추려고 하는 죄를 더욱 무겁게 하는 것은 아니라는 것이다. 그 이유는 무엇일까?

클린턴이 감추려고 한 죄는 백악관 인턴과의 혼외정사이다. 그 거짓말은 공무 수행과는 관련 없는 사적인 잘못이었다. 1940년대 미국 대통령 프랭클린 루스벨트는 제2차 세계대전에 참전할 계획을 공공연히 부인했다. "전에도 말했고 앞으로도 거듭 밝힐 것이지만 여러분의 아들들이 해외의 그 어떤 전쟁터로 보내질 일은 없을 겁니다."라고 공개적으로 대국민 약속을 했다. 결과적으로 루스벨트도 거짓말을 한 것이다. 미국에 클린턴과 루스벨트가 있다면 우리나라에는 대통령 박근혜의 거짓말이 있었다. 국정농단사태로 인한 여러 차례의 대국민 담화나 기자간담회에서 나온 박대통령의 거짓말은 밝혀진 그대로다. 그렇다면 국정운영을 위해서는 미국이든 한국이든 대통령은 거짓말을 하는 것이고 또 할 수밖에 없는 게 아니냐는 생각을 할 수 있다.

그러나 윤리적 측면에서 볼 때 이들 대통령의 거짓말은 큰 차이가 있다. 클린턴의 경우는 사적인 잘못이었고 그 잘못이 공무 수행과 연계되지 않았다. 성관계를 부인한 클린턴의 공개적인 거짓말이 성관계란 죄를 더 무겁게 하는 것은 아니다. 루스벨트는 어떤가? 그는 대중을 속였지만 정당한 목적을 위해서였다. 공리주의적 입장을 취한 것이다. 국제정치학자인 시카고대 존 미어샤이머Mearsheimer 교수는 국제정치에선 국가 지도자의 정직만이 능사는 아니고 국익을 위한 전략적 거짓말은 용인된다[14]고 주장한다. 이스라엘은 1960년대 핵무기 프로그램 개발 사실에 대해 최대 동맹국인 미국에조차 거짓말을 하지 않았는가. 자국의 생존을 보장받기 위해서였던 것이다. 따라서 클린턴은 지극히 사적인 잘못이고 공무 수행이 아니었다는 점에서, 루스벨트는 정당한 목적을 위해서였다는 점에서 도덕적 지위가 평가되어야 한다. 국제관계에서 국가를 이끄는 리더의 거짓말은 자국의 이익 보호란 측면에서 불가피한 '필요악'일 수 있기 때문이다.

반면, 국내에서 정치 지도자의 거짓말은 다르다. 한국의 탄핵 대통령의 경우, 우선 사적인 잘못에 대한 거짓말이다. 변호인의 말처럼 '여자라는 사생활'을 내세우며 부인할 수는 있다. 단 그것이 공적 책임과 아무런 관련이 없기만 하다면 그렇다. 그러나 '세월호 7시간'에서 보듯 대통령의 사적인 잘못은 대부분이 공무 수행과 직결되는 거짓말이었다. 따라서 클린턴과 달리 박근혜의 거짓말은 '그렇게 해서 감추려고 했던 죄를 더 무겁게 하는 거짓말'이다. 또한 공무 수행에 관한 거짓말도 루스벨트와는 달리 목적의 정당성을 인정받지 못한 경우가 대부분이다.

따라서 샌델[15]의 논리를 따르면 두 사람이 행한 기만적 거짓말에 대한 도덕적 지위는 다르다. 박근혜의 거짓말이 루스벨트보다 정당성을 부여받지 못하는 이유는 진실과 거리가 멀었기 때문이 아니라, 도덕적으로 가치 없는 목적을 위해 행해졌기 때문이다. 많은 경우 부당한 목적을 위해 행한 박대통령의 거짓말은 루스벨트에게서 볼 수 있는 숭고한 도덕적 목적이 명백하게 결여되어 있었다.

물론 공리주의적 사고에 기초한 이런 해석은 임마누엘 칸트와 같은 의무주의 철학자들로부터 혹독한 비판을 자초할 수도 있다. 그들은 이유가 어떠하든 무조건 거짓말을 해선 안 된다는 원칙을 고수하기 때문이다. 또한 '크거나 작거나 거짓말은 어차피 거짓말이다Big or small, lies are lies'란 명구처럼 어떤 거짓말이든 비윤리적이라고 주장한다. 임마누엘 칸트Kant는 제레미 밴덤Bentham의 공리주의에서 허용하는 선한 목적과 결과를 위한 거짓말이든, 그리스도교 신앙에서 강조하는 내세의 구원을 위한 현세의 정직이든, 모두가 인간성을 모독하는 행위일 뿐이라고 비판의 날을 세운다. 행동의 결과에 관계없이 진실을 말해야 하는 의무에 충실해야 한다는 것이다. 심지어는 살인자가 찾아와 집에 숨어 있는 사람을 찾을 때에도 거짓말을 하는 것은 도덕적으로 허용할 수 없다고 주장한다. [16]

그러나 현실에서는 공리주의자인 존 스튜어트 밀Mill의 "자유는 자유의 권리를 누릴 수 있는 사람만이 표현의 자유를 누릴 수 있다."는 논리처럼, '진실을 말해야 할 의무는 진실을 알 자격이 있는 사람에게만 적용되지 않느냐.'는 주장이 더 설득력을 지닐 수 있다. 이에 대해 칸트는 "살인자에게 거짓말을 하는 것은 피해자에게 손해를 입히기 때문에 잘못이 아니라 올바름의 근본 원칙을 침해하며 나아가 거짓말을 하는 당사자의 인간적 존엄성까지 손상시키기 때문에 잘못"[17]이라고 응수한다.

가장 무서운 욕과 아우구스티누스

계몽주의 시대 칸트의 가혹하리만치 엄정한 정직의 윤리는 그리스도교 문화가 중심이 된 중세 천 년의 유산을 물려받은 것으로 볼 수 있다. 중세 초기 신학자인 아우구스티누스는 『거짓말에 관하여』[18]란 글에서 다음과 같은 말을 남겼다. "어느 누구도 거짓말을 해서는 안 된다. 설사 생명을 구하기 위한 것이라도 거짓말을 해서는 안 된다. 육신의 생명보다 영혼의 생명이 더 중요하기 때문이다. 정신적인 선을 얻기 위한 거짓말도 안 된다. 정신적인 선은 오로지 진리 가운데에 있는 것이지 거짓말쟁이가 얻을 수 있는 것은 아니기 때문이다."

아우구스티누스의 사상과는 관련이 없겠지만 언론에 보도[19]된 한 어린이의 사례는 정치인을 포함해 반칙을 일삼는 우리의 행태를 돌아보게 해 주었다.

골프는 대부분 심판원의 감독 없이 양심에 따라 경기를 진행한다. '신사의 스포츠'라 불리는 이유다. 하지만 유혹에 흔들릴 때도 잦다. 공을 치기 좋은 위치로 슬쩍 옮겨 놓거나 스코어를 속이는 주말 골퍼가 적지 않다. 규칙을 자신에 유리하게 해석했다가 망신을 당하는 프로골퍼도 나온다.

스페인에도 이런 얌체 골퍼가 많았던 걸까. 유소년 골프 대회에서 우승한 어린이가 성적 계산에 착오가 있었다며 우승컵을 반납한 사실이 알려지자 스페인 전체가 열광했다. 스페인 일간지인『엘문도』등에 따르면, 야고호르노(7)는 지안 12일 열린 어린이 골프 대회에서 50타로 1위에 올랐다. 집에 가서 자신이 직접 작성한 스코어 카드를 본 야고는 가슴이 철렁 내려앉았다. 타수 계산이 잘못돼 원래 성적이 51타였던 것이었다. 아무에게도 말하지 않으면 우승컵을 그대로 차지할 수 있는 상황. 그는 거짓 우승을 택하는 대신 대회를 주최한 로열안달루시아골프협회 RAGF에 편지를 썼다. "실수로라도 타수를 잘못 기록하는 건 실격의 이유가 된다고 배웠어요. 우승컵은 받을 자격이 있는 다른 선수에게 돌아가야 해요." 야고가 연필로 꾹꾹 눌러쓴 손 편지를 받은 RAGF는 성명서를 내고 "진정한 신사임을 입증한 이 선수의 아름다운 행동을 받아들인다."며 화답했다.

이 사연을 접한 많은 사람이 "일곱 살짜리가 진정한 스포츠맨십이 무엇인지를 보여 줬다."며 꼬마 골퍼를 향한 찬사를 쏟아 냈다. RAGF 관계자는 "야고는 우리가 골프에서 배울 수 있는 가장 중요한 것을 이미 배웠다."며 그것은 '정직'과 '규칙에 대한 존중'이라고 말했다.

이런 문화적 유산 때문인지 서양사회에선 남에게 '거짓말쟁이Liar'라고 했다간 사생결단을 각오해야 한다.[20] 몇 해 전 영국의 촉망받는 중견 정치인이자 차기 영국 지도자로 꼽혀온 크리스 훈 상원의원이 10년 전에 과속으로 벌점이 초과돼 면허정지 위기에 처하자 아내에게 벌점을 떠넘기기 위해 거짓말을 했던 사실이 드러났다. 훈 의원은 도의적 책임을 지고 장관직까지 그만뒀지만 영국 검찰은 "벌점을 타인에게 떠넘기는 것은 사법정의를 위협하는 중대한 범죄행위"라며 징역형을 선고했다.

미국의 수영 800m 계영 금메달리스트인 라이언 록티는 뜬금없이 리우데자네이루 올림픽 기간에 권총 강도를 당했다는 말을 했다. 결국 거짓말인 게 탄로 났고 대가는 컸다. 후원사로부터 줄줄이 계약 파기를 당했다. 록티를 10년 간 전폭적으로 지원해 온 수영의류업체 스피도 USA는 '록티의 행동을 용납할 수 없었다.'고 밝히며 후원계약을 파기했다.[21] 또 다른 후원사인 랄프로렌이나 시너론 캔델라 등 대부분의 후원기업들이 계약을 파기했다. 아테네 올림픽 이후 금메달 6개를 포함해 총 12개의 메달을 따 낸 미국 수영의 간판 스타의 위상이 한순간에 땅에 떨어진 것이다. 사소한 거짓이나 부정이라도 얼마나 가혹하게 처벌하는지를 단적으로 보여 주는 대목이다. 우리 사회에서 '거짓말쟁이'란 욕의 무게는 어떠한가?

도덕적 인성: 피아제와 콜버그의 심리학적 합리주의

정치인이나 관료들의 '사람 됨됨이'를 확인하게 되는 거의 유일한 통로는 국회 청문회가 아닐까 한다. 매년 연례행사처럼 열리는 장관 후보자 인사청문회나 국회 국정조사특별위원회 청문회를 보면서 사회 고위층의 거짓말에 분통을 터뜨리는 시민들이 적지 않을 것이다. 청와대 비서실장을 비롯한 장차관 등의 고위 공무원과 대기업 총수들의 증언을 들으면 상식적으로 앞뒤가 맞지 않기 때문이다. 그럼에도 거의 죽기 살기로 우겨 대니 거짓말 탐지기라도 동원하자는 말도 나온다. 『한국인의 거짓말』을 쓴 저자는 한국인은 거짓말할 때 서양인과 달리 코를 만지는 버릇은 별로 없지만 얼굴의 왼쪽과 오른쪽의 표정이 어긋나는 안면비대칭 현상을 보인다[22]고 한다. 그러나 청문회에 불려 나온 사람들은 얼굴 근육의 움직임마저 포착할 수 없을 만큼 노련하다.

그렇다면 청문회의 주인공들은 모두가 거짓말을 밥 먹듯이 하는 인성 파탄자일까? 대통령은 물론이고 법과 규칙 준수를 밥줄로 살아온 판검사 출신의 장차관, 청와대 비서관들마저 거리낌 없이 불법과 거짓말을 하는 이유는 오로지 그들의 인성에서만 비롯되는 것일까? 우리 사회의 불법과 비리, 각종 폭력을 저지르는 사람들이 의외로 주위 사람들에게는 마음씨 곱고 인정 많은 사람으로 평가받는 경우가 적지 않다. 또한 개별적으로는 좋은 학벌에 화려한 판검사 경력을 구비한 합리적인 인간으로 보이던 사람이, 장관으로 청문회에 불려 나와 답변할 때에는 우매하리만치 거짓말을 하는 경우를 보게 된다. 나아가 국가적 차원에서 보더라도 일본인 개개인은 친절하고 예의 바르지만 국가 차원으로 돌아가면 상황은 돌변하는 경우가 많음을 역사는 보여 준다. 그렇다면 개인과 무리 속의 개인은 다른 것인가?

이 질문에 답하기 위해서는 먼저 개인의 인성이 어떻게 형성되는가, 혹은 개인은 옳고 그름을 어떻게 해서 알게 되는가에 대한 논의를 정리해 볼 필요가 있다. 서양 철학에서는 선천론자와 후천론자 등 크게 두 가지로 구분한다.[23] 선천론자는 도덕적 앎이 우리 마음에 원래부터 들어 있었다고 믿는다. 신의 모습으로 창조된 인간 안에는 이미 그 내용이 새겨져 있다거나 또는 진화론자들처럼 인간의 진화한 도덕적 감정 속에 그 내용이 들어 있기 때문이라는 것이다. 반면에 후천론자들은 출생 후 양육 등의 경험을 통해 도덕적 앎이 생겨난다고 믿는다. 존 로크 같은 경험론자들의 주장처럼 인간 본성은 텅 빈 서판tabula rasa인데 특정한 시대나 문화 속에 태어나 그 환경에 맞는 윤리의식을 형성하게 된다는 것이다. 예를 들어, 이들은 개고기를 먹는 습관에 대한 옳고 그름에 대한 판단이 문화에 따라 다른 것을 보라고 주장한다.

그러나 20세기 후반 도덕심리학에서는 이 두 주장의 한계를 포괄하는 제3의 대답, 즉 심리학적 합리주의를 내세운다. 발달심리학자인 장 피아제Piaget를 중심으로 하는 합리주의자들은 인간은 어려서부터 도덕이 무엇인지를 스스로의 힘으로 알아낸다고 주장한다. 인지 능력 발달처럼 도덕적 사고 능력의 발달원리도 유사하다는 것이다. 따라서 애벌레가 자라나 나비가 되듯이 인간은 합리적 존재로 성장할 수 있다는 것이다. 다시 말해 합리성은 인간이 본래 가지고 있는 천성이며, 훌륭한 도덕적 추론 능력을 갖추었다는 것은 곧 인간이 발달 과정을 완전히 마쳤다는 이야기[24]가 된다. 인간은 합리적인 추론 능력을 통해 인성의 핵심 요소인 도덕성 발달을 완성할 수 있다는 주장이다.

피아제의 통찰력을 바탕으로 도덕적 인성 발달의 지평을 확대시킨 인물이 로런스 콜버그Kohlberg다. 그는 유명한 '하인츠의 딜레마' 실험을 통해 인간에게는 6단계의 도덕성 수준이 있음을 밝혀냈다. 콜버그는 이 딜레마 실험을 통해 도덕적 규칙의 핵심은 '남에게 해가 가지 않게 하는 규칙'임을 자연스럽게 도출하게 된다는 점을 강조한다. 다시 말해 '타인에게 해를 입히는 것은 잘못'이라는 점, 따라서 '공평성을 지켜야 한다'는 점을 절대적인 도덕적 진리의 주춧돌로 삼게 되며 또 이것이 보편적이라는 것이다.

똑똑한 개인, 무리 속의 바보

이들 세 가지 이론은 개인의 도덕적 인성이 선천적으로 주어지는 것이든, 혹은 출생 후 경험 과정을 통해 습득되는 것이든, 아니면 스스로의 힘으로 알아내는 것이든 모두 개인의 도덕성이 발달 단계를 거쳐 완성으로 나아감을 강조한다. 그러나 앞에서 제기한 대로 정치인이나 기업인, 관료 등 우리 사회의 지도층의 도덕성을 경험한 사람이라면 이들 이론에 대해 두 가지의 합리적 비판을 제기할 수 있을 것이다. 하나는 아는 것과 행하는 것은 다르지 않느냐는 의문이다. 도덕적 인지 능력이 곧 도덕적 행동은 아닌 것 같다는 생각이다. 다른 하나는 개인으로서의 도덕적 인성과 사회적 집단 속에서의 개인의 인성은 다른 것 같다는 비판이다. 가정에서 자녀를 둔 엄마로서의 인성과 그 엄마가 정부 부처의 장관으로 행동할 때의 인성은 차이가 있다는 주장이다.

이런 의문에 대해 가장 통찰력 있는 답을 제시한 사람이 목사이자 신학자인 라인홀드 니버Niebuhr이다. 이제는 고전이 되다시피 한 니버의 저서『도덕적 인간과 비도덕적 사회』의 제목이 바로 그 해답을 제공한다. 한마디로 개인은 도덕적이고 합리적이지만, 그런 개인이 모인 사회는 비도덕적이라는 것이다.

> "개개의 인간은 자신들의 이해관계뿐만 아니라 다른 사람들의 이해관계도 고려하며, 또한 때에 따라서는 행위의 문제를 결정함에 있어 다른 사람들의 이익을 더욱 존중할 수도 있다는 의미에서 도덕적moral이다. 그들은 본성상 자신들과 비슷한 사람들에 대한 공감과 이해심을 갖고 있다 … (그러나) 모든 인간의 집단은 개인과 비교할 때 이성과 자기극복 능력, 그리고 다른 사람들의 욕구를 수용하는 능력이 훨씬 결여되어 있다. 게다가 집단을 구성하는 개인들이 개인적 관계에서 보여 주는 것에 비해 훨씬 심한 이기주의가 모든 집단에서 나타난다."[25]

개인으로서의 인간은 심리학적 합리주의자들이 믿는 것처럼 이성적 능력을 통해 도덕적이고 정의로운 인간이 될 수 있다. 또 교육적이며 종교적인 훈련을 통해 이런 도덕적 인성을 연마할 수가 있다.

문제는 이런 도덕적인 개인이 집단에 속하게 되면 달라진다. 불합리적이며 비도덕적인 개인으로 돌변할 수가 있다는 점이다. 왜 그럴까? 이유는 간단하다. 집단이나 조직은 "오직 개인들의 이기적인 충동으로 이루어진 집단이기주의group egoism의 표출"[26]이기 때문이다. 개인들의 이기적인 충동은 개별적으로 나타날 때보다는 하나의 정당이나 정권의 공통된 충동으로 결합되어 나타날 때 더욱 생생하게, 그리고 더욱 누적되어 표출되기 때문이라는 것이다.[27]

국회 청문회에 불려 나온 장관이나 청와대 수석 같은 공직자들이 하나같이 '모르겠습니다.' '기억나지 않습니다.' '아닙니다.'라고 발뺌하는 것은 바로 이 때문이다. 이들의 이기적 욕구가 집단이기주의와 맞아떨어져 시너지 효과를 냄으로써 더욱 강력한 이기적 충동에 사로잡히게 된 것이다. 니버의 말대로 '개인의 비이기성이 집단의 이기성으로 전환'되기 때문이다. 이런 집단에서는 합리적 정책과 객관적 사실은 힘을 잃게 된다. 리더나 보스의 감정과 신조가 조직의 문화를 형성하고 진실로 간주된다. 정치학자들이 말하는 '탈사실의 정치post-factual politics'가 판치는 집단이 되는 것이다.

결국 정치권력은 한 개인의 '존재 이유'인 인성을 파괴하는 경향이 농후할 수밖에 없다. 그러니 이런 사람들에게 양심과 이성에 호소하는 것은 그들의 약탈적인 이기심에 기초한 집단적 힘의 속성을 간파하지 못하는 의미 없는 행동일 뿐이다. 따라서 교육적 혹은 종교적 훈련에 의해 개인의 도덕적 인성을 고양시키기만 하면 자연적으로 사회 각 부분이 도덕적이고 합리적으로 바뀔 것이라는 계몽주의적 믿음은 순전한 환상일 수 있다. 라인홀드 니버Niebuhr의 말[28]이다.

어리석은 권력과 대중의 힘

그렇다면 어떻게 비도덕적인 사회를, 혹은 집단화한 비도덕적 개인을 변화시킬 수 있을 것인가? 다시 말해 어떻게 하면 청문회에 출석한 공직자가 바른말을 하게 만들 수 있는가? 니버의 대답은 간단하다. 무엇보다 힘을 키워야 한다. 정치권력의 힘에 대해서는 그에 상응하는 힘의 결집이 필요하다는 것이다.[(29)] 권력을 가진 사람들에게 무사무욕을 기대하는 것은 비현실적이며, 정권과 시민들 간의 관계는 항상 윤리적이기보다는 지극히 정치적이다. 따라서 "그 관계는 도덕적이고 합리적인 판단에 의해 수립되는 것이 아니라 각 집단이 갖고 있는 힘의 비율에 따라 수립된다."[(30)] 결국 국회 청문회나 특검이 가능하게 된 것은 정치권력의 합리적이며 도덕적인 결정에 의한 스스로의 판단 때문인지, 아니면 시민의 결집된 힘에 의한 것인지를 생각해 보면 니버의 철학이 시사하는 바를 포착할 수가 있다.

니버의 사상은 자본주의가 극심한 위기 상황에 봉착했던 20세기 초반의 상황을 배경으로 하고 있다. 따라서 인간 이성에 대한 비관적인 감정과 비판적인 논조가 깊이 스며 있다. 그럼에도 불구하고 니버는 사회를 구원할 수 있는 방법은, 결국 인간 개개인의 도덕성과 합리성에 기초한 인성을 회복함으로써만이 가능하다는 신념을 견지한다. 그것만이 정치인의 도덕성 향상이나 일반 시민들의 합리적이며 도덕적인 강제력을 키우는 방법이기 때문이다.

라인홀드 니버와 같은 맥락에서 개인과 '무리 속의 개인'의 차이를 분석한 철학자가 독일의 미하엘 슈미트-살로몬[(31)]이다. 결론부터 말하면, 개별적으로는 합리적인 인간이지만 무리만 이루면 우매해진다는 것이다. 살로몬은 니버보다 한 발 더 나아가 집단 속의 개인을 어리석은 '광기'로 표현한다. 각각의 인간은 현명한 '호모 사피엔스'였다가도 집단이나 무리를 이루게 되면 '호모 데멘스Homo Demens', 즉 광기의 인간으로 돌변한다는 것이다. 그는 니체의 말을 인용해 자신의 주장을 뒷받침한다. 프리드리히 니체는 『선악의 저편』 '미래 철학의 서곡'에서 다음과 같이 단언한다. "광기는 개인에게는 드문 일이다. 그러나 집단, 당파, 민족, 시대에서는 일상적인 일이다."

살로몬은 니체가 말한 그 '광기'는 무리화된 개인의 어리석음에서 기인한다고 본다. 인류가 현재 직면하고 있는 가장 위협적인 존재는 지진도, 쓰나미도, 양심 없는 정치인도, 탐욕스러운 경영자도, 수상한 음모자도 아니라는 것이다. 그것은 바로 전 세계에 걸쳐 모든 분야를 휘감고 있으며 역사상 유례없이 전개되고 있는 거대한 어리석음(32)이란 주장이다. 그에 따르면 정치를 비롯해 종교, 경제, 교육, 문화 전반에 만연한 인간의 어리석은 광기가 현대사회의 위기인데, 그중에서도 모든 어리석음의 총합이 바로 '어리석은 정치권력'이다. 왜냐하면 정치권력에 흡입된 정치인들에게서는 소신을 찾을 수 없다. 끊임없이 국민의 눈치를 보거나 여론조사 결과에 촉각을 세운다. 자신의 정치 보스에게 정직한 직언을 하지 못함은 물론이다. 그렇다면 니버의 철학대로 정치권력이나 사회지도층의 어리석음을 막기 위해서는 결국 대중의 이성적이며 합리적인 저항과 감시가 필수적이다. 대중의 지배적인 어리석음은 지배자의 어리석음으로 이어지기 때문이다.

'Wait, What?'을 질문하라

그렇다면 사회의 비도덕성, 집단의 이기심을 깨뜨려 현실을 바꾸기 위해 필요한 것은 무엇일까? 하버드대학교 교육대학원 제임스 라이언Ryan[33] 교수는 저서 『Wait, What?』에서 의미 있는 답을 제시한다. 그의 졸업식 축사 동영상이 소셜미디어에서 선풍적인 인기를 끄는 바람에 출간하게 된 이 책에서 그는 졸업생들에게 다섯 가지 질문을 하며 살아갈 것을 주문한다. 그가 권하는 첫 번째 질문이 "Wait, What?"이다. "잠깐만요, 뭐라구요?" 누구의 지시를 받고 무슨 일이든 시작하기 전에 가장 먼저 이렇게 반문하라는 것이다. 부조리한 세상 속에서 불의와 타협하지 않고 당당하게 살기 위한 첫걸음이다.

라인홀드 니버나 살로몬의 생각도 같다. 그들은 '금기를 깨뜨리는 개인의 이성적 행동'을 주문한다. 안데르센 동화, 『벌거숭이 임금님』에 나오는 꼬마의 용기가 필요하다는 것이다. 왕의 신하들은 물론이고 대부분의 사람들이 임금님이 벌거벗고 있다는 사실을 알면서도 옷자락을 받는 시녀 역할을 하고 있었다. 마치 국정농단사태가 벌어지기까지 권력 주변의 수많은 공직자, 정치인들이 헌법유린과 국기문란 행위를 알면서도 묵인 또는 방조하며 '시녀 역할'을 한 것과 빼닮았다.

그러나 안데르센 동화에서는 어른들의 우매한 속임수에 아랑곳하지 않는 단 한명의 꼬마가 궁정 전체의 광기를 일거에 무너뜨렸다. 금기로 똘똘 뭉친 궁정 시스템의 불합리성과 비도덕성이 한 개인의 정직한, 그리고 용기 있는 인성 앞에 해체당한 것이다. 사이비 종교적 신념이건 정치 이데올로기에 의해서건 정치 지도자가 합리성과 도덕성을 벌거벗고 국정을 사사화私事化하고 헌정유린과 정경유착에 맛들이고 있을 때 분연히 "Wait, What?"이라고 말할 수 있는 공직자, 기업인이 있었다면 국가적인 불행한 사태는 예방할 수 있었을 것이다. 대통령의 수족手足인 비서관들마저 '벌거벗은 임금님'에게 직언은커녕 오히려 단물을 빨아먹는 데만 골몰하는 인성의 소유자들이었다는 데 비극이 있었다.

지식인의 비겁함은 합리화를 낳는다. 이들의 공통된 합리화는 '지시를 이행했을 뿐'이란 변명이다. 성실하고 유능한 경제학자 출신의 수석비서관이 고작 한 일이 'VIF의 뜻'을 내세우며 KT에 낙하산을 내리꽂고 멀쩡한 광고회사를 강탈하려 하거나, 현대자동차의 납품회사까지 일일이 지정해 주는 등의 지시 수행이었다. 그의 항변 역시 '대통령의 지시를 이행했을 뿐'이란 말이다. 단 한 번이라도 "잠깐만요, 뭐라구요?" 같은 반문을 했더라면 상황은 분명히 달라졌을 것이다.

제2차 세계대전 중 나치의 유대인 학살 주범 아돌프 아이히만의 변명 역시 '상부의 지시를 이행했을 뿐'이었다. 재판을 취재한 유대계 정치사상가 한나 아렌트Arendt[34]는 '그는 단지 사유할 능력이 없었다He was simply unable to think.'고 결론을 내렸다. 보통 사람과는 다른 머리에 뿔 달린 악마일 거란 예상과는 달리 지극히 평범한 아이히만을 보고 내린 결론이었다. 아렌트는 이성적으로 사유하지 않는 자가 명령에 따라서만 행동할 때 어떤 끔찍한 악행을 저지르는지 간파한 것이다. 그래서 아렌트가 제시한 통찰의 핵심이 바로 '사유하지 않는 자의 악의 평범성the banality of evil'이다.

그러나 어느 사회, 어느 집단이나 그렇듯 '벌거숭이 임금님'의 꼬마의 이성적인 용기를 가진 사람들이 있어 왔다. 언제나 소수인 이런 사람들의 용기 있는 행동이 바보 같은 권력을 바꿀 수 있다는 것을 보여 주고 있다. 한 예로 문체부 차관의 인사 불이익 협박에도 소신을 굽히지 않고 '국정농단' 세력에 맞섰던 어느 서기관의 소신 있는 행동이 언론을 통해 알려지기도 했다. 공직자 한 사람의 정직과 용기에 기초한 인성이 자신은 물론 타인과 집단 전체의 광기를 제어시킬 수 있었던 것이다.

지금 이 시간에도 크고 작은 정부 기관, 기업 등 공사公私 조직에선 끊임없이 지시가 내려가고 의사 결정이 이뤄질 것이다. 상사의 지시를 받은 부하는 아돌프 아이히만처럼 합리적 사유를 거부하고 '닥치고 수행'하거나, 아니면 이성적 사유를 통한 작은 의견 개진이라도 할 것인지 선택의 기로에 서 있다. 아무 생각 없이 지시대로 움직여 당장의 평안을 추구할지, 아니면 원칙과 기준을 갖고 대처해 삶의 평안을 추구할지는 본인의 몫일 수밖에 없다.

〈굿 윌 헌팅〉: 괴물이 되지 않을 용기

『노인과 바다』의 산티아고 노인을 빼닮은 사람이 어니스트 헤밍웨이다. 그는 생전에 이런 말을 남겼다.

> "용기란 압박 속에서under pressure 품위를 유지하는 것이다."

　전 세계인들에게 진정한 용기란 무엇인지를 곰곰 되새기게 하는 이 말은 헤밍웨이의 작품 어디에서도 찾을 길이 없다. 다만 그의 단편집 『전장의 인간』을 읽고 나서야 비로소 이 말이 내뿜는 생명력을 감지할 수 있었다. 제1차 세계대전에 참전해 전쟁의 참담함을 뼈저리게 겪은 헤밍웨이는 삶과 죽음이 오가는 전쟁터에서 인간다운 삶의 자세를 치열하게 고민했을 것이다. 공직이든 비즈니스든, 삶이란 때로는 인간의 실존이 위협받는 전장戰場이 될 수도 있다. 그러한 삶의 전장에서 인간다운 품위를 유지할 수도, 아니면 전쟁이란 상황 논리로 자신의 불법과 비행을 합리화시킬 수도 있다. 인간다운 품위를 유지하는 용기를 선택할 것인지는 결국 우리 각자의 몫이다.

　지금까지 우리는 집단의 도덕과 개인의 도덕 간에는 엄연한 간극이 존재하며, 개인의 합리적 인성은 집단이기주의 안에서 쉽게 허물어질 수 있다는 점을 돌아보았다. 여기서 주목해야 할 것은, 그렇다고 집단 속에서의 개인의 잘못이 면죄부를 받는 것은 결코 아니라는 점이다. 라인홀드 니버가 강조한 점도 집단적 이기주의의 힘에 대한 이해를 통해 집단 속 개인의 "아니요."를 말할 수 있는 이성적인 용기가 중요함을 역설하려는 것이다. 인간은 단지 환경의 영향을 받는 수동적인 존재만이 아니다. 그 환경을 통제하고 변화시켜 나가는 적극적이고 주도적인 역할을 할 수 있는 이성적 존재이기 때문이다. 물론 쉬운 일은 아니다. "나라면 과연 그럴 수 있었을까?" 반문하면 말끝이 흐려질 수도 있다. 특히, 집단행동의 야수적 성격이 극명하게 드러나는 정치집단에서는 더욱 그러할 것이다. 그러나 바로 그런 이유 때문에 정치인들에게 용기가 필요한 것이다. 정치나 공직은 아무나 해서는 안 된다.

박근혜 정부의 국기문란 사건에 연루된 청와대 수석비서관 한 사람의 인생 역정이 언론에 보도된 적이 있었다. 시골의 가난한 가정에서 태어난 그는 고교 시절 3년 내내 장래 희망을 '검사'로 적었다고 한다. 담임교사가 그 이유를 묻자 돌아온 대답은 '부정부패가 없는 사회를 만들기 위해서'였다. 그 말을 듣고 담임은 "틀림없이 좋은 검사가 되겠구나."란 생각을 했다는 것이다. 인성을 제대로 갖춘 모범학생이라 생각했을지도 모른다. 그런데, 영화 〈굿 윌 헌팅〉에 나오는 숀 교수라면 이런 공부만 잘하는 범생이에게 어떤 말을 해 주었을까?

영화 속의 한 장면. 심리학자인 숀 교수(로빈 윌리엄스)는 MIT(메사추세츠 공과 대학교)에서 청소부로 일하는 윌(맷 데이먼), 어린 시절 양부의 폭력으로 인한 상처로 매사 삐딱한 윌, 그러나 수학과 법학, 역사학 등 모든 분야에서 탁월하지만 교만한 천재인 윌에게 다음과 같은 충고를 건넨다. "너는 지식은 있으되 삶의 깊이는 모르는 어린아이와 똑같다. 오만으로 똘똘 뭉친 겁쟁이지. 완벽한 사람은 없어. 완벽한 관계로 나아가는 것일 뿐." 숀 교수의 한마디 한마디가 천부적 재능에 교만했던 윌의 인생을 변화시키게 된다.

다시 그 '검사 지망생'으로 돌아가 보자. 대학 졸업 후 검사로 임용된 이후의 그의 삶의 궤적은 달라졌다. 탁월한 능력과 노력으로 초고속 승진을 했으나 그의 동기들은 '출세나 성공을 위해 물불을 안 가린 사람'으로 평가한다. 방송을 본 누리꾼들은 '머리 좋아 공부 잘하고 출세했지만 성공한 괴물'이 되었다고 입을 모은다.

'부정부패가 없는 사회를 만들겠다.' 는 식의 각오는 젊은 시절 누구나 한 번쯤은 가져 보는 아름답고 가상한 다짐이다. 그러나 초심을 유지하기 위해서는 니체가 『선악의 저편』에서 말한 것처럼 스스로 괴물이 되지 않으려는 용기가 필요하다.

> "괴물과 싸우는 사람은 그 싸움에서 스스로도 괴물이 되지 않도록 조심해야 한다. 그리고 괴물의 심연을 오랫동안 들여다본다면, 그 심연 또한 우리를 들여다보게 될 것이다."[35]

스스로 괴물이 되지 않는 것은 물론 쉬운 일이 아니다. 그러나 쉬운 일이 아니기에 우리 사회는 정치인, 공직자, 나아가 사회지도층에게 합리적 이성에 기초한 '용기'의 인성을 갖출 것을 요구하는 것이다.

내 안의 아이히만과 프리모 레비

2011년 국내 영화 팬들에게 잔잔한 감동을 전해 준 인도 영화, 〈내 이름은 칸〉의 기억은 아직도 생생하다. 인도의 국민배우 샤룩

칸Khan이 천재지만 자폐증을 앓는 아들로 열연한 이 영화에서 어머니는 칸에게 순수한 눈으로 세상을 바라보도록 가르친다. "세상에는 두 가지 종류의 사람이 있단다. 좋은 행동을 하는 좋은 사람과 나쁜 행동을 하는 나쁜 사람. 그 밖에 차이는 없단다." 음악과 재즈, 클래식, 팝 등 폭넓은 스펙트럼을 오가는 것으로 유명한 이탈리아가 낳은 세계적 재즈피아니스트 스테파노 볼라니는 이런 말을 한 적이 있다. "음악은 장르로 구분되지 않는다. 세상에는 두 가지 음악만 있다. 좋은 것과 나쁜 것."

세월이 흐를수록 사람들이 더 악해지는 것인지, 연일 일어나는 엽기적 사건들을 보면 세상에는 정말 나쁜 인간들이 많음을 새삼 느낀다. 아울러 그런 나쁜 인간들에게 피해당한 선한 사람들에게 동정과 연민의 정을 느끼게 된다. 세월호 참사에서 선장은 '사악한 괴물'이었고 탑승자들은 '무구한 희생자'였다. 가습기 살균제 사태를 일으킨 제조사는 제품의 독성을 알고도 판매했다는 점에서 일종의 화학 살인을 저지른 나쁜 사람들이다. 똑같은 이분법이 국정농단사태나 폭스바겐 연비 조작 사건에도 적용된다. 영화의 대사처럼 정말 길거리에는 두 종류의 인간만이 나다니는 것 같다.

그러나 과연, 사람을 이러한 선악의 이분법으로 단순화시킬 수 있을까? 이 물음에 결연히 비판의 날을 세운 사람이 있다. 유대계 이탈리아인으로서 아우슈비츠 수용소에서 살아남은 프리모 레비Levi다. 그는 아우슈비츠의 참상을 증언하는 저서 『가라앉은 자와 구조된 자』에서 절대적 폭력과 전체주의 앞에서 추악해지는 인간성을 신랄하게 고발한다. 오죽이나 인간성에 대한 환멸에 몸서리를 쳤으면

이 책을 발표한 이듬해 토리노 자택에서 자살로 생을 마감했을까.

> "슬프게도 다시 한 번 그 상처는 치유 불가능하다는 사실을 확인하게 된다. 상처의 시간은 연장되며 복수의 여신 에리니에스는 … 가해자만 괴롭히는 것이 아니라 그들의 일을 영구화하기 위해 피해자에게도 평화를 주지 않는다."(36)

죽음의 수용소에서 평균 생존 기간은 3개월이었다. 그러나 그는 11개월을 살아남았고 자유의 몸이 된 지 40년이나 지났다. 그러나 자살을 선택했다. "상처는 치유 불가능하다."는 말처럼 홀로코스트에서 겪은 인간성에 대한 환멸이 치유되지 않았기 때문이었을까.

프리모 레비는 110만 명 내지 150만 명이 학살된 홀로코스트는 광기 어린 인종주의자 히틀러와 아이히만과 같은 나치 친위대ss에 의해서만 자행된 것이 아니었다는 점을 강조한다. 또한 아우슈비츠의 생존자들이 모두 무구한 희생자가 아니었다는 것도 강조한다. 수용소에서 유대인을 괴롭힌 것은 나치만이 아니었다. 같은 유대인으로서 나치의 앞잡이가 된 '카포Kapos'는 수용소 안에서 간수들을 대신해 포로들의 대장 역할을 하며 유대인들을 괴롭혔다.

> "수용소에서 현실에 맞닥뜨린 최초의 충격은 예견하지 못하고 이해될 수도 없었던 누군가의 공격이었다. 즉, 관리자 포로라는 새롭고 이상한 적으로부터 시작됐다. 이 관리자 포로는 손을 잡아 주고 안심시켜 주는 대신 모르는 언어로 고래고래 소리 지르면 달려들어서는 얼굴에 주먹을 날렸다."(37)

'카포'라는 관리자 포로는 동족 포로에게 노동을 시키고 학대했다. 수용소 내 유대인들로 구성된 '특수부대Sonderkommandos'는 동료 유대인들을 가스실로 집어넣고 시체를 처리했다. 그 대가로 몇 달 동안 충분히 먹을 수 있는 엄청난 특권을 누렸다. 죽음의 수용소에서 살아남은 심리학자 빅터 프랭클Frankl[38]의 증언에 따르면 유대인을 감시하는 병사들보다도, 나치대원들보다도 카포들이 수감자들에게 더 가혹하고 악질적인 경우가 많았다. 이들은 일단 카포가 되면 금세 나치대원이나 감시병들을 닮아 갔으며 이들은 오히려 수용소에 있을 때 가장 영양 섭취를 잘 했다.

유대인 학살에 직접 가담하지 않은 독일인이라고 무죄는 아니다. 대부분의 독일인은 히틀러와 나치의 반인륜적 정강정책을 정확히 이해하고도 열광적으로 나치를 지지했다. 한때 나치의 지지율은 90%를 상회했다. 프리모 레비는 그런 독일인들이 종전 이후에 "그때는 몰랐다."며 발뺌하는 데 분개했다.

프리모 레비는 박해자와 희생자 사이에는 이처럼 명백하고 광범위한 '회색지대'가 존재했다는 점을 고발한다. "적은 주변에도 있었지만 내부에도 있었다. 우리란 말은 그 경계를 잃었고 대립하는 자들이 두 편으로 나뉜 게 아니었다. 하나의 경계선이 아니라 여러 개의 복잡한 경계선들, 곧 우리들 각자의 사이에 하나씩 놓은 수많은 경계선들을 볼 수 있었다."[39]

세월호 참사나 가습기 살균제 사태, 폴크스바겐 배출가스 사태, 그리고 지금도 일어나는 크고 작은 사건에는 '회색지대'가 존재한다. 우리 모두 회색지대에 속해 있고 각자의 내부에는 아이히만이 존재한다. 치명적인 폐 손상을 입은 어린아이, 임산부들이 까닭도 모른 채 고통스럽게 생을 마감하게 만든 가습기 살균제 사태만 해도, 제품의 독성을 제조사 측에선 알고 있었다. 독성물질이 인체에 치명적이란 사실을 알면서도 계속 판매한 사람들은 '카포'와 어떻게 다른가. 심지어 그 독성을 테스트한 실험결과를 조작한 대학교수는 어떤가.

폴크스바겐에서는 배출가스 양을 조작하면서, 경유차에서 필연적으로 발생하는 초미세먼지를 무고한 시민들이 마셔야 한다는 사실을 몰랐을까? 장래에 그 피해 규모는 가습기 살균제와는 비교도 되지 않을 거란 사실을 몰랐을 리 없다. '이제 폴크스바겐은 망했구나.'라고 생각한 필자 같은 사람의 어리석음을 크게 비웃듯, 회사 측의 파격할인 행사에 폭풍구매로 화답한 한국 소비자들은 아이히만과 또 어떻게 다른가. 선과 악을 가르는 경계는 우리 각자의 심장을 지나고 있을 뿐이다. 사건이 터질 때마다 소수의 사악한 가해자에게 책임을 전가하는 것은 이해할 수 있다. 그러나 사건을 둘러싼 광범위한 '회색지대'에 대한 규명이나 '우리 안에 존재하는 아이히만' 인성에 대한 성찰, 타자의 고통에 대한 무감각한 인성에 대한 자성 없이 소수의 가해자에게만 초점을 맞춘다면 비인간적 사건은 언제든 재현될 수 있을 것이다.

제 2 부

06

공감, 인성의 혁명

공감이란 말을 들으면 뭔가 남의 속마음을 헤아리고 이해해 주는 기분 좋은 감정이 든다. 남을 너그럽게 이해하고 배려하는 모습이 연상된다. 그러나 알고 보면 공감은 일상적인 친절함이나 배려와는 아주 다르다. 런던의 『인생학교』 창립교수인 로먼 크르즈나릭 Krznaric[1]은 공감을 우리 자신의 삶을 바꾸어 놓을 인성이며, 나아가 근본적인 사회 변화를 이루어 낼 힘을 가진 하나의 이상이라고 역설한다. 공감은 혁명을, 인간관계의 혁명을 이끌어 낼 수 있다는 것이다. 여중생들마저 잔인한 폭력과 토막 살인을 저지르는 한국 사회를 변화시킬 수 있는 혁명이 있다면 바로 공감혁명이며 공감교육이다.

공감은 단지 개인들 간의 문제만은 아니다. 사회적이며 정치적인 지형의 틀을 변화시킬 수 있는 집단적 힘은 바로 공감에서 나오기 때문이다. 역사를 돌아봐도 집단적으로 공감의 힘이 약하거나 붕괴됐을 때 항상 비극이 발생했다. 중세 십자군 원정에서 저질러진 학살, 홀로코스트의 참상, 르완다 인종 학살, 남경학살, 간토關東 대지진 때 일본인들의 학살 사건들이 한 예다. 하지만 공감이 집단적으로 꽃을 피워 문명을 진보시킨 시기도 있었다. 18세기 유럽에서 일어난 인도주의 혁명기에는 노예제 폐지 운동, 고문에 대한 법적 제한, 감옥 환경의 개선, 아동과 노동자 권리에 대한 관심 증대 같은 현상이 있었다.[2] 도덕적 혁명은 곧 공감의 힘에 기초하고 있는 것이다.

인류가 제4차 산업혁명으로 점차 빠져들고 있는 지금, 공감은 과거와는 또 다른 차원에서 사회적으로 요구되는 역량이 되고 있다. 로봇이나 드론 등 인공지능AI, 스마트 홈이나 스마트 공장 및 스마트 시티 등 사물인터넷IoT으로 대표되는 제4차 산업혁명은 인간을 중심으로 현실과 가상이 융합하는 혁명이다. 인공지능과 일자리를 경쟁할 수밖에 없는 시대에 인간만이 가질 수 있는 능력은 무엇일까? 2016년 세계경제포럼WEF 다보스 포럼은 초연결지능시대에는 무엇보다 공감 역량을 키우라고 강조한다. 특히, 학교교육에서는 사회적 학습 및 공감 학습SEL: Social & Emotional Learning에 초점을 맞춰야 한다는 것이다. 아무리 인공지능이 일자리를 대신 한다 해도 마지막까지 인간의 영역으로 남는 것은 공감 능력이기 때문이다.

공감 결핍증과 러스킨, 행복의 조건

2010년 『더 타임스』가 '세상에서 가장 행복한 사람'으로 꼽은 사람이 영국의 런던정치경제대학교 교수인 리처드 레이어드Layard다. 일생 동안 행복에 관한 연구와 정책을 제시하면서 전 세계적인 '행복 운동Action for happiness'을 펼치고 있어 '행복 황제Happiness Tsar'란 칭호마저 따라다니고 있는 경제학자다. 그가 행복한 사회의 첫 번째 조건으로 제시한 것이 있다. 바로 '공감'하는 능력이다. 다른 사람에게 얼마만큼의 높은 수준의 공감력을 가지고 있느냐가 그 사회의 행복의 조건이라는 것이다. 미국 대통령을 지낸 버락 오바마Obama 역시 2008년 대통령 선거전에서 '공감'을 핵심 선거 주제로 내걸었다. [3]

> "이 나라에서 연방재정이 적자라는 이야기는 많이들 합니다. 하지만 나는 우리에게 공감 능력이 결여되었다는 이야기를 더 많이 해야 한다고 생각합니다. 그것은 다른 누군가의 처지가 되어 보고 우리와 다른 사람의 눈으로, 배고픈 아이들의 눈으로, 해고된 철강노동자의 눈으로, 당신 기숙사 방을 청소하는 이민 노동자들의 눈으로 세상을 바라보는 일입니다."

타인의 눈으로 세상을 바라보는 타인의 시각에서 정의와 공정을 말하는 것이다. 이 경우 실정법과 원칙을 초월한 윤리적인 가치가 창출될 수 있다. 윤리의 핵심은 공감인 것이다.

> "집안에 먹을 음식이라고는 빵 한 조각밖에 없는데 어머니와 아이들이 모두 굶주려 있다면, 그들 사이의 이해관계는 평행 상태에 있지 않다. 어머니가 그 빵을 먹으면 아이들은 빵을 먹을 수 없고, 아이들이 빵

> 을 먹으면 어머니는 배를 곯은 채 일하러 가야 한다. 하지만 그렇다고
> 해서 반드시 그들 사이에 적대 관계가 존재하는 것은 아니다. 그들이 빵
> 을 차지하려고 싸우고, 힘이 센 어머니가 빵을 혼자 먹어버리는 결과가
> 일어나지는 않는다."[4]

영국이 낳은 위대한 사회사상가 존 러스킨Ruskin(1819~1900)의 말이다. '빵 한 조각'을 굶주린 어머니와 아이들이 N분의 1로 나누어 먹는 것이 평등이자 정의인가? 아니면 어머니의 공감과 배려가 우선인가? 왜 어머니는 아이들을 배려해야 하는가? '어머니'와 '아이'란 위치는 각자가 선택한 것인가?

서울의 한 명문 사립대에서 장애인 학생 한 명이 다른 학생들에게 '양심 없는 민폐 장애인'으로 손가락질을 받았다. 이유는 다음과 같다.

> "이 장애 학생이 학교 잘못으로 휠체어가 들어갈 수 없는 강의실을 배
> 정받았고, 학교 측이 이곳에서 350m 떨어진 강의실로 해당 강의를 옮
> 기려 했다. 그러자 일부 학생이 '거리가 너무 멀다.'며 반대해 무산됐다.
> 학교.온라인 커뮤니티에는 '양심이 있으면 장애 학생이 수업을 포기해
> 야 한다.'는 글도 올라왔다고 한다."[5]

일부이겠지만 명문 대학을 다닌다는 학생들의 인성의 한 단면을 보여 준다. 어쩌면 심각한 '공감 결핍증'에 걸려 있는 우리 사회의 민낯일지도 모른다. 대학에 들어오기까지 중·고교 시절을 온갖 과외와 선행학습까지 해 가며 입시 경쟁에 필요한 능력을 키운 학생들

일 게다. 그러나 그 일부 학생들은 인간으로서 반드시 가져야 할 역량 하나를 키우지 못했다. 바로 공감empathy이다. 그 머릿속에 '장애가 문제'란 인식이 박혀 있는 것이다. 장애는 학생이 선택한 게 아닌데도 말이다.

신문은 미국의 사례를 소개한다. 한국 학생이 1996년 하버드대학교 케네디스쿨에 입학했다. 그는 이 대학원의 교수·직원·학생을 통틀어 유일한 휠체어 장애인이었다. 입학하자마자 학교 측이 그에게 "불편한 것이 없느냐."고 물었다. 그는 "본관 중앙 출입문이 수동식이어서 불편하다."고 했다. 학교 측은 즉각 출입문을 자동문으로 바꾸는 공사를 시작했다. 단 한 명의 장애 학생을 위해 대학원 전체가 공사에 따른 불편을 감수한 것이다. 한국의 일부 대학생들은 이런 배려를 장애인에 대한 '특혜'라고 생각하겠지만 미국인들은 '공정함' '평등'이라고 생각한다. 이런 생각의 차이는 왜일까? 한국인과 미국인의 차이가 아니다. 어릴 때부터 공감, 배려를 몸에 익히도록 만드는 두 나라 가정교육, 학교교육의 차이일 뿐이다.

> "누가 쐈는지 밝히지 말라. 그 병사 또한 얼마나 자책감과 부담을 느끼겠는가……."

군대에서 진지공사를 마치고 부대로 복귀하던 병사가 머리에 총탄을 맞고 숨진 사건(2017년 9월 26일)이 있었다. 사건 초기 군은 '도비탄에 의한 사망'으로 추정 발표했지만 유족의 문제 제기 등 사회적 논란이 확산되자 재수사에 착수했다. 그 결과 인근 사격훈련장에서 날아온 유탄에 직접 맞았음이 드러났다. 군의 사격장 안전 관리와 통제 미흡 등 총체적 부실로 발생한 사고였다. 사고로 자식을 잃은 부모의 심정은 상상하기조차 힘들다. 국가가 직간접적인 책임을 지는 사고였을 경우 국가를 저주하고 무제한적인 진상 규명을 요구하는 것이 그간 우리가 봐 온 일반적 모습이었다. 그러나 이번 사건의 경우, 언론을 통해 전달된 부모의 차분하고 의연한 태도가 잔잔한 감동을 주었다. "유탄을 누가 쐈는지는 알고 싶지도 않고 알려 주지도 말라. 그 병사도 나처럼 아들을 군대에 보낸 어떤 부모의 자식 아니겠는가. 같은 부모로서 더 이상 희생과 피해를 원치 않는다." 내 자식을 잃은 슬픔에만 매몰되지 않고 아들 또래의 다른 병사, 그 가족의 심정을 공감한 것이다. 그들이 갖게 될 자책감, 부담감을 배려한 것이다.

인간 본성론의 진화와 공감적 고통

심리학적으로 볼 때 인간의 공감 능력이 강조된 것은 상대적으로 최근의 일이다. 그리스도교 사상이 지배적인 서양에서는 중세 이후 2000년 동안 인간은 삶의 출발부터가 죄에 물들어 태어난다고 믿고 살았다. 인류 조상의 이기심이 인간을 원죄에 물들어 태어나게 했기 때문에 인간의 본성은 악하고 이기적이라는 것이다. 인간은 이기적이며 반사회적이라는 비관적인 견해는 근대에 들어 유럽의 혁명적인 혼란 속에서 더욱 설득력을 얻게 되었다. 니콜로 마키아벨리Machiavelli는 『군주론』에서 "인간은 감사할 줄 모르며 위선적이고 이익에 탐욕스럽다."고 단정한다.[6] 나아가 "인간은 재산을 손해 본 것보다 부모의 죽음을 더 쉽게 잊어버린다."고 빈정거린다.

영국 철학자 토마스 홉스Hobbes는 1651년 저서 『리바이어던』에서, 인간은 선천적으로 자기중심적이고 이기적이라고 주장한다. 한마디로 "인간은 인간에게 늑대"라는 것이다. 인간의 권력에 대한 부단한 욕망은 '죽어야만 그치는 병'으로서 구제 불능이라는 것이다. 따라서 만일 인간들을 자연 상태에 내버려 둘 경우 '만인의 만인에 대한 전쟁' 상태가 될 것이라고 단정한다. 그 결과 인생은 '고독하고 가난하며, 사악하고 야만스럽게' 끝을 맺을 수밖에 없다는 것이다. 인간의 본성이 이렇게 부정적으로 그려진 것은 홉스가 책을 집필할 때의 상황을 그려 보면 이해할 수도 있다. 영국이 한창 내전으로 피비린내 나는 격동 속에 있었던 때였기 때문이다. 계몽주의 시대의 철학자들은 인간 본성에 대한 비관적인 견해들을 누구러뜨리기 위한 새로운 학설들을 내놓았다. 영국철학자 존 로크Locke는 인간은 백지상태의 '타불라 라사tabula rasa'로 태어나 살아가면서 그 '빈 서판'을 채워 간다고 주장했다. 하지만 빈 공간을 무엇에 맞게 채워 간다는 것인지는 분명하지가 않다. 한 세기가 흐른 후 영국 철학자 제레미 밴덤Bentham은 공리주의를 내세우면서 인간의 조건은 고통을 피하고 쾌락을 최대화하는 것이라고 주장하였다.

그의 공리주의적 해석은 20세기에 들어와 지그문트 프로이트Freud에 의해 쾌락론이라는 성의 문제로 탈바꿈했다. 정신분석학의 태두인 프로이트는 1930년 저서 『문명 속의 불만Civilization and its Discontents』[7]

에서 인간 본성에 관한 낭만적인 환상을 모조리 벗겨 냈다. 그는 "네 이웃을 네 몸과 같이 사랑하라."는 그리스도교 계명은 인간 본성에 비추어 가당치도 않은 요구라고 일축했다. 인간은 리비도와 공격성thanatos에 따라 움직이기 때문에 홉스의 말처럼 적절한 통제가 없으면 잔혹한 야수가 될 수밖에 없는 존재라는 것이다. 이러한 인간 본성에 공감이 끼어들 여지가 있을 리 없다. 프로이트에게 인간은 도덕성을 완전히 내재화할 수 없는 존재다.

인간의 본성이 원죄로 인해 악한 것인지, 또는 19세기 공리주의들의 말대로 쾌락을 최대화하는 것인지, 혹은 프로이트의 '에로틱한 충동에의 몰두'인지에 대한 논의는 지금까지 계속되고 있다. 중요한 점은 인간 능력 가운데 가장 으뜸가는 것이면서도 소홀히 다루어지는 능력이 있는데, 그게 바로 바로 공감 능력이다. 심리학자들은 태어난 지 하루 이틀밖에 되지 않은 아기들도 다른 아기의 울음소리가 들리면 같이 따라 운다는 사실에 주목해 공감하는 성향은 인간의 생물학적 구조에 내재되어 있다는 점을 강조한다. 사람은 남의 고통을 자신의 고통처럼 느끼는 '공감적 고통empathic distress의 능력'[8]을 본성으로 갖고 태어난다는 것이다.

동정하지 말고 공감하라

공원이나 탄천을 걷다 보면 간혹 겪는 일이다. 개를 데리고 누군가 걸어온다. 큰 개는 아니지만 의기양양하게 휘젓는 폼이 위협적이다. 개에 대한 트라우마가 없어도 신경이 쓰인다. 한 걸음 옆으로 물러서 지나려는 찰나, 갑자기 개가 달려든다. 개 주인은 그제야 겨우 목줄을 자기 쪽으로 당긴다. 화들짝 놀란 사람을 쳐다보며 주인이 하는 말이 있다. "우리 개는 물지 않아요!" 이럴 땐 할 말을 잊는다. 당연히 자기 주인은 물지 않겠지. 하지만 남은 아니다. 공감할 줄 모르고 자기중심적으로 남을 이해하는 전형적인 사례다.

공감이란 타인의 마음을 이해하고 공유하는 심리 과정이다. 마치 우리의 몸과 몸이 만나 촉감을 느끼고 체온을 나누듯이, 우리의 마음과 마음이 만나 서로 이해하고 애정과 신뢰를 나눌 수 있게 하는 게 공감이다. 따라서 공감을 육감六感, 즉 '여섯 번째의 심리적인 감각'이라고도 한다.[9] 흔히 공감과 동정을 비슷한 의미로 사용하기도 하지만 사회심리학자들은 공감empathy을 '동정sympathy'과 엄격히 구분해야 한다고 주장한다.

동정이란 개념은, 특히 18세기 계몽주의 시대에 애덤 스미스의 『도덕감정론』에서 인간 본성의 중요한 특징으로 제시되었다. 흔히 '보이지 않은 손'의 원리가 말하듯 인간 본성을 이기심에만 한정한 것처럼 오해할 수 있지만 애덤 스미스는 타인의 곤경을 보고 측은함을 느끼는 감정, 즉 동정심이 또 다른 인간의 중요한 본성임을 강조하였다. 애덤 스미스의 공감은 동정과 정서적으로는 공통점이 있지만 정서나 감정의 깊이는 전혀 다르다.

동정심은 어떤 사람에 대해 '거리를 두고 경계를 지키면서' 연민이나 불쌍하다는 마음惻隱之心을 갖는 것일 뿐, 상대방의 감정이나 시각을 이해하려는 노력은 담고 있지 않다. 기본적으로 동정심은 말하는 사람의 입장에서 상대방의 입장을 어떻게 생각하고 느끼는지를 표현해 주는 것이다. 그래서 '내가' 혹은 '나'로 시작하며 말하는 사람이 중심이 된다. '그런 소식을 들어서 참 마음이 아픕니다.' 혹은 '당신과 가족들에게 심심한 위로의 뜻을 전합니다.' 등과 같은 말은 자신의 감정을 잘 표현한 동정의 말이다.[10] 얼핏 보면 황금률과는 비슷한 것 같지만 다르다. 조지 버나드 쇼Show는 특유의 문제로 다음과 같이 말한다. "남이 자신에게 해 줬으면 하는 방식대로 남에게 해 주지 말라. 취향이 다를 수 있으니까."[11]

그럼 공감은 동정심과 무엇이 다른가? 공감은 남이 느끼는 감정을 그 사람의 내면에 들어가서 나도 느끼는 것이다. 알랭 드 보통과 함께 『인생학교』를 설립한 로먼 크르즈나릭에 따르면, 공감은 상상력을 발휘해 다른 사람의 처지에 서 보고, 다른 사람의 느낌과 관점을 이해하며, 그렇게 이해한 내용을 활용해 당신의 행동지침으로 삼는 기술[12]이다. 상대가 중심이 되기 때문에 '당신' 혹은 '너'로 시작한다. '당신은 (어떤) 생각이나 감정이 들었겠군요.' 등과 같이 상대방의 관점에서 어떻게 느끼는지를 표현한다.

본래 공감이란 용어는 1872년 로베르트 피셔Vischer가 미학에서 사용한 감정이입empathy에서 유래[13]했다. 독일 철학자인 빌헬름 딜타이Dilthey는 공감을 정신 과정을 설명하는 데 사용했는데, 그 역시 공감을 "다른 사람의 입장이 되어 그들이 어떻게 느끼고 생각하는지 이해하는 것"으로 정의한다. 다른 사람이 겪는 고통의 정서적 상태로 들어가 그들의 고통을 자신의 고통인 것처럼 느끼는 것[14]이다. 저명한 상담심리학자인 칼 로저스Rogers의 정의는 보다 구체적이다.

> "공감적이라는 것 또는 공감의 상태라는 것은 다른 사람의 내적인 기준 틀frame of reference을, 그리고 거기에 관련된 감정적인 요소와 의미를 마치 자신이 그 사람인 것처럼 정확하게 지각하는 것이다."[15]

로저스의 정의에서 주목해야 할 중심 개념은 상대방의 '틀frame'이다. 이 말은 독일 철학자 테오도르 립스Lipps가 1903년에 심미적 체험을 설명하는 이론의 핵심 개념으로 공감Einfuhlung이란 용어를 처음으로 도입했을 때 사용한 개념이다.[16] 립스는 예술작품을 잘 감상하기 위해서는 상상력을 동원하여 우리의 마음을 그 작품의 '틀frame' 속으로 투사해야 한다고 주장했다. 상상력을 통해 우리 의식을 예술작품 속으로 빠져들게 하고, 그것이 우리의 인식 틀을 형성하여 새로운 '바탕'이 되어야만 심미적 체험이 일어난다는 것이다. 심리학자 로저스는 공감도 마찬가지로 상대방의 '틀' 속으로 '빨려 들어가'는 상태가 되어야 함을 강조한다.

여기서 로저스가 강조하는 것은 '마치~처럼as if'이라는 조건이다. 상대방의 상처나 즐거움을 그가 느끼는 것처럼 느끼고 그것의 이유들을 그가 지각하는 대로 지각하되, 마치 자신이 상처받거나 즐거운 것처럼 가정하고 있다는 인식을 결코 잃어버려서는 안된다는 것이다. 왜냐하면 '마치 ~처럼'이란 특징을 잃어버린다면 그 상태는 동일시identification의 상태가 되기 때문이다.

'마치 ~처럼as if', 공감의 조건

이렇게 보면 단순히 수동적으로 타인의 어려움이나 고통에 대한 측은지심을 갖는 동정심과는 달리 공감은 기꺼이 다른 사람의 감정을 마치 자신의 것인 양 적극적으로 경험하고 타인의 경험에 대한 느낌을 적극적으로 공유하는 것이다.[17] 동정보다는 공감이 더 깊숙한 감정이다. 동정은 남과 떨어져서 짐작하는 것이라면 공감은 남에게 다가서서 함께 하는 경험인 것이다.

심리학자들은 공감 능력은 저절로 생기지 않고 가정, 학교, 사회, 국가가 키워 내야 하는 것이라고 입을 모은다. 공감은 평생에 걸친 교육과 훈련의 결과물인 것이다. 로먼 크르즈나릭Krznaric[18]은 공감하기 위해서는 먼저 깨달아야 할 전제 조건 두 가지가 있다고 말한다. 첫째, 공감은 자신의 관심사가 다른 모든 사람의 관심사가 아니며 둘째, 자신의 필요사항이 다른 모든 사람의 필요사항이 아니라는 사실이다. 이 두 가지를 매 순간마다 어느 정도는 타협을 해야 한다는 사실을 끊임없이 깨닫는 게 필수적이라는 것이다. 일상적인 예를 하나 들어 보자.[19]

회사 영업팀에서 중요한 프레젠테이션이 있던 날 오전. 팀장의 발표 ppt를 오전까지 작성할 책임이 있건만, 김수원 대리는 이를 미처 끝내지 못했다. 전날 밤에 갑자기 딸이 아팠던 것이다. 딸을 데리고 병원 응급실에서 몇 시간을 보내야만 했다. 김 대리가 ppt 작성을 다 끝내지 못했다고 말하자 팀장은 크게 화를 냈다. 제일 먼저 이런 말이 튀어나왔다.

"김 대리가 맡은 일인데 끝내지 못했다는 말인가? 이게 말이 돼요? 도대체 회사를 다니겠다는 거야 뭐야? 그럴 줄 알았으면 박 대리한테 맡길 걸 그랬잖아. 그렇게 무책임하게 일하면 다른 사람이 얼마나 고생할지 생각이나 해 봤어요?"

이런 경우 김수원 대리는 그냥 이렇게 대답했을 수도 있다. "딸아이가 갑자기 병이 나서 병원에 갔었어요. 저도 어쩔 수 없었다고요." 사실 많은 사람들이 이렇게 반응할 것이다. 다른 사람의 마음을 읽지 못하는 '마음맹mindblindness'[20]을 조금씩은 다 갖고 있는 셈이다.

하지만 공감 능력이 뛰어난 김 대리는 크르즈나릭이 말한 두 가지 전제 조건을 이해하고 있다. 그래서 딸아이가 병이 난 것을 말하기보다 팀장의 마음을 공감하는 말을 한다. "발표 자료를 끝내지 못해서 죄송합니다. 제가 맡은 일에 진지하게 임하지 않는다고 받아들이신 것 같아요. 제가 팀장님을 위해 최선을 다하지 않은 듯 보여서 화나신 모양이에요." 심리학자 윌리엄 이케스Ickes[21]에 따르면 김 대리는 '공감 정확도empathic accuracy'가 높은 것이다. 그러자 팀장이 말했다. "그래, 화났어요……. 그런데 무슨 일이에요? 왜 ppt를 끝내지 못했어요?"

김 대리가 화가 치밀고 당황스러워하는 팀장의 감정을 이해하고 공감의 뜻을 말로 표현하자, 팀장은 화가 가라앉고 말투도 한결 누그러진 것이다. 감정이 가라앉자 팀장은 김 대리가 자료 준비를 끝내지 못한 이유를 물었고, 그녀의 대답을 핑곗거리로 듣지 않았다. 딸이 아팠다는 말을 듣자 팀장은 화났던 마음이 모두 풀어지면서 이렇게 말했다. "그런 일이 있었군요. 아까는 화내서 미안해요. 오늘 발표가 중요한 거 알잖아요."

공감의 핵심은 타인의 생각과 감정을 정확하게 이해하는 마음 읽기다. 공감하는 능력은 인간이면 누구에게나 갖고 있는 위대한 역량 가운데 하나다. 물론 심리학자 사이먼 배런-코헨Baron-Cohen이 공감 제로zero degree of empathy라 부를 정도의 사람들도 있다. 자폐스펙트럼장애를 가진 사람들이다(자폐증이 상대적으로 경미한 경우 아스퍼거 증후군Asperger Syndrome이라 한다). 이들은 다른 사람의 마음을 읽지 못할 뿐만 아니라 마음 읽기가 어떤 것인지 상상조차 하지 못하는 상태에 있다. 베런-코헨에 따르면 문맹 아닌 '마음맹'이다. 그들의 관점에서 보면, 다른 사람들이 전혀 '사람'처럼 느껴지지 않는다고 한다. 즉 사람들이 서로 마음을 나누는 사회적 세계에서 살고 있다는 것, 나름대로의 독특한 감각, 생각, 감정, 기억, 욕구를 마음속에 품고 살아가는 감성적이고 자각적인 존재로 여겨지지 않는다는 것이다. 그 대신 물리적 세계의 물체처럼 대해야 하는 성가신, 움직이는 물체처럼 여겨진다.

언론에 종종 등장하는 잔혹한 성폭력범이나 살인범들의 인성이 바로 '마음맹'의 상태가 아닐까. 단지 타인과 감정적 연대를 맺는 능력이 현저히 떨어지는 사이코패스 인성이란 설명으로는 이해하기 어렵기 때문이다. 차라리 심한 자폐증 환자의 소행으로 치부하면 그나마 마음이 편해질 것 같다. 다행인지 모르지만 이러한 자폐증 환자나 사이코패스는 전체 인구의 2퍼센트를 넘지 않는다.[22] 나머지 98%의 사람들은 천성적으로 공감 능력이 있고 사회적 연대를 맺을 수 있다. 타인의 불행을 동정하는 것에 그치지 않고, 오바마 대통령의 말대로 "배고픈 아이들의 눈으로, 해고된 철강노동자의 눈으로" 세상을 바라보고 그들의 처지를 공감할 수 있는 것이다.

선진국의 조건, 타인을 배려하라

전 세계에서 뮤지컬을 가장 많이 생산하는 나라는 어디일까? 전 세계에서 오페라단이 제일 많은 나라는? 문학잡지가 제일 많은 나라는? 믿지 못할지 모르지만, 정답은 모두 한국이다. 연간 300여 편의 뮤지컬을 생산하고 있으며 문학잡지는 무려 300여 종이 넘고 오페라단의 수만 100여 개에 달하는 나라가 한국이다.[23] 그런가 하면 쇼팽 국제피아노 콩쿠르에서 우승하고 차이코프스키 콩쿠르에서는 남녀 성악 동반 1위 수상자를 배출하는 등 거의 매년 국제무대에서 예술 분야의 두각을 나타내는 사람들이 한국인이다. 어느새 우리의 문화예술은 괄목할 정도로 발전하여 가장 높은 세계 수준 반열에 올라선 느낌이다. 전 세계를 대상으로 문화예술의 대중화도 앞서 나가고 있어 K-food, 한국 드라마, K팝이 지구촌 곳곳에 맛과 감동을 전달하고 있다. 21세기는 '문화가 곧 국가경쟁력'이 되는 시대이니 이보다 더 밝은 뉴스가 없을 것이다. 이렇게만 보면, 일제 치하에서 가난하고 억압받던 시절 김구 선생이 그토록 소망했던 '문화강국'의 자리에 성큼 올라선 듯한 착각마저 들게 된다.

그러나 두바이에 세계 최고층인 부르즈 칼리파 빌딩이 있다고 해서, 혹은 중국의 경제규모가 세계 최대라고 해서, 아랍에미리트나 중국을 선진문명국가라고 부르지는 않는다. 문화국가는 시민 개개인이 문화시민이 될 때 비로소 가능한 것이기 때문이다. 우리의 현실은 문화강국은 차치하고 우리가 과연 문화시민인가에 대한 회의가 들 정도의 노예적 의식과 행태들이 일상화되어 있다. 외부에서 평가하는 한국교육의 숫자로 나타난 통계와 실제 교실 현장이 다르듯이, 겉으로 드러난 문화의 하드웨어는 앞서 나갈지 모르나 시민 개개인의 소프트웨어 문화는 아직 갈 길이 멀다.

오래전, 한 해가 저물어 가던 12월 어느 날, 필자는 러시아 모스크바에 있는 볼쇼이 극장에서 차이코프스키의 〈백조의 호수〉 공연을 관람할 행운을 가졌다. 1877년 이 극장에서 초연初演되었다는 말을 들은 터라 잔뜩 설레임과 기대를 품고 극장에 들어섰다. 그런데 마침 그날이 학생 단체 관람일이었는지 초등학생으로 보이는 수많은 어린이들이 재잘거리며 공연을 기다리고 있는 게 아닌가. 순간, 모처럼 조용히 공연을 음미하려던 기대가 깨질 것 같은 불길한 예감이 들었다.

그러나, 공연이 시작되면서 필자의 걱정은 기우였음이 드러났다. 2,000여 석의 자리를 꽉 채운 관람객들 중 상당수가 넥타이 차림의 어린이들이었지만 공연 내내 숨소리 하나 들리지 않을 만큼 정숙한 자세로 공연에 몰입하고 있었다. 극장 내부는 러시아 제국의 영광을 재현하듯 반짝이는 크리스털 샹들리에와 눈부신 금박 장식, 붉은 새틴으로 화려하게 장식되어 있었지만, 필자의 기억 속엔 극장의 화려함보다는 어린 관객들의 어른스런 관람 매너가 부러운 추억으로 지금까지 각인되어 있다. 누군가 필자에게 백조의 호수를 관람하고 가장 크게 느낀 게 뭐냐고 묻는다면, "좋은 관객을 보고 왔다."고 대답할 것이다.

지금은 국내에서도 볼쇼이 발레단을 비롯해 수많은 장르의 다양한 공연들을 관람할 수 있는 기회가 많아졌다. 과거에 비해 문화예술에 대한 접근성이 크게 높아져 문화예술 감상 인구도 대폭 확대된 것으로 보인다. 아울러 청소년을 포함한 관객의 관람 수준도 많이 향상되었다는 평가도 나온다. 문제는 공연장 안에서만 그렇다. 미술관이나 각종 전시관 내에서의 관람 수준은 개선되었을지 모른다. 그러나 일상생활에서 경험하는 보통 사람들의 평균적인 시민의식을 보면 전반적인 문화예술 수준의 향상과는 거리가 멀다.

나만의 구역, 45cm를 침범 말라

한국에 온 외국인들이 가장 불쾌하게 느끼는 한국인들의 태도가 있다. 외국에서 생활해 본 사람이라면 그 이유를 능히 짐작할 수 있는 일상적인 '사건'이다. 한마디로, "어깨 부딪히는 한국인 정말 견딜 수 없다."는 것이다. 한국인들의 소소한 인정이나 친절, '배달민족'의 편리성에 감탄하면서도 이런 행동만큼은 도저히 이해가 안 된다고 한다. 인터넷에 그런 불평들이 얼마나 올라 있는지 언론에까지 보도가 되었다.

"악의malice가 있어서 그러는 게 아니니까 기분 나쁘게 받아들이지 말라고 한다. 그런데 도저히 참기 어렵다. 일부러 어깨를 들이대는 것 같다. 시비quarrel를 걸고 싸움fight을 걸려고 작정한 듯 보인다. 그러면서 시선은 피한다. 한국에서 가장 불쾌한 것pet peeves 중 하나다."

"인구가 많아 번잡하다 보니 그렇다는 건 어설픈 변명에 지나지 않는다. 뉴욕이나 런던, 도쿄 등 다른 대도시들에서는 안 그런다. 극히 한국적인 현상이다. 인구 3만 명인 곳에서도 그런다. 넓은 길에서도 비켜 가려 하지 않는다. 인간 탁구공처럼 튕겨 다니며 피해야 한다."

"누군가와 부딪히거나 떠밀치는 것은 타인에 대한 무시와 관련돼 있다. 매너의 결여에서 기인하는 행동이다. 밀치고, 부딪치고, 새치기하고, 차선 끼어들고, 바닥에 담배꽁초나 쓰레기 버리고, 길에 침 뱉는 것이 한국보다 심한 곳은 중국밖에 없더라."[24]

외국인들은 이러한 한국인들의 행동이 상스럽고 천박해boorish 보인다고 말한다. 왜 안 그렇겠는가? 그들은 한술 더 뜬다. "내가 아는 한국 사람들도 그런 행동을 싫어한다고 말한다. 그런데 길거리에 나서면 똑같은 짓을 한다."

낯선 사람과 어깨를 부딪히는 걸 좋아할 사람은 없다. 보통 스트레스가 아니다. 왜 그럴까? 문화인류학자인 에드워드 홀Hall[25]의 대답은 명쾌하다. '나만의 구역, 43cm'를 침범하기 때문이다. 사회생활을 한다는 것은 어찌 보면 사회적 공간proxemics을 적절히 유지하는 것이다. 상대에 따라 상황에 따라, 그 공간적 거리는 달라진다. 사랑하는 연인, 부부간에 허락되는 거리와 비즈니스로 만난 사람과의 거리는 다를 수밖에 없다. 홀에 따르면 45cm 이내의 거리는 연인 사이 혹은 엄마와 아기 같은 가장 친밀한 관계에서만 허용된다. 낯선 사람이 이 거리 안으로 침입하면 심리적으로 불편하다. 따라서 품격 있는 시설일수록 화장실이나 좌석 배치 등에서 개인의 45cm 거리에 신경을 쓴다.

타인의 몸을 부딪치는 것은 개인의 사적 공간을 침입하는 것으로서 상대를 위협하거나 공격하는 것과 같은 것이다. '일부러 어깨를 들이대는 것 같다.'는 외국인들의 비판은 운전 중에도 똑같이 적용된다. 깜빡이를 켜지 않고 끼어드는 '무배려 운전' 행태다. 방향지시등, 이른바 깜빡이를 켜지 않고 차로를 바꾸고 추월하는 행태는 외국인들뿐만 아니라 내국인들도 비판에 합세한다. 관련 기관이 조사한 바에 따르면[26] 우리나라 성인남녀 운전자들은 '운전 중 스트레스를 유발하는 운전자 행동'으로 '방향지시등 켜지 않고 끼어들기'를 첫 번째로 손꼽았다. 문제는 그런 행동을 싫어한다고 비판하면서도 운전대를 잡으면 똑같은 짓을 한다는 데 있다.

신문은 이런 한국인들의 천박한 행동을 애써 변명한다. 한국인들의 이런 행동의 심리적 특성은 일제 강점기, 한국전쟁, 미군정, 군사독재 등을 거치며 골육상잔의 치열한 투쟁에서 서로 싸워 살아남아야 했던 역사의 맹장盲腸 같은 흔적으로 보인다는 것이다. 그러니 무작정 비난하고 비웃기보다는 과거 험난했던 한국인들의 역경을 배려해 줄 필요도 있다고 말한다. 그러나 골육상잔의 치열한 투쟁의 역사가 어디 한국뿐이겠는가. 게다가 한국인들의 그런 역사적인 역경을 헤아리고, 한국인들의 타인에 대한 상스러운 '무배려'를 '배려'해 줄 외국인들이 어디 있겠는가. 그들에게 중요한 건 한국의 역사가 아니다. '지금 여기'에서 자신이 경험하는 한국인들의 행동일 뿐이다.

외국인들은, 타인을 배려하지 않는 국민들 중에 "한국보다 심한 곳은 중국밖에 없다."고 꼬집는다. 반면교사로서 중국을 돌아볼 필요도 있을 것이다. 중국여행을 해 본 사람은 그들의 일상적인 무배려가 얼마나 심각한지를 목격하게 된다. 간혹 길거리에서 수많은 사람들이 남의 불행이나 고통을 본체만체 그냥 지나가는 동영상이 언론에 보도되는 걸 보면 대부분 중국이다. 사고 피해자를 돕기는 커녕 그 모습을 휴대전화로 찍기에 바쁘다. 과연 그들의 의식 속에 '배려'란 개념이 존재할까 하는 의구심마저 든다. 실제로 중국어 사전에는 배려配慮란 단어가 아예 없다. [27] 관련된 단어를 봐도 배려에 내포된 '남을 먼저 생각한다.'는 의미가 없다는 것이다. 그들의 유전자에는 국가가 13억 명이 넘는 개인들을 일일이 보호하기 어렵다는 오랜 역사적 경험이 새겨져 있는지도 모른다.

인문학의 목표, 사지향적 사유

철학이 삶을 변화시키지 않는다면 그 철학은 무슨 소용이 있을까. 문화예술 역시 마찬가지다. 세계적인 예술가들의 작품 전시회나 공연장이 사람들로 북적거리고 쇼팽 국제피아노 콩쿠르 우승자의 공연 입장권이 몇 분 내에 매진된다고 해도, 길거리의 일상적인 시민의식과 연결되지 않는다면 똑같은 질문이 제기될 수밖에 없을 것이다. 더 나아가 '과연 예술을 포함한 인문교육은 무엇이며, 무엇을 위한 인문교육인가'에 관한 고민을 하게 된다.

문화예술을 포함한 인문학의 목표는 '사유' 방식의 변화를 통해 자유 교육적 정신을 고양시키는 데 있다. 다른 학문이 특정한 사회적 유용성이나 외재적 기능성을 목표로 하는 것과 구분된다. '사유'의 지향점으로서의 자유 교육적 정신은 '인간이 무엇이며, 삶의 의미는 무엇인지'에 대한 구조적 이해에 초점을 맞춘다. 철학과 문학 관련 책을 읽고 예술작품을 감상하지만, 궁극적 목적은 해당 분야의 전문적 지식체계에 대한 사유가 아니다. 오히려 작품에 대한 이해와 감상을 자신의 경험과 재구성함으로써 사유 주체인 인간을 대상화하고 사유하는 것이다. 다시 말해 철학을 통해, 예술작품을 통해 자신의 내면을 바라보는 것이다. 자신의 내면에 시선을 돌린다는 것은 실존주의 철학에서 얘기하듯 필연적으로 타자他者와 조우遭遇하는 것이다. 그런 타인과의 만남을 통해 자신을 새롭게 만나고 삶의 의미를 새롭게 구성하게 되는 것이다.

그런 까닭에 문화예술 분야에서의 지식 혹은 감상은 다른 분야의 그것과는 구분된다. 사실적 지식을 추구하는 과학적 사유 및 감상의 방식은 직접적이다. 반면에 예술적 사유와 감상은 간접적이다. 흔히 직지향과 사지향이란 말로 구분[28]한다. 과학적 사유는 직지향直指向으로서 지향의 주체 쪽에서 대상을 향한 움직임만 있는 활동인 반면에, 예술적 사유나 감상은 사지향斜指向이다. 사지향이란 대상을 향하되 지향 주체의 의식 속에서 대상과 더불어 자신의 입장에 대한 의식이 자리를 같이하게 되는 복합적인 활동이다.

예를 들어 보자. 부산항에 도착한 수입물품을 찾으러 승용차를 몰고 가는 수입업자의 머릿속엔 온통 그 상품에 대한 생각뿐이다. 고정된 대상으로서의 제품을 향한 움직임만 있는 직지향적 활동이다. 상황을 바꿔 보자. 그 수입업자가 업무를 끝내고 모처럼 옛 친구를 만나러 인사동 뒷골목을 걸어간다고 생각해 보자. 골목길에는 추억이 많다. 그는 하루의 일을 훌훌 털어 버리고 겨울이 오는 골목길을 걸으며 이른 나이에 세상을 떠난 김현식의 「골목길」 노래를 떠올릴지도 모른다. 그는 오랜만에 보게 될 친구 생각에 들떠 있을 수 있다. 그 친구와 함께 보냈던 어린 시절의 자신을 회상하며 지나온 세월을 돌아볼지도 모른다. 이 경우, 그의 사유는 친구를 통해 자신의 과거와 지금의 모습이 겹쳐지고 돌아보게 되는 복합적인 사지향적 활동으로 바뀌게 된다.

사지향적 사유는 마주하는 대상 앞에서 사람을 겸허하게 만든다. 미술이나 음악을 감상하면서, 백조의 호수를 관람하면서 거만하게 우쭐거리는 사람은 없다. 말보다 생각이 앞서기에 떠들게 되지도 않는다. 내면으로 침잠하기에 얼굴 표정부터 진지해진다. 고대 그리스 철학에서부터 데카르트의 대륙의 합리론에 이르기까지 인류 사회는 대상을 도구로만 보는 '도구적 이성'이 지배적이었다. 인식하는 주체로서의 개인이 대상에 대해 우위를 점하고 모든 사물을 처리하고 분석할 수 있다고 생각을 해 왔다. 분석하는 주체는 자신을 우위에 놓기 때문에 대상에 대해 억압과 폭력을 휘두르게 된다.

하지만 예술에서만큼은 사람은 대상을 앞에 두고 겸허해지는 것이다.[29] 발레든, 뮤지컬이나 연극이든, 또는 그림이나 조각이든, 예술 감상은 미적 대상을 통해 자신을 겸허하게 돌아보는 사유 활동이다. 예술 앞에서 겸허해지는 경험이 쌓일수록 자신에 대한 성찰, 그리고 타인에 대한 존중과 배려심은 더욱 깊어질 수밖에 없다. 이런 사람이 문화인이다. 니체가 말하는 '주인'이자 '귀족'이 바로 이들이다.

문화예술교육 및 교양교육을 누구보다 강조했던 니체는 교육의 문제점을 그림 감상에 빗대어 촌철살인으로 지적한다.

> "하나의 전체로서의 삶의 그림과 마주쳐야 한다. 그렇지만 학계는 그림을 이해하려는 것이 아니라 저 캔버스와 물감을 알려고 혈안이 돼 있다."[30]

니체의 의도는 당시의 교육이 교육의 목적인 '전체로서의 삶의 그림'보다는 '캔버스와 물감'을 향한 도구적 목적에만 관심을 집중하고 있다는 점을 비판하는 데 있었다. 그러나 니체의 비유는 예술작품에 대한 감상이 직지향적 활동에 그치고 있는 사이비 문화인의 허상을 통렬히 비판한다고도 할 수 있다. 사지향적 사유가 실종된 문화예술교육이나 감상은 결과적으로 "미래 없이 살고 싶고 현재의 문턱 위에 편안히 발을 뻗고 있는 건달"을 양성하게 될 수밖에 없다는 것이다. 우리 사회에 문화예술을 체험하는 저변 인구가 확대되고 있지만 자신을 성찰하고 타인을 배려하는 사람들 대신, 오히려 많이 배운 "건달"들이 늘어나는 이유가 여기에 있는 것은 아닐는지.

문화인은 '근거리 지각'이 예민하다

타인에 대한 배려는 사회 속에서 살아갈 수밖에 없는 인간의 숙명이다. 게오르크 지멜이 강조한 대로 사회는 성냥개비가 가득 찬 성냥갑처럼 단순한 개인의 집합체가 아니다. "사회란 사람들의 상호작용의 집합체a set of interaction"다.[31] 아침부터 저녁까지 우리의 하루는 크고 작은 개인 간, 집단 간의 상호작용의 연속이다. 상호작용의 방식과 질이 하루의 성공과 행복을 좌우한다. 상호작용은 언제나 타인이 개입되기에 타인에 대한 배려는 필수적으로 요청된다. 타인에 대한 존중과 배려가 서로의 운명을 결정할 수도 있다. 그런데 타인에 대한 배려는 자신에 대한 냉철한 평가에서 시작된다.

"미개인들은 원거리 지각은 예민하나 정작 제 몸에서 나는 악취는 맡지 못하는 반면, 문화인들은 원거리 지각의 능력은 떨어지나 근거리 지각에는 지나치게 예민하다."고 한다. 일반적으로 한 국가의 문화 수준과 경제적 수준은 비례한다. 그래서 맹자孟子는 양혜왕梁惠王 편에서 '무항산 무항심無恒産 無恒心'이라고 말한다. '생활이 안정되지 않으면 인간으로서 갖추어야 할 제대로 된 마음가짐을 가질 수 없다.'는 말이다. 그런데 우리나라는 이제 먹고 살 만큼 발전했음에도 불구하고 사회적인 매너나 공동체의식이 실종됐다는 우려의 목소리가 높다. 오죽했으면 '동방무례지국'이란 자조적인 말까지 나오겠는가. 무례하다는 말은 곧 '근거리 지각에 둔감하다.'는 말이다.

근거리 지각에 예민하다는 말은 자신의 행동이 타인에게 어떤 영향을 미치는가에 대해 냉철한 분석과 성찰을 한다는 말이다. 이런 '반성적 사고'에 강한 사람일수록 책임감이 높고 남을 배려하며 공감 능력이 뛰어날 수밖에 없다. 무심코 저지른 나의 행동이 혹시나 타인의 불편이나 고통으로 이어지지 않을까 하는 미안함 혹은 '건강한 죄책감'을 갖는 사람이다. 예나 지금이나 이런 건강한 죄책감을 가진 사람을 조직이나 사회에서 마다할 리 없지만, 특히 21세기 '문화가 경쟁력'인 시대에 들어서는 개인이나 국가 차원에서 필수적으로 요구되는 '지능'이자 '능력'으로 대두되고 있다.

그러나 우리 사회에 대한 애정의 눈을 갖고 조금만 관찰해 보면 사회 곳곳에서 무질서, 무배려, 불친절, 무례함이 일상화되어 있다. 타인을 배려하고 그들의 권리와 편의를 침해하는 것을 미안해하는 '건강한 죄책감'을 가진 사람들이 지나치게 부족하다. 윤동주 시인이 말한 그 아름다운 '부끄러움'을 찾아보기가 어렵다. 어른 아이 할 것 없다. 앞에서 언급했듯이 오죽했으면 어느 중학교 원어민 영어교사는 한국에는 미래가 없다는 말까지 했을까.

그의 말을 다시 들어보자.

"여러 나라에서 아이들을 가르쳐 봤지만 한국 아이들처럼 버릇없고 기본적인 예의나 규율도 지키지 않는 아이들은 본 적이 없다. 이 아이들이 자라 투표권을 행사해 나랏일을 결정할 테니 이 나라에 미래가 있겠느냐?"(32)

아이들은 공공의 장소를 마치 자신의 욕망을 분출시키는 곳인 양 착각한다. 레스토랑을 놀이터처럼 뛰어다니는 아이들, 아무런 제재도 하지 않는 젊은 부모들, 사지가 멀쩡한 아이에게 음식을 떠먹여 주는 자상한 엄마, 대형마트에서 떼쓰고 악을 쓰는 어린애를 보는 것은 흔한 일이다. 제대로 된 서양 가정이라면 벌써 아이의 등짝에 엄마의 손바닥이 매섭게 떨어졌을 일이다.

우리는 아버지들마저 훈육은 버려두고 아이와 친구가 되려고만 한다. 그래야 아이와 아내가 좋아하기 때문이란다. 자제력을 키운 아이들이 나중에 커서 성공한다는 '마시멜로' 얘기를 귀 아프도록 들었을 텐데도 정작 자기 자식은 가벼운 규칙도 지키지 않는 '병적인 자기애'로 몰아넣고 있다. 아버지가 자녀에게 가르쳐야 할 가장 중요한 것은 다름 아닌 '세상의 규칙'[33]임을 인식조차 못한다. 단 하나뿐인 소중한 나only one만 가르치지 말라. 많은 사람 속의 한 사람 one of them으로 남과 어울려 살면서 '넘지 말아야 할 선'을 가르치는 것이 바로 아버지의 역할이다. '친구 같은 아빠'가 된다고 자식 농사를 망칠 순 없지 않은가?

문화인이냐 아니냐는 불특정 다수를 대상으로 하는 길거리 예절에서 가감 없이 드러난다. 일면식도 없는 사람에 대한 매너에서 문화의 수준이 결정되는 것이다.

또한 사회적 매너나 품격은 일상의 언어에서 시작된다. 품격의 '품品' 자를 보자. 얼마나 말이 중요하면 '입 구口' 자가 세 개나 될까. 개인이나 사회의 품격은 말의 품격에 달려 있다는 뜻이겠다. 우리말에도 '고맙습니다.' '미안합니다.' '실례합니다.'란 아름다운 말이 있다. 그러나 공공장소에서 이런 말들을 듣기는 쉽지 않다. 어쩌다 듣게 되면 고마울 정도다. 이제는 전설이 된 영화 〈러브 스토리〉에서 주인공이 "사랑은 미안하다고 말하지 않는 것Love means not ever having to say you're sorry"이라고 하는데, 그 말이 맞다 해도 연인 관계에서나 통할 일이다. 개인주의가 철저한 서양에서는 아이가 가장 먼저 배우는 말이 'thank you' 'sorry' 'excuse me'다. 그러나, '동방예의지국'이라는 한국에서는 성인은 물론 어린이들한테서도 이런 아름다운 말을 듣기가 어려운 현실이다.

아렌트와 칸트의 역지사지

한나 아렌트는 인간이 이성을 짐승처럼 사용하는 행위를 '악의 평범성'이라고 정의했다. 그리고 그 악의 평범성은 '순전한 무사유'에서 비롯된다고 갈파했다. 순전한 무사유란 남의 입장에서 생각하지 못하는 상태, 즉 역지사지易地思之를 하지 못하는 상태를 말한다. 공감하는 능력이 결여된 상태다. 밀그램 실험에서 부당한 지시에 복종한 65%의 사람들, 권력의 눈치를 보며 불법과 비리에 동조한 지식인들이나 기업인, 공직자들은 바로 역지사지하는 인성이 결핍된 상태라는 점이 공통이다.

인성이 좋은 사람의 특징이 바로 역지사지하는 능력임을 강조한 사람이 임마누엘 칸트다. 칸트는 공직자든 기업경영자든 의사결정을 할 때는 반드시 그 행동이 가역성可逆性을 지니는지를 기준으로 삼을 것을 강조한다. 가역적일 때 보편적이 될 수 있으며 보편적일 때 올바른 도덕법칙, 즉 정언명법定言命法이 된다는 것이다. 이에 대해 칸트는 『윤리형이상학 정초』에서 다음과 같이 명확하게 말한다.

> "나의 준칙이 언제나 동시에 하나의 보편적 법칙이 될 수 있기를 내가 바랄 수 있는, 그런 준칙에 따라서만 행하라."(34)

이것이 칸트가 인성 좋은 사람의 첫 번째 조건으로 제시하는 원리다. 말은 건조하게 들리지만 사실은 우리가 일상생활에서 이미 받아들이고 있는 삶의 원칙이라 할 수 있다. 형이 동생을 때려 울린다면 부모는 형을 야단치며 말한다. '동생이 너를 때리면 좋겠니?' 버스 좌석에서 주운 남의 지갑을 돌려줄지를 고민할 때 지갑을 잃어버린 사람의 심정을 생각해 보면 결정하기가 쉬워진다. 세월호는 단순한 교통사고일 뿐인데 왜들 이렇게 난리를 피우느냐는 불평을 누군가 한다면 칸트는 이렇게 되물어 볼 것을 제안한다. '세월호 참사로 너의 아들과 딸이, 아니면 남편이나 아내가 처참하게 죽었어도 너는 그렇게 말할 것인가?' 자신의 주장이 가역성 혹은 역지사지의 문을 통과할 때 비로소 보편성을 획득하게 된다. 이것이 칸트의 정언명법이다.

정언명법 혹은 정언명령은 어떠한 전제를 허락하지 않는 반드시 지켜야 하는 무조건적인 도덕적 의무다. 자기가 하지 말아야 할 행위를 다른 사람이 해야 한다고는 도저히 생각할 수 없는 그런 행위다. 모두가 보편적으로 지켜야 하는 절대적인 의무인 것이다. 일정한 전제하에서만 타당한 것을 가언적假言的명법이라 한다면, 정언명법은 이유 없이 그냥 지켜야 할 보편적 법칙이 되는 것이다. 문삼석 시인의 「그냥」이란 시는 바로 칸트의 정언명법을 간명하게 묘사하고 있다.

> ### 그냥
>
> 엄만
> 내가 왜 좋아?
> - 그냥 ……
> 넌 왜
> 엄마가 좋아
> - 그냥 ……

아이와 엄마가 주고받는 말에 사랑이 듬뿍 담겨 있다. 아이는 엄마에게 왜 내가 좋으냐고 묻고, 엄마도 아이에게 같은 질문을 한다. 대답은 다 '그냥'이다. 이유가 없다. 하긴 좋은데 무슨 이유가 있겠는가. 조건이 붙으면 이미 그것은 좋은 게 아니다. 좋은 건 따질 게 없다. 사람과 사람 사이에도 '그냥' 좋아야 될 것이 있다. '사이좋게 지낸다.'는 것은 너도 알고 나도 아는 그것을 지키는 것이다.

칸트에 따르면 인성이 좋은 사람은 윤리적인 사람이며 정언명법에 따라 행동하는 사람이다. 이성이 명령하는 보편적 법칙을 따르는 것이다. 개인의 감정이나 동정심, 측은지심惻隱之心은 분명히 아름답고 갸륵한 마음이다. 그러나 그런 감정이 행동의 기준이 되어서는 안 된다는 것이다. 왜냐하면 감정은 상황에 따라 너무 가변적이어서 믿을 수 없기 때문이다. 지하철에서 구걸하는 걸인에게 동정심을 느낄 때도 있지만 항상 그렇지는 않을 것이다. 감정이란 워낙 변덕스러운 것이다. 그러니 그때그때 기분에 따라 행동하지 말고 보편적인 원칙에 따라 행동할 때 올바른 인성이 갖춰진다는 것이다. 이 정언명법은 인류가 진화해 오면서 만들어 낸 규칙이자 모든 종교에서 윤리의 기준으로 공통적으로 제시하는 황금률이다.

배려와 '외부비경제'

소위 명문이라는 서울의 한 사립대학 도서관을 찾았다가 '초중고생보다도 못한 대학생 여러분 부끄러운 줄 아시오.'라는 비난 문구를 본 적이 있다. 도서관 내에서의 학생들의 이기적 행태를 꼬집는 내용이라 짐작은 했지만 도서관에서 보낸 몇 시간을 통해 이를 확인할 수 있었다. 공부하는 사람들을 아랑곳하지 않듯 로비에서 떠드는 커다란 잡담 소리, 주변 눈치 보지 않고 큰 볼륨으로 음악 감상에 몰두하는 학생, 조용한 열람석에서 태연히 전화를 받는 사람, 로비에 나뒹구는 쓰레기들까지. 그 도서관은 몇 해 전 리모델링을 통해 산뜻한 외양에 첨단시설을 갖추고 있었지만, 그 내부에는 교육은 받았지만 '지성인'으로서의 '리모델링에 실패한 대학생'들이 이기적인 공부에만 열중하고 있었다.

이쯤 되면 이런 '불편한 진실'에 불편해하는 사람들이 있을 것이다. 이런 공동체의식 실종의 원인에는 무례하고 불공정한 행태를 보이는 정치권의 탓이 크기 때문이다. 또한 불법과 이기적 행태를 서슴지 않는 정치인의 행태를 비난하면서도 학습 효과를 거쳐 자신도 모르게 그들을 닮아 가는 시민들도 있다. 그래서일까. 정부의 비윤리적 행태를 비판하는 시위가 벌어질 때마다 최소한의 질서도 지키지 않는 비윤리적 시위 행태가 반복되고, 집회가 끝난 장소는 아수라장 쓰레기 천지로 바뀐다. 노동자 농민들의 집회이건 교사, 의사들의 시위이건 차이가 없다. 결과는 우리 모두의 불편함이며, 돌아오는 것은 사회경제적 손실일 뿐이다.

남을 배려한다는 것은 우리 사회의 경쟁력이자 경제의 문제이다. 경제학에서 말하는 옳음 혹은 정의正義란 외부 비용을 내부화하는 것이다. 쉽게 말하면 남에게 피해를 주지 않는 것이다. 식당이나 도서관에서 큰 소리로 떠들거나 담배꽁초를 버리는 사람들이 악의를 가진 나쁜 사람들은 아니다. 신기할 정도로, 자기 행위의 결과가 타인에게 미치는 영향을 생각해 보지 않는 '기계적인 무배려'에 익숙한 평범한 사람들일 뿐이다. 그러나 그들의 악의 없는 경제행위가 다른 사람에게 아무런 보상도 없는 비용을 강요하게 되는 결과를 가져오는데 이를 '외부비경제'라고 한다. 이런 외부비경제를 바로잡는 것이 '정의'이며, 외부비경제를 최소화시킬 수 있을 때 문화 경쟁력을 확보하게 되는 것이다.

외부비경제를 줄이기 위해서는 법과 제도를 동원한 강제적인 개입이 필요하다. 그러나 이런 제도의 개입에는 적지 않은 비용이 수반될 뿐더러 민주사회의 보루인 개인의 자율성을 억누를 위험성이 항상 따라다닌다. 그렇다면 답은 하나다. 각자가 조금씩만 더 자기 자신과 타인을 배려하는 의식과 태도를 갖추는 것밖에 없다. 이런 사회가 문화강국이자 경제적으로 효율적인 나라이다. 이를 위해서는 어려서부터의 가정과 학교교육은 물론이고 성인들의 평생학습에 이르기까지 부단한 연습이 필요하다. 진부해 보이는 이런 연습이 선진국에서는 문화적으로 체화되어 있다.

고대 그리스의 아리스토텔레스부터 다산 정약용 선생에 이르기까지 '덕은 인간 본성에 내재해 있는 것이 아니'라고 말한다. '일상에서 끊임없이 연습하고 실천하는 가운데 형성된다.'는 것이다. 인기 작가인 로버트 풀검Fulghum은 『내가 알아야 할 모든 것은 유치원에서 배웠다』고 말하지만, 그는 틀렸다. 한글을 깨우치고 덧셈, 뺄셈을 하는 것은 어릴 적 한 번만 배우면 되지만 친절과 예의는 성인이 되어서도 지속적으로 배워야 할 평생교육이다. 나는 단 하나뿐인 '소중한 나'이면서 동시에 '많은 사람 속의 한 사람'이란 존재 의식을 체화시키는 교육에 졸업식은 없다.

키케로의 '랜덤 카인드니스'

어릴 적부터 사회적 매너와 예의가 문화로 자리 잡은 서양이지만, 공동체의식을 회복해 인간다운 사회로 리모델링하려는 노력은 다양한 시민사회운동을 통해 끊임없이 이어지고 있다. 대표적인 사례가 '조건 없는 친절random kindness' 운동 캠페인이다. 미국의 '조건 없는 친절 재단the random acts of kindness foundation'을 중심으로 전국적으로 벌어지고 있는 이 캠페인은 법과 계약이 인간관계를 대변하는 철저한 개인주의인 미국사회인가를 의심할 만큼 이타적이고 사회지향적인 의식의 패러다임 전환을 목표로 하고 있다. 재단의 명칭에서 보듯, '친절이 세계를 변화시킨다.'는 신념하에 조건 없는 친절을 통해 지역사회를 인간다운 사회로 재건하자는 것이다.

'조건 없는 친절'이란 일상에서 어떤 사려 깊은, 남을 배려하는 행동을 함으로써 다른 사람의 하루를 기분 좋게 만들어 주기 위한 의도된 행동이라 할 수 있다. 친절한 태도는 전염성이 있기 때문에, 한 사람이 하루에 한 번이라도 대가를 바라지 않는 친절을 남에게 베푼다면 세계는 변하게 된다. 단 한 번의 미소, 즐거운 하루 보내라는 말 한마디가 상대방의 하루를 살맛 나게 만들 수 있으며, 상대방은 자신의 경험을 똑같은 방식으로 또 다른 사람에게 선물할 것이기 때문이다. 친절의 '선물 증여'가 선순환을 이루게 되는 셈이다. 친절을 통해 사람들은 서로 신뢰감을 갖게 되며 낯선 이웃이 사실은 남이 아니라 공동의 가족임을 새롭게 인식하게 된다는 것이다. 조건 없는 친절 재단은 이를 위한 구체적인 방법 몇 가지를 제시한다.[35]

첫째, 친절을 베풀라. 친절한 태도는 감염된다. 당신이 기꺼이 남에게 친절을 베풀면 다른 사람은 당신을 본받아 또 다른 사람에게 친절을 베풀게 된다. 친절의 불꽃이 모든 사람에게 퍼질 것이다. 둘째, 배려하라. 조건 없는 친절은 다른 사람의 불편이나 어려움을 배려하는 것이다. 가능하면 양보해 보라. 상점에서 줄을 서야 할 때 미소 지으며 손으로 양보 제스처를 써 보라. 셋째, 매너 있게 행동하

라. 매너는 예의 바르고 친절한 관계를 맺는 데 핵심이며 남을 존경한다는 표시이다. 남을 위해 문을 잡아 주는 것door holder, 비를 맞고 가는 사람에게 우산을 씌워 주는 것, 약속 장소에 늦지 않는 것 등 소소한 것들에서 시작된다. 남이 호의를 베풀면 반드시 고맙다는 말을 해서 상대가 알게 하자.

넷째, 덕담을 건네라. 낯선 사람과 엘리베이터를 기다릴 때 흐르는 어색한 침묵을 기억할 것이다. 이때 눈을 허공이나 바닥으로 향하는 대신 적절한 덕담을 하나 건네면 금세 분위기가 편해질 수 있다. 직장에서도 상사나 동료, 부하 직원에게 상황에 맞춰 얼마든지 기분 좋은 말을 건넬 수 있다. 하물며 집에서 자녀가 보여 주는 손재주나 독특한 생각에 칭찬 못 할 일이 없지 않은가. 다섯째, 말없이 수고하는 사람들을 생각하고 감사하라. 이름도 얼굴도 모르지만 더 나은 공동체를 만들기 위해 고생하는 사람들이 많다. 명절 선물을 준비하며 아파트 경비 아저씨들이나 집 근처 파출소 경찰을 위해 작은 선물 하나를 생각해 볼 수 있다. 자녀가 사용했던 책이나 장난감들 중 쓸 만한 것을 골라 지역 어린이집에 보내 보자. 당신의 자녀를 위해 고생하는 교사나 보육교사들이 있다면 감사의 말을 전해 보라. 방금 사 온 케이크 한 조각을 이웃집에 건네 보는 것은 어떨까. 어떠한 인연이건 이웃은 당신의 삶의 한 부분을 차지하고 있다.

여섯째, 외로운 사람에게 힘을 보태라. 외로운 이들은 사방에 널려 있다. 그들의 마음을 북돋아 주는 것은 정말로 가치 있는, 조건 없는 친절이다. 시간을 내어 양로원이나 고아원을 방문해 보자. 커피 한 잔을 시키면서 가난한 누군가를 위해 커피 값을 대신 내 주는 사람들도 많다. 일곱째, 자원봉사를 해 보라. 남에게 도움의 손길을 내밀라. 집 없이 노숙하는 사람들을 모두 구제할 수는 없지만 조금만 관심을 가지면 할 수 있는 작은 일들은 많다. 장갑 한 켤레나 담요 하나를 사서 노숙자에게, 혹은 노숙자를 위한 쉼터에 보낼 수도 있다. 남이 쓰레기 버리는 것을 보게 되면 아무 말 없이 그 쓰레기를 대신 치워 줘 보라.

여덟째, 직장 동료에게 친절을 베풀라. 직장 동료에게 점심을 같이 하자고 권유하든가, 아니면 퇴근 시 맥주나 한잔 하자고 제안해 보자. 동료의 자녀가 생일이거나 집에 행사가 있다면 빨리 귀가할 수 있도록 업무를 일찍 끝내 주자. 동료가 업무 관계로 힘든 하루를 보냈다면, 꽃 한 다발이나 따뜻한 포옹으로 위로를 해 주자. 가끔씩은 갓 구운 머핀이나 쿠키를 사 들고 회사에 들어가 동료, 상사와 함께 나눠 먹어 보는 것은 어떻겠는가. 아홉째, 미소를 지어라. 낯선 사람을 만나거나 혹은 아는 사람과 이야기를 나눌 때 미소로 기쁨을 표현해 보라. 그들과 함께하는 것이 행복하다는 것을 표현하라.

마지막으로, 아무것도 기대하지 말라. 가장 위대한 친절은 공짜로 베푸는 것이다. 단지, 상대를 배려하고 상대가 행복하길 바랄 뿐 어떤 보답도 기대하지 않는 것이다. 친절은 그 자체로 내가 보상받는 것이며 나의 행복감을 높여 줄 것이다. 더 이상 무엇을 바라겠는가. 로마시대의 현인 마르쿠스 툴리우스 키케로Cicero의 말을 다시 음미해 보자.

> "길을 잃고 방황하는 자에게 친절하게 길을 가르쳐 주는 사람은 마치 자신의 등불로 다른 사람의 등에 불을 붙여 주는 것과 같다. 남에게 불을 붙여 줬다고 해서 자신의 불빛이 덜 빛나는 것은 아니다."[36]

통념을 깨는 기버giver의 힘

"뉴욕타임스 베스트셀러, 월스트리트저널 베스트셀러, 아마존 반스앤노블 경제경영 1위." 2013년도 미국을 포함한 전 세계 여러 나라에서 베스트셀러를 기록한 책 한 권이 있었다. 흥미진진한 소설이나 새로운 경영전략서 혹은 마법의 처세술을 다룬 책을 연상할 수 있지만, 실상은 제목부터가 진부하다고 고개를 돌리기 십상인 책이다. 『기브앤테이크Give and Take』라는 비즈니스 논픽션인데 저자의 지적인 내공이 만만치 않다. 하버드대학교 심리학과를 수석으로 졸업하고 세계 3대 경영대학원으로 꼽히는 와튼스쿨에 최연소 종신교수가 되어 3년 연속 최우수강의상을 수상했다는 애덤 그랜트Grant 교수다. 더욱이 필자 같은 사람을 주눅 들게 만드는 건, 단 7년 만에 평생공로상을 받은 학자보다 더 많은 논문을 최고 권위 학술저널에 발표했다는 그의 학문적 성과 때문이다. 이런 화려한 경력의 경영학교수가 심혈을 기울여 쓴 책이 놀랍게도, '받은 만큼 돌려주는' 사람이나 '자기 것만 챙기는' 사람이 아니라 '주는 사람'이 '성공 사다리의 꼭대기'를 차지한다는 사실을 밝히고 있는 것이다.

이 책은 성공에 대한 기존의 통념을 완벽하게 뒤집고 있다. 흔히 '독한 놈이 성공한다.'는 승자독식 시대에 착한 사람은 늘 이용당하기만 한다는 게 불문율로 인식되고, '기업경영' 하면 전쟁의 기술만을 강조하고 공격적이고 비타협적인 비즈니스 공식을 연상하게 되는데, 그랜트 교수의 연구결과는 이런 통념을 철저하게 깨뜨리고 있다. 오히려 바쁜 와중에도 다른 사람을 돕고, 앞장서서 지식을 공유하고, 아낌없이 조언하는 '주는' 인간들giver이 충분히 생산적인 삶을 살고 있으며 심지어 성공의 윗자리를 차지하고 있다는 사실을 사회과학적 연구를 통해 검증한 것이다.

흔히 성공을 거둔 사람에게는 세 가지 공통점이 있다고 말한다. 그것은 바로 능력, 성취동기, 기회다. 성공을 거두려면 재능을 타고나는 것은 물론 열심히 노력해야 하고 기회도 따라 주어야 한다. 그런데 그랜트 교수는 대단히 중요하지만 자칫 간과하기 쉬운 네 번째 요소에 주목한다. 그것은 '타인과의 상호작용'이 성공에 큰 영향을 미친다는 사실이다.[37] 비즈니스 세계에서 누군가를 만날 때마다 우리는 보통 무언가 선택을 한다. 자신이 준 것보다 더 많이 받으려고 하거나taker, 아니면 받은 만큼 되돌려 준다는 원칙하에 손해와 이익이 균형을 이루도록 한다matcher. 그랜트 교수는 여기에 상대적으로 드문 기버giver를 선택하는 사람들이 있음을 발견한다. 이들은 말 그대로 상호관계에서 무게의 추를 상대방 쪽에 두고 자기가 받은 것보다 더 많이 주기를 좋아하는 사람들이다. 테이커taker는 자신에게 중점을 두고 다른 사람이 자기에게 무엇을 줄 수 있는지 가늠하는 성향이 있는 데 반해, 기버는 타인에게 중점을 두고 자기가 상대를 위해 해 줄 수 있는 것이 무엇인지 주의 깊게 살피는 사람들이다. 물론 결혼 생활이나 친구 같은 친밀한 관계에서는 거의 모든 사람이 기버처럼 행동하지만 직장이나 비즈니스 관계에서도 그렇다는 것이다.

얼핏 들으면 마더 데레사 수녀나 모한다스 간디 같은 위인에게나 해당되는 말같이 들린다. 그러나 그랜트 교수는 우리 주위에는, 또는 비즈니스 세계에는 뭔가 대단히 희생적인 행동을 하지 않더라도 타인을 흔쾌히 돕고, 조언을 해 주며, 공적을 나누고, 타인의 이익을 위해 행동하는 사람들이 의외로 적지 않다는 사실을 밝혀내고 있다. 궁극적으로 성공하는 사람들 중에는 이런 기버들이 많다는 것이다. 그랜트 교수는 그 이유를 다음과 같이 현실적으로 명쾌하게 설명한다.

첫째, 사람들은 본질적으로 이타적인 행동을 좋아하고 매력을 느끼기 때문이다. 동서고금을 막론하고 그렇다. 저명한 심리학자인 샬롬 슈바르츠Schwartz가 30년 동안 전 세계의 다양한 문화권을 대상으로 연구한 결과 역시, 모든 사람들이 이타적인 행동 양식의 가치를 삶의 가장 중요한 원칙으로 삼고 있다는 사실이었다. 그랜트 교수의 말대로 이건 어찌 보면 그리 놀랄 일이 아니다. 멀리 갈 것 없이, 나는 친구의 이타적인 행동을 좋아하는지를 자문해 보면 쉽게 알 수 있는 진리이기 때문이다. 앞의 헌스먼 회장의 말대로 우리는 어린 시절 가정에서 나눔과 보살핌의 중요성을 배우며 자란다. 그런데 직장, 일터로 가면 상황이 달라진다. 직업세계에서는 이타적인 가치가 비현실적인 것으로 가치 절하되기 십상이다. 타인이 이기적으로 행동할 듯한 상황에서 자신만 이타적으로 행동하면 이용당할 수 있다는 불안감에 경쟁 추구를 합리적이고 적절한 행동으로 판단하게 되는 것이다. 이것이 일반적인 추세였다.

둘째, 이러한 '이타적 가정교육, 이기적 직장 교육' 현상은 직업 환경이 바뀌면서 바뀔 수밖에 없기 때문이다. 과거에는 독립적으로 뭔가를 생산하는 일에 종사했기에 늘 다른 사람과 협력할 필요는 없었다. 그러나 오늘날에는 사람들이 서로 긴밀하게 연결돼 인간관계와 평판이 쉽게 눈에 띄게 된다. 한 번 보고 다시 안 볼 사이가 아니다. 어차피 다시 보게 되는 '반복 죄수의 딜레마' 상황이다. 그래서 이타적인 행동 양식이 효과를 보는 데 걸리는 시간이 점점 짧아지고 있다. 게다가 업무체계와 그 바탕이 되는 기술이 급변하면서 세상이 기버에게 더 유리해지고 있다. 일례로, 미국과 유럽의 경우 팀 중심의 시스템으로 업무를 처리하는 기업이 절반이 넘는다.[38] 팀은 정보를 공유하고 남들이 꺼리는 일을 자원해서 맡으며 타인을 돕는 기버가 없으면 제 역할을 하지 못한다. 기버의 가치가 도드라질 수밖에 없는 상황인 것이다.

셋째, 같은 맥락에서 산업체의 구조가 기버에게 유리하게 전개되기 때문이다. 과거와 달리 현대인은 다른 사람에게 어떤 서비스를 제공하는 상호 연관된 직업에 종사하는 비율이 높다. 1980년대만 해도 서비스 부문은 전 세계 국민총생산량GDP의 절반 정도를 차지했지만, 1995년에는 전 세계 GDP의 약 3분의 2로 늘어났다. 현재 미국인의 80퍼센트 이상이 서비스 업종에 종사한다.[39] 다시 말해 팀워크와 서비스가 성공을 좌우하는 직업세계에서 모든 사람은 자신에게 중요한 서비스를 제공하는 사람이 이타적이길 바란다. 기버가 성공할 수밖에 없는 이유이다.

　마지막으로, 기버는 '계획된 우연'을 만들기 때문이다. "앞날을 내다보고 점dots을 연결할 수는 없다. 과거를 돌아보아야 비로서 점을 연결할 수 있다. 그러므로 미래에 어떤 형태로든 그 점이 연결될 것이라고 믿어야 한다. 그러기 위해서는 무언가를 믿어야 한다. 직감, 운명, 인생, 카르마, 무엇이든지…….." 애플의 창업자이자 21세기를 움직인 혁신의 아이콘 스티브 잡스의 유명한 연설 중 한 대목이다. ⁽⁴⁰⁾ 잡스는 비싼 등록금을 감당하지 못하고 리드대학교를 자퇴하기로 결심한 후 목표를 정하지 못한 채 한동안 친구 집에 얹혀살며 비전공 과목을 수강했다. 마침 우연히 흥미를 갖게 되어 캘리그래피calligraphy 수업을 듣게 되는데 이 경험이 훗날 아름다운 타이포그래피를 가진 최초의 컴퓨터 매킨토시를 만드는 데 큰 역할을 했다고 고백했다. 물론 그 당시에는 캘리그래피 수업이 장래에 어떻게 도움이 될지는 전혀 상상할 수 없었고, 그저 자신의 직감과 흥미에 따랐을 뿐이라고 했다. 시간이 지나고 돌이켜 보니 그때 캘리그래피를 배운 하나의 경험이 창업 당시의 경험과 연결되었다는 것이다.

　타인을 배려하는 윤리적인 의식과 행동에 기반한 인간관계야말로 '점 잇기connecting the dots'다. 이해관계를 초월해 타인을 그냥 배려하는 태도가 일상화될 때 훗날 되돌아 보니 점과 점이 연결되는 '계획된 우연planned happenstance'이 발생하게 된다. 골드만삭스 컨설턴트를 지낸 도쓰카 다카마사는 "그러기 위해서는 평소에 거리를 두거나 이해관계, 학력, 경제 수준에 대한 차별 없이 폭넓은 인간관계를 구축하는 것이 중요하다."고 말한다. 아무 조건 없는 친절과 배려가 계획된 우연을 만들 수 있는 반면 '언제 다시 보겠느냐'는 식의 불친절, 무배려가 '외나무 다리에서 만나는 원수'로 돌아올 수 있다. 미국의 아스토리아 호텔 총지배인이 된 조지 볼트란 직원의 친절 사례는 이해관계를 초월한 윤리적 의식과 태도가 어떻게 계획된 우연을 만드는지를 보여 주는 아름다운 사례라 할 수 있다.

그랜트 교수는 주아 드 비브르Joie de Vivre 호텔 창립자로 유명한 칩 콘리Chip Conley의 말을 빌어 이렇게 결론을 내린다.

> "베풂은 100미터 달리기에는 쓸모가 없지만 마라톤 경주에서는 진가를 발휘한다."

책임, 내 삶의 주인 되기

영화 〈택시운전사〉와 어린왕자

1980년 5월의 광주. 그때를 기억하는 일은 단지 과거의 사건을 돌이켜보는 것과는 차원이 다르다. 당시 그 자리에 있지 않아 '심리적 거리'를 느끼고 있다 해도 자유롭기 힘들다. 천만 관객을 돌파했다는 영화 〈택시운전사〉는 시간에 파묻혀 가라앉았던 이런 복합적인 감정을 수면 위로 끌어올리는 데 성공했다. 관점의 차이는 있겠지만 정작 영화의 감동은 주인공인 택시운전사가 자신을 애타게 기다리는 어린 딸에게 집에 가지 못하는 이유를 설명하는 장면이었다.

> **"아빠가 손님을 두고 왔어!"**

주인공 만섭은 홀로 딸을 키우며 힘겹게 살아가는 택시운전사다. 군사독재정권이지만 그래도 정부가 하는 말은 진실일 거라고 믿고 살아온 전형적인 소시민이다. 빚을 갚으며 먹고 살기에 급급하다 보니 정의니 민주니 하는 말은 세상물정 모르는 말일 뿐이다. 그럼에도 그가 택시를 돌려 생명의 위협까지 느껴지는 광주로 되돌아가기로 결단을 내린 이유는 분명하다. 그건 최소한 손님을 두고 와서는 안 된다는 책임감 때문이다. 그것이 택시운전사의 책임이라 생각한 것이다.

어제도 그랬듯이, 오늘도 사람들은 집과 직장, 또는 낯선 여행길에서 자신이 운전하는 삶의 택시에 손님을 태운다. 책임감 있는 사람들은 혹여 두고 온 손님이 없는지를 살피고 확인한다. 반면 자신을 믿고 기다리는 손님들을 내팽개치는 무책임한 인간들도 적지 않다. 세월호 참사는 더 이상 말할 것도 없다. 당국의 전형적인 무책임을 보여 준 살충제 계란 파동, 38명이 사망했던 중동호흡기증후군(메르스) 사태, 2011년 판매 금지 이후 사망자만 266명에 달하는 가습기 살균제 사건, 열아홉 살 노동자의 구의역 참사 등 정치와 기업의 무능과 무책임으로 인한 착취와 죽음의 고리는 끊어지지 않고 있다.

어른들도 즐겨 읽는 책 중에 『어린왕자』가 있다. 생텍쥐페리[1]는 이 책에서 '택시운전사'의 책임이 무엇을 의미하는지를 아름다운 비유를 들어 전해 준다. 줄거리는 간단하다. 소행성에서 장미꽃을 돌보다 꽃의 까다로운 성격에 지친 어린왕자가 다른 별로 여행을 떠난다. 그는 여러 별에서 왕(권력형), 허영쟁이(자기과시형), 주정뱅이(자포자기형), 상인(소유형) 등을 만난다. 이들을 만날 때마다 어린왕자는 "어른들은 정말로 이상해."라고 생각한다. 어린왕자는 마지막

별인 지구에서 여우를 만나게 되고 그로부터 의미심장한 깨달음을 얻게 된다. "넌 네가 길들인 것에 대해 언제나 책임이 있어. 넌 네가 길들인 장미한테 책임이 있어."

여우의 말에 따르면 우리는 특정한 직무를 맡는 순간 직무에 관련된 사람들을 길들이는 것이다. 직무에 관련된 이해관계자들과 필연적인 관계를 맺게 되는 것이다. 대통령 직책을 맡게 되는 순간 대통령은 국민 한 사람 한 사람에게 "이 세상에서 유일한 존재"가 된다. 반면에 국민 한 사람 한 사람은 대통령에게 "세상에 단 하나밖에 없는 존재"가 되는 것이다. 국민들은 대통령이 '그 국민'의 생명과 재산을 보호해 줄 것이란 믿음에 '길들여져' 있다. 환자들은 의사가 자신의 병을 제대로 치료해 줄 것이란 생각에 '길들여져' 있다. 언론은 시민들에게 진실을 전달해 줄 것이란 생각에, 법조인들은 정의로운 판결을 내릴 것이란 생각에 '길들여져' 있다. 어린왕자의 말대로 길들인다는 것은 관계를 맺는 것이며, 그 관계에 대해 책임을 지는 것이다.

책임, 길들인 것에 '응답하라'

책임을 뜻하는 영어는 responsibility다. 이 말은 response(응답하다)와 ability(능력)의 합성어임을 알 수 있다. 즉, 책임이란 '~에 응답하는 능력'이다. 어린왕자에 따르면 자신이 '길들인 것'에 응답하는 능력, 자신과 '관계를 맺은' 사람의 믿음이나 요구에 응답하는 능력이 책임인 것이다. 반대로 응답하지 않거나 응답하는 데 소홀한 것은 무책임이다. 응답을 잘 못하는 것도 무책임이지만, 응답을 안 하는 것도 무책임이다. 일을 잘 못하는 것, '일하지 않는 것' 모두 무책임한 인성의 모습이다.

개인 간의 '무응답'은 사소한 일로 그칠 수도 있다. 그러나 대통령을 포함한 공직자, 기업인 등 사회지도층이 제대로 응답하지 않을 경우 사회적 재난이나 재앙이 될 수 있다. 대표적인 사례가 세월호 참사 당시 대통령의 '무응답'이다. 세월호 사건은 대통령은 물론 관련 공직자들의 '응답하지 않은 책임'이 얼마나 참담한 결과를 가져오는지를 보여 주는 무책임의 전범典範이다. 헌법재판소는 대통령 파면의 이유로서 '국민이 위임한 지위와 권한을 대통령 측근의 사적 이익을 돌보는 데 썼다.'는 것을 들었다. 그러나 필자는 대통령을 파면했어야 하는 더 결정적인 이유는 세월호 참사 때 그가 응답한 행태에 있다고 생각한다.

대통령이 무책임했다는 것은 침몰하는 배에서 승객들을 구출하지 못했다는 게 아니다. '그 골든타임'에 적절한 조치(응답)를 취하지 않았다는 데 있다. 대통령이 '그 시간'에 헤어디자이너를 불러다 올림머리를 했는지 내림머리를 했는지는 알 길이 없다. 문제의 본질은 대통령이 그 시간에 있어야 할 곳에 있지 않았고, 해야 할 일(응답)을 하지 않았다는 데 있다. 루스벨트 대통령은 면도하면서도 기자들과 인터뷰했다 하지 않은가.

결국, 세월호가 침몰하던 그 시각에 대통령은 없었다. 대통령은 있었지만 허깨비였다. 침몰하는 배 안에서 죽음의 위험에 처한 국민 304명의 절망적인 구조 요청에 응답한 대통령은 없었던 것이다. 대통령에게 '길들여져 있는' 국민들에게 응답하고 책임지는 '자아개념self-concept'을 가진 대통령은 존재하지 않았던 것이다. 대통령은 수장된 아이들을 두고서 애간장을 태우며 발을 동동 구르던 유족들, 시신이라도 찾겠다며 청와대를 찾아온 유족들에게도 제대로 응답하지 않았다. 같은 논리가 세월호 참사에 직간접적으로 책임이 있는 모든 사람에게 적용됨은 물론이다.

사적이건 공적이건 책임은 상대의 기대와 요구에 응답하는 것이다. 정치인이나 공직자의 인성, '됨됨이'는 국민의 요구에 잘 응답하느냐의 여부로 드러난다. 국민의 요구는 곧 법을 기반으로 하는 '법치주의에 의한 국가운영'이다. 역대 대통령들의 취임식 때 빼놓지 않고 등장하는 단골 메뉴다. 법치주의는 법에 의한 지배, 즉 헌법과 법률의 틀 안에서 국민의 요청에 응답하는 것이다. '세월호 대통령'도 법과 원칙을 강조했다. 탄핵 절차가 진행되었을 때는 "법과 원칙에 따라 특검과 재판에 성실히 임하겠다."고 국민 앞에 약속했지만 말뿐이었다.

헌재의 결정문을 보면 법치주의에 기반한 국민과의 약속을 지키지 않은 무책임이 대통령 파면의 결정적 요인임이 명확히 드러난다. 대통령이 한 사인私人의 "이익을 위해 대통령의 지위와 권한을 남용한 것으로서 공정한 직무 수행이라고 할 수 없으며, 헌법, 국가공무원법, 공직자윤리법 등을 위배했다."고 결론 내렸다. 대통령의 직책에서 수행해야 할 책임들은 「헌법」 69조에 명확히 규정되어 있다. 따라서 대통령이 맹세할 수 있는 것은 '성실히'란 말뿐이다. '성

실'은 책임의 또 다른 표현인 것이다. 헌법재판소는 '성실'이란 개념
은 상대적이고 추상적이어서 그 위반으로 탄핵하는 것은 어렵다고
했다. 그럼에도 불구하고 탄핵 결정문에는 '성실'이란 단어가 무려
46회나 반복적으로 강조되고 있다. 책임을 성실히 수행한다는 것은
사회 각계각층의 '택시운전사'들의 삶이자 성공의 척도가 되는 것
이다.

천직이 투지를 불사른다

  다시 영화 〈택시운전사〉로 돌아가 보자. 손님을 광주에 내려놓은
택시운전사 만섭은 군인들의 시위 진압으로 인한 신변의 위협을 느
끼자 홀로 광주를 탈출하는 데 성공한다. 그러나 그것도 잠시. 얼마
지나지 않아 다시 차를 돌려 광주로 향한다. 목숨을 담보로 한 모험
을 감행한다. 만섭이 심경의 변화를 일으킨 이유는 무엇일까? 무엇
이 만섭의 투지를 불사르게 만든 것일까?

  펜실베이니아대학교 심리학과 앤절러 더크워스Duckworth[2]에 따르
면 택시운전사 만섭의 투지는 『그릿Grit』으로 설명할 수 있다. 그릿
은 열정이 있는 끈기, 즉 실패에 좌절하지 않고 자신이 성취하고자
하는 목표를 향해 꾸준히 정진할 수 있는 능력을 뜻한다. 더크워스
는 그릿을 배가시키는 원천으로 두 가지를 제시한다. 하나는 '흥미',
다른 하나는 '목적'이다. 투지가 강한 사람들의 성숙한 열정은 이 두
가지에 의해 결정된다. 더크워스는 두 가지 모두 진화와 뿌리 깊은

관계가 있다고 말한다. 인간이 흥미 혹은 쾌락을 추구하는 이유는 그것이 대체로 우리의 생존 가능성을 높여 주기 때문이다. 인류 조상들에게 음식이나 성에 대한 욕망이 없었다면 생존과 번식이 불가능했을 것이다. 다른 한편으로 인간은 의미와 목적을 추구하도록 진화했다. 인간은 근본적으로 사회적 존재기에 타인과 관계를 맺고 상호 도움을 주려는 욕구가 생존율을 높여 주기 때문이다. 더크워스는 잘 알려진 벽돌공에 관한 우화를 예로 든다.

> 세 벽돌공에게 물었다. "지금 무엇을 하고 있습니까?"
> 첫 번째 벽돌공이 대답했다. "벽돌을 쌓고 있습니다."
> 두 번째 벽돌공이 대답했다. "교회를 짓고 있습니다."
> 마지막으로 세 번째 벽돌공이 이렇게 대답했다.
> "하느님의 성전을 짓고 있습니다."

더크워스는 말한다. 첫 번째 벽돌공은 생업job을 갖고 있다. 두 번째 벽돌공은 직업career을, 그리고 세 번째 벽돌공은 천직calling을 갖고 있다. 세 명의 벽돌공 중에 누가 자신의 일에 책임을 다하고 투지를 불사르는 사람일까? 답은 분명하다. 그렇다면 자신의 일을 천직으로 보느냐 아니냐의 기준은 무엇일까? 더크워스 교수는 이타성을 강조한다. 벽돌 하나를 놓더라도 먹고 살기 위해 어쩔 수 없이 해야하는 일(생업)이나 개인적 성공을 위해 필요한 일(직업)로 보는 사람보다 더 큰 목적과 연관된 일(천직)로 여기는 사람이 책임 수행의 투지가 강하다는 의미다.

택시운전사 만섭이 손님을 태우고 광주로 갈 때만 해도 그에게 택시운전은 먹고살기 위한 생업일 뿐이었다. 그러나 어느 순간 자신과 딸을 넘어 타인을 보게 되면서 택시 일의 목적을 찾게 되었다. 생업 의식에서 천직 의식으로 바뀐 것이다.

같은 일을 해도 스스로 자기 일을 바라보는 주관적 경험은 천지차이다. 자신의 일을 천직으로 여기는 사람들은 '내가 하는 일이 이 세상을 더 나은 곳으로 만든다.'는 확신이 투철하다. 당연히 삶에 대한 만족도가 높고 그릿 또한 강하다. 더크워스 교수는 "많은 사람들이 천직만 찾으면 된다고 한다. 천직이라는 마법 같은 실체가 존재하고 이를 찾으면 된다고 생각하기 때문에 불안을 느낀다."[3]고 말한다. 하지만 천직은 보물찾기가 아니다. 자신의 일이 타인이나 사회전체와 어떤 연관과 의미가 있는지를 끊임없이 자문해야만 발견할수 있다고 말한다.

택시운전사가 자신의 일에 대한 의미를 새롭게 인식한 것처럼, "벽돌을 쌓고 있다."고 대답했던 벽돌공이 언젠가는 "신의 성전을 짓고 있다."고 인식하는 벽돌공으로 바뀔 수 있다. 생업인 일과 직업이나 천직인 일이 따로 있는 것은 아니라는 의미다. 그보다는 자신의 일을 어떻게 보는지와 같은 본인의 믿음이 좌우하는 것이다. 결국, 자기 일을 바라보는 관점과 태도가 직장의 직위나 사회적 지위보다 중요한 것이다. 일자리를 바꾸지 않더라도 생업에서 직업으로, 나아가 천직이 될 수 있다는 것이다.

공직자의 도둑정치

자신의 일을 천직으로 인식할 때 진정한 성공을 이룰 수 있다는 믿음은 어제 오늘의 얘기는 아니다. 산업혁명이 심화되던 19세기에 영국의 사회사상가 존 러스킨Ruskin은 당시의 주류경제학을 비판하면서 진정한 부란 무엇인지를 설파하였다.

> "가장 부유한 이는 그의 안에 내재된 생명의 힘을 다하여 그가 소유한 내적, 외적 재산을 골고루 활용해서 이웃들의 생명에 유익한 영향을 최대한 널리 미치는 사람이다."[4]

개인이 맡고 있는 직분이 무엇이든지 간에 그 직분에서 최선을 다해 세상을 더 나은 곳으로 만드는 것이 천직이며, 그런 사람이 진정한 부자라는 것이다.

러스킨은 사회의 여러 직업과 관련된 직분의 개념을 제대로 정의하는 것이 우선돼야 한다고 말한다. 군인과 목회자, 법률가, 의사, 상인, 공직자 등은 제각기 중요한 직분을 내포하고 있다. 이들은 각자가 맡은 자리를 목숨을 걸고 지켜야 한다는 것이다. 선장의 직분이 승객들의 안전을 책임지는 것이라면 선장이 어디에 있을지는 물어볼 필요도 없다. 국가 재난 시 대통령이 어디에 있어야 할지 모른다면 그는 허깨비에 불과할 뿐이다. 정치인이나 공직자 모두 마찬가지다. 사회가 부패하고 혼란한 근본적인 이유는 여기에 있다.

라인홀드 니버Niebuhr[5]는 현대의 정치인이나 기업인은 차라리 중세의 지주나 장인보다도 책임의식이 희박하다고 질타한다. 성실하지 못한 직분 수행은 물론 때로는 '아무것도 하지 않는'다. 복지부동이다. 어느 조직에서나 문제지만, 특히 공적 의무를 위임받은 공직자가 마땅히 해야 할 일을 미루거나 게을리할 때 심각해진다. 한 예로, 정부 산하기관이 '중소기업으로부터 물품을 산 뒤 석 달이나 지나서야 대금을 지급'했다. 어느 지자체에서 산지전용허가 업무를 담당한 공무원은 업무가 익숙하지 않다는 이유로 연장허가 신청 30건을 5개월이나 지연시켰다. 법정처리기한은 5일 이내였지만 '모르쇠'로 일관했다. 정권이 바뀔 때마다 일자리 창출과 경제 활성화를 위해 규제 개혁을 추진한다고 말하지만 일선 행정공무원들의 '일 안 하기 행태'는 별로 바뀌지 않고 있다는 비판이 끊이지 않는다.

일을 안 하는 것도 문제지만 책임감 없는 일하기도 문제다. 우리 사회 곳곳에는 자신에게 '길들여진' 사람들에 대한 믿음을 배반하는 인성의 소유자들이 즐비하다. 보이스피싱 같은 사기꾼이나 조직폭력배처럼 남을 등쳐 먹는 족속은 직업 자체가 죄 짓고 사는 부류이니 더 이상 기대할 것도 없다고 치자. 더 큰 문제는 공공의 신뢰로 먹고 살거나 공직에 있으면서 바로 그 자리를 이용해 자기 배私益를 채우는 사람들이다. '국민이 권한을 맡겼더니 인허가를 내주는 조건으로 뒷돈을 받아 챙기는 비리 공무원이 대표적'이다. 의료기관 종사자들이 가짜 환자와 짜고 치는 수법으로 건강보험료를 챙기는 행위도 마찬가지다.

공직자의 이런 행위가 바로 '도둑정치Kleptocracy'의 전형이다. 『총, 균, 쇠』의 저자인 재레드 다이아몬드Diamond[6] 교수에 따르면, 도둑정치는 과거에 중앙집권적으로 통치되던 모든 비평등사회에서 평민들로부터 빼앗은 것들로 상류층을 살찌우는 행태에서 비롯되었다. 이를테면 날강도에 가까운 폭군과 대중에게 은혜를 베푸는 성군의 차이는 생산자들로부터 거둬들인 공물 중에서 얼마만큼을 공공용도에 사용하여 평민들에게 재분배하는가에 달려 있다는 것이다. 예를 들어, 조지 워싱턴을 좋은 정치가로 생각하는 것은 그가 국민들로부터 거둬들인 세금을 누구나 칭찬하는 좋은 사업에 썼고 대통령 재직 시 자신의 재산을 불리지 않았기 때문이다.

반면에 예나 지금이나 국민이 믿고 맡긴 세금을 사익을 도모하는 데 사용한 무책임한 정치인들이 바로 도둑정치가다. 하긴 따지고 보면 날강도에 가까운 폭군과 대중에게 은혜를 베푸는 성군의 차이는 정도의 차이일 뿐이다. "생산자들로부터 거둬들인 공물 중에서 얼마만큼의 비율을 엘리트 계급이 가져가는지, 그리고 그 공물 중에서 얼마만큼이 공공용도에 사용되어 시민들에게 재분배되는지만이 관건"[7]이기 때문이다. 더 가관인 것은 "새로운 도둑정치가가 나타나서 앞으로는 도둑질한 열매에서 더 많은 비율을 대중을 위해 쓰겠다고 약속함으로써 대중에게 지지를 호소"[8]하는 것이다.

물론 옛날 미국 하와이 추장 사회의 일이지만, 21세기의 도둑정치 역시 이런 방식으로 계속 진화되고 있다. 이런 도둑정치의 특징은 공과 사를 구분하지 않는 봉건시대적인 '무책임'의 형태다. 다이아몬드 교수는, 그럼에도 불구하고 "시민들은 어째서 자신들이 수고하여 얻은 노동의 열매를 도둑정치가들에게 빼앗기면서도 그냥 참고 있을까?"[9]란 질문을 제기한다. 과거 우리나라의 도둑정치에 대한 시민들의 태도를 꼬집는 비판일 수도 있다. 단지 이 질문에 예외가 있다면 국정농단사태가 아닐까한다. 국민이 위임한 공적인 권력을 개인의 이익을 위해 사용한 '권력의 사유화'에 대해 국민이 더 이상 참고 넘어가지 않은 사건이기 때문이다.

사르트르의 앙가주망과 직업業

  벽돌공의 사례에서 보듯, '책임감'이란 인성은 자신이 하는 일에 대한 가치 평가에서 형성된다. 일의 목적과 의미를 어디에 두느냐에 좌우된다. 우리 모두는 사회 속에서 자신이 맡은 역할을 수행하며 살아간다. 흔히 직업職業이라고 할 때 직職은 각자가 맡은 역할職分이며, 그 역할을 하는 '행위'가 업業이다. 인간은 자신에게 주어진 특정한 역할職에서 요구되는 일 혹은 행위業를 통해 물질적 재화를 획득하는 것은 물론 자신을 실현하고 완성하는 것이다. 이것이 직업이다. 당연한 이치로, 직업을 '잘 수행하는 것'은 '책임을 진다는 것'이다. 좋은 정치인이란 정치란 직분에 맞는 행위를 하고 그 행위에 책임을 지는 사람이다. 책임 있는 직업을 수행함으로써 인간은 사회적 존재로서의 자기 정체성을 정립해 나가는 것이다. 이럴 때 '직업인'이 된다.

  여기서 핵심은 '업'에 있다. 일을 하는 것, 직분에 맡는 행위를 하는 것에 어떠한 의미와 가치를 부여하느냐에 따라 책임의식은 큰 차이가 난다. 불교에서는 '업業'을 전생이나 현생의 인연을 뜻하는 것이기에 함부로 대해서는 안 된다. 더 나아가 서양의 프로테스탄트

231

07. 책임, 내 삶의 주인 되기

윤리에서는 '업業'을 '신이 나를 불러 이 일을 맡겼다.'는 소명의식과 연계시킨다. 무슨 일을 하든 내가 지금 하는 일은 신이 맡긴 것이며 이 일에 최선을 다해 좋은 결과를 맺을 때 신이 나를 축복하고 구원한다는 믿음[10]인 것이다. 따라서 사후의 구원과 연계되는 신성한 행위이기에 책임을 다할 수밖에 없는 것이다.

서양 자본주의를 발전시킨 핵심 동인은 바로 프로테스탄트의 이런 직업에 대한 소명의식이었다. 미국 하버드대학교 니얼 퍼거슨 Ferguson교수는 저서 『시빌라이제이션』에서 15세기에 가난하고 분열되었던 서양이 동양을 추월하여 500년 동안 세계를 지배할 수 있었던 여섯 가지 요인 중 핵심이 프로테스탄트 직업윤리라고 밝힌다.[11] 아울러 현재의 서양 문명이 위기를 맞게 된 근본적인 원인 역시 물질주의에 찌들어 각자의 업業에 대한 책임의식이 실종되었기 때문으로 진단한다. 한 사회의 흥망성쇠를 결정짓는 잣대는 업에 대한 책임의식이라는 것이다. 퍼거슨 교수의 진단은 독일의 사회학자 막스 베버Weber가 서양 자본주의 발달의 원인을 분석한 것과 같은 맥락이다. 베버는 1905년 이제는 고전이 된 그의 명저 『프로테스탄트 윤리와 자본주의 발달』에서 기원전 진시황 때부터 이미 상거래가 활발했던 중국보다 서양이 먼저 자본주의가 발달하게 된 동인은 '소명의식'에 기초한 프로테스탄트의 직업의식이라고 결론을 내렸다.[12]

종교적인 의미를 떠나 업의 의미를 확장시켜 본다면 업은 곧 인간의 본질 그 자체이다. 프랑스 실존주의 철학자 사르트르Sartre는 『존재와 무』에서 개인이 하는 일의 모습은 그 사람의 본질을 나타낸다고 말한다.[13] 한 개인을 평가할 때 겉으로 드러난 행위(현상)와 드러나지 않은 숨은 실재(본질)를 구분하는 전통 서양 형이상학의 이원론을 거부하는 것이다. 책임 있는 직무 수행을 하는 사람이라면 그 모습이 곧 그 사람의 본질인 것이다. 사르트르에게 특정한 직무를 수행한다는 의미는 '앙가주망engagement'하는 것이다. 영어든 불어든 'gage'는 담보, 저당抵當의 의미를 지닌다. 담보를 잡히는 행위를 뜻하는 영어동사가 '인게이지engage'다. 이 동사의 명사형이 '인게이지먼트engagement'이며 불어로 '앙가주망'으로 읽는다.

영어나 불어에서의 이 단어의 쓰임새는 다양하다. 그러나 어원에서 보듯 앙가주망의 본래의 뜻은 저당을 잡고 '약속'하여 '구속'하는 것이다. 직업職業의 관점에서는 고용의 계약(약속)이란 담보로 사람을 고용하여 특정한 일에 참여하여 실행하도록 하는 것이다. 따라서 직업에서는 어떤 일이든 참여하면 책임이란 의무가 따르게 마련이다. 한 예로, 공직자는 「국가공무원법」이나 「공직자윤리법」을 담보로 고용되었기에 공정한 직무 수행을 할 책임과 의무를 지닌다. 이런 책임을 다할 때 공직자는 자신이 맡은 역할職의 의미를 부여하고 그 역할을 전인격적인 태도로 대하게 된다. 이 경우 '직'과 '업'이 분리되지 않는 직업인이 되는 것이다. 반대로 공직자가 사적 이익을 위해 공직의 지위와 권한을 남용한다면 그는 자신의 역할職을 기능적으로만 대하는 것이며, 직업인이 아니라 그냥 직장인으로 사는 것이다. 당연히 직장인이 아닌 직업인으로 사는 구성원들이 많을 때 그 조직이나 사회는 건강하고 행복해진다.

사르트르는, 특히 지식인의 사회 참여와 실천을 강조하면서 앙가주망이란 말을 사용하였다. 사르트르에게 인간이란 아무런 이유 없이 세상에 내던져진, 본질이 없는 존재다. 따라서 자유를 바탕으로 스스로 선택하고 행동하며 책임을 짐으로써 자신의 본질을 만들어가야 한다. 자유와 그 자유에 대한 책임을 진다는 건 인간의 실존적 행위다. 따라서 사물과 달리 인간에게는 '실존이 본질에 앞선다.' 그러나 인간 실존의 자유는 전쟁과 같은 집단적 폭력이나 억압적인 사회제도가 존재하는 한 보장될 수가 없다. 따라서 사르트르는 누구보다 지식인은 사회 속으로 뛰어들어가 인간의 자유를 억누르는 모든 세력에 맞서 싸워야 한다고 주장하고, 그 실천적 행위로서 앙가주망을 강조했던 것이다.

기업의 인성과 천직 의식

천직 의식은 기업의 성패와도 직결된다. 기업에서의 직무 수행이나 기업경영의 건강성은 구성원들의 업業에 대한 가치 평가에 크게 좌우되기 때문이다. 기업 구성원들이 단지 샐러리맨으로서의 '직장인'으로 사느냐, 아니면 실존적 행위로서의 '직업인'으로 사느냐에 따라 책임감은 달라진다. 직장에서 나는 무엇을 하는 사람인가에 대한 자아개념에 따라, 그리고 지금 하고 있는 일을 어떻게 인식하고 가치를 부여하느냐에 따라 목적의식과 책임감이 달라진다는 것이다. 칼 마르크스Marx가 『경제학 · 철학 초고』에서 한 말을 인용하면 "인간은 스스로 창조한 세계 속에서 자기를 직관"하는 것이다. [14] 자신이 맡은 일의 궁극적인 의미를 창조함으로써 사회적 존재로 자신을 확장하는 것이다. 보험설계사가 나는 '곤경에 빠진 고객을 돕는 일'을 한다고 가치를 부여할 때, 그는 단순한 영업사원의 개별성을 초월하게 되는 것이다.

자신의 '업'에 대한 구성원의 자기개념은 모든 기업의 기본적 속성이자 철학이며 존재 이유가 된다. 자신이 하는 일의 가치를 어떻게 바꾸느냐에 따라 놀라운 변화가 전사적으로 일어날 수 있다. 반면에 임직원들이 업의 본질을 제대로 인식하지 못할 경우, 그 기업은 몰락의 길을 걷게 된다. 기업 구성원들이 업의 개념을 어떻게 정의하고 전략을 수립 및 시행하느냐가 기업의 성패를 좌우하는 것이다. 예를 들어, 시계 사업을 한다 치자. 업의 개념은 세 가지로 달라질 수 있다.

1) 단순한 시간에 초점을 맞춘다.(정밀기계산업)
2) 시간을 더 정확하게, 값은 '더 싸게', 착용은 '더 편하게'에 중점을 둔다.(전자산업)
3) 시계를 착용자의 사회적 위신이나 자부심, 패션 아이콘으로 본다.(패션사업)

똑같은 시계 업체에 근무한다 해도 '업'을 어떻게 규정하느냐에 따라 임직원들의 일의 목적과 의미, 책임의식이 달라지게 될 것이다. 최근 들어 해외의 많은 글로벌 기업들이 잡 크래프팅job crafting을 통해 일의 의미를 재정의하는 작업을 하는 이유도 여기에 있다.

한 예로 맥도날드 회사는 직원들을 다음과 같이 교육시킨다. "우리는 햄버거를 파는 게 아닙니다. 우리는 쇼 비즈니스를 합니다."

세계적인 컨설팅 기업인 맥킨지는 "우리는 컨설팅 회사가 아닙니다. 우리는 기업과 정부의 성공을 돕는 일을 합니다." 구글은 "세상의 모든 정보를 모아 온 인류가 접근할 수 있고 사용할 수 있도록 만드는 일"을 하는 사람으로 업의 의미를 새롭게 정의하고 있다. 이들 기업들은 사명mission을 통해 업의 본질을 명확히 함으로써 직원들이 회사의 존재 이유를 인식하고 자부심을 갖게 하며 나아가 자신들이 어떤 역할을 하고 있는지를 명확히 인식시켜 주고 있다.

우리나라 기업들도 예외는 아니다. L그룹은 창사 이래 처음으로 그룹미션을 제정하고 "사랑과 신뢰를 받는 제품과 서비스를 제공하여 인류의 풍요로운 삶에 기여한다."는 내용의 미션을 선포하였다. 2000년 외환위기 직후 적자의 늪에 빠져 있던 K생명은 보험 설계사들을 모두 불러 놓고 '가치 선포식'을 가졌다. "우리는 하찮은 일을 하는 게 아닙니다. 우리의 사명은 곤경에 빠진 고객들이 좌절하지 않도록 하는 것입니다." 온갖 수모를 겪으며 일을 하던 주부 설계사들이 일의 의미와 자부심을 갖게 된 것은 당연하다. 고객 앞에서 당당한 열혈 직원들로 거듭난 이들은 K생명을 업계 1위로 올려놓았다. '업'의 정신이 책임의식을 높이고 자신이 맡은 역할을 전 인격적인 태도로 대하게 만든 것이다.

금융 위기를 부른 탐욕

로마시대의 정치가이자 철학자인 마르쿠스 키케로Cicero는 "모든 악한 것은 여자로부터 나온다Omnia mala ex mulieribus."고 했다. 요즘 같으면 자칫 곤욕을 치를 수도 있는 말이지만 로마가 공화정에서 제정으로 넘어오던 기원전·후의 로마 역사를 보면 수긍이 안 가는 것도 아니다. 그러나 지난 2008년 미국발 금융위기와 연이어 터진 유로존 금융위기 이후에는, "모든 악한 것은 금융으로부터 나온다."는 비난이 쏟아졌다. 그리고 글로벌 금융위기의 여파는 아직도 가시지 않고 세계경제를 짓누르고 있다.

금융이 무엇인가? 보험사든 은행이든 금융회사는 돈놀이가 본업이다. 사람에게 필요한 것을 만들어 돈을 버는 대신 돈을 이리저리 돌려 이익을 챙기는 것이다. 그렇다고 꼭 삐딱하게 볼 수만은 없다. 금융은 사람 몸의 동맥과 같아 개인이나 국가나 돈줄이 막히면 맥없이 쓰러지기 때문이다. 실제로, 보험이나 모기지(장기주택자금대출), 적금이나 종합자산관리계좌CMA, 그리고 연금 등을 통해 금융은 사회적 어려움을 개선하는 데 크게 기여해 온 것이 사실이다. 금융위기의 주범인 월가를 점령한다 해도 금융자본주의 자체는 붕괴되지 않는 이유가 여기에 있다.

그러나 금융에는 고치기 힘든 아킬레스건이 있다. 금융의 약점은 바로 책임지는 걸 기피하는 이기적인 '사람의 본성'이다. 따라서 금융은 어느 직업보다도 탐욕의 덫에 빠지기 쉬운 특성이 있다. 한 사회가 인간의 얼굴을 한 사회로 발전할 수 있느냐의 여부는 금융인들이 노예적 인성에 함몰되어 책임을 회피하느냐 아니면 금융을 통제하는 책임 있는 전문가로서의 인성을 발휘하느냐에 달려 있다 해도 과언이 아니다. 여전히 계속되는 글로벌 금융위기나 크고 작은 금융기관들의 무책임한 경영의 실태는 이를 극명하게 입증하고 있다.

지난 2002년 발생한 '미국 기업 신뢰의 위기'는 지금 생각해 보니 글로벌 금융재앙의 전조前兆였던 셈이다. 미국기업들의 연쇄 도산은 1929년 뉴욕 주식시장의 주가 대폭락 사태와 1930년대의 대공황 이후 미국 월스트리트 사상 최악의 신뢰성 위기로 기록될 만한 금융 쓰나미였다. 엔론을 필두로 월드컴, 아서앤더슨, 제록스, 타이코, 시티은행, JP모건, 테닛헬스케어 등 거대 기업들이 줄줄이 무너졌다. 원인은 무엇인가?

마이너스 리더십이 먼저다

오래된 라틴어 경구에 'Primum non nocere'란 말이 있다. 직역하면 '무엇보다 우선적인 것은 해를 가하지 않는 것'이란 말이다. 다시 말해 '좋은 것을 하기보다는 나쁜 것을 하지 않는 것이 우선'이라는 것이다. 의학의 아버지라 불리는 고대 그리스의 히포크라테스가 환자를 치료하는 좌우명으로 삼았다는 말인데, 건강을 지키기 위해서는 좋은 것을 먹는 것보다 몸에 치명적인 나쁜 것을 피하는 것이 더 중요하다는 뜻이다. 이 원칙은 비단 사람의 몸에만 해당하는 경구는 아니다. 같은 맥락에서 경영학의 구루라 불리는 피터 드러커는 "가능한 일부터 시작하지 말고 옳은 일부터 시작하라."고 강조한다. 과거나 지금이나 비윤리적 경영으로 몰락의 길을 걷는 기업의 공통점은 히포크라테스의 치료원칙이나 피터 드러커의 경영원칙을 지키지 않았다는 점이다. 경영자들이 할 일과 해서는 안 될 일을 가릴 줄 아는 인성을 갖추지 못했기 때문이다. 플러스(+) 일을 하기 전에 해선 안 될 일은 안 하는 '마이너스 리더십'의 인성이 실종됐다는 데 있다.

대표적인 사례가 세계적인 에너지 기업이었던 엔론Enron이다. 엔론 경영진은 끊임없는 허위거래 및 부외거래 활동을 일삼다 결국 파산했다. 회사 임직원은 물론 회계법인, 은행 관계자들이 깊숙이 관여해 짜고 치는 고스톱 판을 벌였던 것이다. 엔론의 몰락에 이어, 70억 달러 이상의 분식회계로 410억 달러의 부채를 짊어지고 파산한 월드컴 및 그 뒤를 이은 기업들의 연쇄 도산으로 총 900억 달러의 시가총액 손실이 발생했고 엔론에서 2만 1000명, 월드컴에서 3만여 명이 일자리를 잃고 길거리에 나앉았다. 더욱 치명적인 것은, 기업을 믿고 연금을 투자했던 수백만 명 미국인들의 노후계획이 좌절되었다는 점이다.

미국 거대 기업들의 회계부정 및 그에 따른 연쇄 도산이 이어지자 미국 의회는 미국 역사상 가장 강력한 회계부정 방지 법안으로 평가받는 「사베인-옥슬리 법Sarbanes Oxley Act」을 제정(2002년 8월)하였다. 기업들의 투명한 재무회계 및 보고 의무와 감사 업무의 독립성 강화를 통해 투자자를 보호하겠다는 취지에서였다. 하지만 그로부터 6년이 지난 2008년 9월, 전 세계 경제에 치명타를 입힌 글로벌 금융위기가 터졌다. 미국 투자은행 리먼브러더스의 파산으로 촉발된 금융위기는 미국은 물론 아시아 유럽 등 세계 곳곳을 초토화시켰다. 올 1분기 중 전 세계 교역량이 27.3%나 감소할 정도로 실물경제가 위축되고 각국은 실업 사태에 직면했다.

금융위기는 불쌍한 사람부터 먼저 죽이는 특성을 갖고 있다. 조지 프 슘페터가 분석한 대로 경제 불황은 기업 간 경쟁에서 비롯된 것이지만, 그 피해는 아무 관련 없는 근로자, 서민들이 더 크게 입게 된다. 파산으로 일자리와 연금을 잃은 근로자, 저축을 날린 주식 투자자들, 환혜지용 통화옵션 상품인 키코KIKO로 막대한 환 손실을 본 중소기업인들, 하루 벌어 하루 먹고사는 영세 소상인들에게는 죽음 보다 더한 고통을 안겨 주는 것이다.

금융위기에 대한 진단은 다양하다. 미국이 주도한 신자유주의 세계화가 애초부터 문제였다는 거시적 원인 분석에서부터 금융시장에 대한 정부의 감독이 부실했기 때문이라는 비판에 이르기까지 다양하다. 그러나 국가마다 금융위기의 양상이 다른 걸 보면 결국은 금융인들의 '빗나간 탐욕'적 인성이 문제였다. 금융은 본질이 돈놀이다 보니 인간에게 필요한 것을 만들어 돈을 버는 대신 돈을 이리저리 굴려 수익을 내는 것이다. 은행에서는 부동산 대출을 경쟁적으로 늘리고, 인사고과에 반영하면서까지 펀드 판매에 사활을 건다. 경제의 문외한이 보더라도 판매자에게 유리하게 설계된 파생상품을 마치 선심 쓰듯 판매한다. 제로섬 게임과 같은 구조라 주가등락에 관계없이 투자자 절반은 이득을 얻지만 나머지 절반은 손해를 볼 수밖에 없다.

본래 금융공학의 탄생은 미국 항공우주국NASA에서 일했던 소위 머리 좋은 물리학자들이 주도했다. 그들이 월가로 와 경영학 공부를 한 뒤 자신들의 단기손익에 초점을 맞춘 다양한 파생상품을 개발한 것이다. 금융기관의 돈놀이 상품들은 태생적으로 도덕적이지 못했다는 말이다.

'금융강도원'의 무책임

어른들도 꽤나 좋아하는 어린이 영화 중 〈후크 선장〉이란 영화가 있다. 내용은 대충 이렇다. 고아로 자랐던 주인공 피터 팬은 성공한 변호사가 된다. 어렸을 때 피터 팬을 길러 주었던 할머니가 출세하여 단란한 가정을 꾸린 피터 팬의 집을 찾아와 그의 아들에게 아빠의 직업을 묻는다. 아빠는 기업 변호사로서 온갖 법적 수단을 교묘하게 이용해 경쟁기업의 허점을 들춰내고 그 기업을 인수 · 합병하는 일을 한다고 아들은 자랑스럽게 대답한다. 그러자 할머니의 안색이 변한다. 피터 팬을 슬픈 표정으로 올려다보던 할머니가 그에게 탄식조로 중얼거린다.

> "얘야, 네가 해적이 되었구나……!"

할머니가 탄식한 '해적'의 인성을 갖춘 경영자, 공직자들이 예나 지금이나 문제다. 미국의 옛날 서부영화를 보면 허술한 소도시 은행들은 툭하면 강도한테 털렸다. 그런데 요즘 칠칠치 못한 은행들은 내부 강도한테 털리기도 한다. 몇 해 전 파산의 길로 들어섰던 부산저축은행그룹을 비롯한 저축은행들이 바로 그랬다. 회장을 비롯한 경영진은 금융업체라 할 수 없을 만큼 '막가파식 투자'를 했고 회삿돈 횡령, 수천 억 원에 달하는 대주주 불법대출, 천문학적 분식회계 등을 통해 저지른 불법 규모가 무려 7조 원을 넘는다. 중산층과 서민이 맡긴 돈을 자신들의 쌈짓돈인 양 마구 쓰고 회사를 부실덩어리로 전락시킨 사람들이 거액의 비자금을 조성하고 대외 로비에 돈을 뿌렸다. [15] 이건 경영을 빙자한 초대형 금융사기이며 강도 행위다.

그런데 이런 초대형 금융사기 행각을 벌일 수 있었던 데에는 이유가 있다. 이들을 감독해야 할 기관이 한통속이었기 때문이다. 시장 감독과 금융회사의 건전성 감독을 책임진 금융감독원과 예금보험공사, 그리고 감사원마저 부패에 연루돼 있었다는 사실이다. 경영 감사 혹은 회계감사의 목적은 "감사audit를 통하여 기업의 재정 상태와 경영실적을 판정하고 당해 기업의 이해관계자에게 이를 제공"하는 데 있다. 예금주를 포함한 이해관계자는 경제적 의사결정을 합리적으로 하기 위해 회계정보나 감사결과에 의존할 수밖에 없다. 감사인의 윤리적 및 법적 책임이 막중한 이유다.

그러나 감독기관들은 불법과 비리를 감시하기는커녕 오히려 저축은행의 대주주 및 계열 은행장과 한통속이 돼 천문학적 규모의 불법대출과 분식회계를 주도하였다. 금융감독원 전·현직 직원들의 비리는 가히 충격적이다. 그 당시 부산저축은행그룹의 7조 원대 경제범죄 가운데 3분의 1이 금감원 출신 감사의 손을 거쳐 이뤄졌다고 한다. 고양이에게 생선가게를 맡긴 꼴이다. 게다가 금감원 직원은 물론 부원장보에 이어 당시 금감원 원장마저 비리에 얽혀 있었음이 드러났다. 금융감독원이 아니라 '금융강도원'이란 비판이 쏟아졌던 이유다. 예금보험공사도 금융감독원과 발맞춰 저축은행의 비리를 눈감아 주었다. 감시 감독의 마지막 보루인 감사원마저 검은 비리의 커넥션에 맥없이 말려들었던 것이다. 국가 최고 감사기구로 행정감사와 공직자 감찰을 주 임무로 하는 감사원 감사위원이 억대 뇌물을 받고 감사 과정에 영향력을 행사했으니 정말 '갈 데까지 간 것'이다.

담합 공화국의 '죄와 벌'

도스토예프스키는 자세히 몰라도 『죄와 벌』은 한 번쯤 읽어 본 사람들이 많을 것이다. 소설이 주는 메시지를 알지도 못하던 어린 시절, 필자는 주인공 라스콜리니코프가 고뇌했던 것만큼이나 괴롭게 『죄와 벌』을 읽어 치웠던 기억이 있다. 구 소련이 개방된 지 몇 해가 흐른 겨울 어느 날, 러시아의 상트페테르부르크를 들러 『죄와 벌』의 실제 배경이었던 골목길을 찾은 적이 있었다. 상상했던 소설 속 장면들이 허망하게 사라지면 어쩌나 내심 걱정했지만 다행히도 그곳은 시간이 정지되어 있는 듯했다. 어두컴컴하고 음산한 전당포, 라스콜리니코프의 가난한 꼭대기 다락방, 그리고 작중의 하급관리 마르멜라도프의 말대로 "아무 데도 갈 데가 없는" 사람들로 가난한 골목길은 여전히 붐비고 있었다.

뜬금없이 『죄와 벌』이 머리에 떠오른 것은 끊임없이 문제가 되고 있는 기업들의 페어플레이 정신의 실종 때문이다. 자본주의 경쟁

시장에서 치졸한 반칙을 일삼는 기업들의 횡포를 보면, 불현듯 19세기 러시아판 고리대금업자 '전당포 노파'를 살해한 라스콜리니코프의 고뇌가 타임머신을 타고 전달되는 듯한 느낌을 받는다. 기업 경영에서 반칙같이 보이지 않는 반칙이 바로 담합이다. 흔히 담합 collusion은 '같은 종류의 업체들이 서로 짜고 물건 값이나 생산량 등을 조정해 다른 경쟁 업체를 따돌리거나 부당한 이익을 챙기는 것'으로 정의된다. '짜고 치는 고스톱'으로 서민들의 호주머니를 털어 잇속을 차리는 부도덕한 행위라는 얘기다.

과거의 일이지만, 대표적인 사례가 4대강 사업 담합이다. 사업에 참여한 19개 건설사가 입찰담합을 한 사실이 드러나 8개 사에 사상 최대인 1,115억 원 이상의 과징금이 부과됐다. 벌금이 1천억 원이 넘는다면 도대체 얼마의 이익을 남겼다는 말인가? 담합Cartel 중에서 잘 드러나지 않으면서 고약한 게 은행 금리 담합이다. 일반 서민들의 호주머니를 가장 쉽게 터는 방법이기 때문이다. 몇 해 전에 있었던 은행권의 양도성예금증서CD 금리 담합과 대출서류 조작, 전결금리를 이용한 바가지 대출금리 등의 스캔들이 한 예다.

담합은 비단 은행권에만 해당되는 것은 아니다. 할 수 있는 건 다 한다. 중국집과 부동산중개업소에서부터 '라면 담합' '소주 담합' '4대강 담합' 등 주요 산업에 이르기까지 고질적인 담합문화가 우리 사회에 만연되어 있다. 오죽했으면 '담합 공화국'이란 말이 나오겠는가? 우리나라의 담합 적발 건수는 경제규모에 비해 지나치게 많다. 몇 해 전에는 담합 적발이 한 해에만 34건에 과징금이 5,710억 원에 달했다. 경제규모가 15배인 EU의 4건, 8,600억 원에 비해 건수는 8.5배,

과징금은 70%나 되는 수준이다. 또한 경제규모가 14배인 미국의 과징금 6,000억 원과 비슷하고, 경제규모가 4배인 일본의 17건, 5,400억 원에 비해서도 많다.[16] 국제시장에서 담합이 문제가 돼 외국정부에 가장 많이 벌금을 많이 낸 기업들이 우리나라이며 그 액수도 천문학적이다. 열심히 수출해 번 돈을 벌금에 쏟아붓는 격이다.

절도나 사기는 한 개인의 재산권을 침해하는 행위이다. 그러나 담합은 시장에 불신을 가져와 자본시장을 어지럽히는 것은 물론 소비자 모두에게 손해를 끼치는 범죄행위이다. 서로 짜고 가격을 인상시킴으로써 소비자에게 경제적 피해를 주기 때문이다. OECD는 특정산업에 담합이 존재할 경우 총 매출액의 15~20% 정도의 소비자 피해액이 발생하는 것으로 추산한다. 그렇다면 2011년 적발된 34건의 담합 관련 기업 매출액이 총 17조 103억 원이니 15%를 곱하면 2조 6,000억 원의 소비자 피해가 발생한 셈이다.[17] 뿐만 아니라 기업으로서는 기술과 상품을 개발할 의욕을 상실할 것이며, 이는 국가경제 차원에서도 기술혁신이 줄어 잠재적인 생산능력을 저해시키는 악순환으로 이어질 게 뻔한 일이다.

애덤 스미스는 개인이든 기업이든 더 큰 부나 높은 지위를 목표로 행동할 때 불가피하게 타인과 경쟁해야 함을 인정한다. 그러나 경쟁은 페어플레이 규칙에 따라 이뤄져야 한다고 역설한다.[18] 그래야 시장경제의 존립이 가능하기 때문이다. 경쟁과 시장의 규칙을 외면하면서 오로지 돈을 벌기 위해서라면 탈법적인 수단도 불사하는 은행이나 기업은 노예이자 천민이다. 담합이란 노예도덕이 사회의 상식이 될 때 그 사회는 천민자본주의로 전락하게 되는 것이다.

『죄와 벌』에서 사용된 '죄'의 러시아어 'prestuplenie'는 '어떤 경계를 뛰어넘다.'는 의미를 지닌다. 도스토예프스키의 의도와는 관계없이 이 단어는 담합의 늪에서 벗어나지 못하는 기업인들에게 윤리적인 시사점을 던져 주고 있다. 즉, 남에게 좋은 일을 행하기 전에, 먼저 남에게 피해를 끼칠 수 있는 '경계'를 넘지 말라는 것이다. 도스토예프스키는 그 '경계'를 넘어서는 인간의 무서운 죄를 라스콜리니코프를 통해 우리에게 경고하는 것이다.

'우분투', 함께할 책임

한국계 글로벌 기업인 C그룹은 참신하고 다양한 사회공헌 활동으로 주목받고 있다. 10여 년 전부터 나눔 재단을 설립해 체계적이고 지속적인 사회공헌 활동을 해 오면서 사회에 나눔의 문화를 확산시키겠다는 사명을 의욕적으로 실천하고 있다. 임직원들은 사회경제적으로 소외된 지역을 찾아 각자의 지식과 능력을 활용하는 재능 나눔 봉사활동을 하고, 회사 차원에서는 어려운 처지에 있는 아이들에게 배움과 꿈을 찾아 주는 온라인 기부 프로그램, 진로비전교육 등을 시행하고 있다. 그룹 홈페이지에 들어가 보면, '상생과 나눔'이 정말로 이 회사의 사명임을 느낄 수 있을 만큼 밝고 다채로운 사회공헌 활동들이 소개되어 있다.

그런데 이 기업의 CEO가 갑자기 검찰에 소환돼 조사를 받더니만 덜컥 구속 수감되고 말았다. 비리의 단초는 그룹 차원의 비자금 의

혹 때문인데, 조사를 해 보니 임직원 명의의 차명계좌, 다양한 방법을 동원한 세금 포탈, 자녀에 대한 편법 증여 의혹, 외국계 펀드로 위장해 국내 주식시장에서 주가조작을 했다는 의혹 등이 양파껍질처럼 벗겨졌다. 마치 '기업비리의 종합 세트'를 보는 느낌이었다. C기업은 한국에서 흔히 볼 수 있는 사례 중 하나일 뿐이다. 과거나 지금이나 기업 총수가 사회적 문제를 일으킨 기업들을 보면 사회공헌 활동을 잘한다는 평판을 받아 온 기업들이 많다. 좋은 일을 많이 하고도 처벌받는 이상한 현상이다.

이유는 간단하다. '죄prestuplenie'의 러시아어가 의미하듯 넘지 말아야 할 '경계'를 넘어섰기 때문이다. 다시 말해 히포크라테스의 경고대로 좋은 일 하기 전에 먼저 남에게 피해를 주는 경영을 하지 말아야 한다는 것이다. 세계적 기업인 구글Google이 자사의 기업철학을 'Don't be evil(악한 짓을 하지 말라)'로 정한 것은 바로 이 때문일 것이다. 단순하지만 강력한 사훈의 실천으로 구글의 브랜드 가치는 글로벌 기업 가운데 최상위를 유지하고 있다.

구글만이 아니다. 무려 14년간이나 연속해서 미국 포춘지가 선정하는 "가장 일하기 좋은 100대 기업"에 올랐던 기업이 회계법인 플랜트앤모란Plante & Moran이다. 이 기업은 자사의 미션을 "남이 싫어하는 일을 남에게 행하지 말자."로 정해 놓고 있다. 고객에 대한 최상의 서비스는 법을 지키고 남에게 피해를 주지 않는 공정함에서 출발한다는 믿음 때문이다. 회사는 이 황금률을 대고객 서비스에서는 물론 직원 채용과 보상, 진급, 교육훈련 등 인사관리 및 개발에 원칙으로 고수하고 있다. 이것이 '투명 경영'으로 나아가는 첫걸음이다.

투명하고 윤리적인 경영으로 잘 알려진 기업 중 하나가 커피전문점 스타벅스다. 최근 하워드 슐츠 스타벅스 회장의 애리조나주립대학교 졸업식 축사 내용이 언론에서 화재가 되고 있다.[19]

> "졸업생 여러분, 세상에 나가서 성공하고 싶다면 이 단어, '우분투'를 가슴에 새기십시오."
>
> "지난해 남아프리카공화국에 스타벅스 매장을 열면서 '우분투Ubuntu'라는 아프리카어를 많이 들었습니다. '당신이 있기 때문에 내가 있다.'는 의미입니다."

우분투는 본래 '사람다움'이란 뜻인데 아프리카 현지에선 '우리가 있어야 나도 있다. 모두 행복해야 나도 행복하다.'는 의미로 사용된다고 한다. 슐츠 회장은 축사에서 "모든 비즈니스가 자신의 이익만 추구하는 경제적인 결정에 따라 이뤄지는 건 아니다."며 "사업이든, 인생이든 최고의 성공은 다른 사람과 함께 나누는 성공"이라고 강조했다.

'우분투'는 인성이 무엇인지를 간명하게 전해 준다. 특히, 권력과 명예, 부를 독차지한 사람들, 기업의 경영자, 정치인을 포함한 사회 지도층의 사회적 책임이 어떠해야 하는지를 보여 준다. 지금으로부터 150여 년 전 영국의 사상가인 존 러스킨은 가진 자들의 책임을 다음과 같이 말했다. "부를 얻도록 인간에 불굴의 의지와 지혜를 주신 신의 뜻은 획득한 부를 낭비하고 남에게 다 주어 버리라는 것이 아니라, 그 부를 가지고 인류를 위해 봉사하라는 것이다."[20]

노블레스 노No블리주

사회의 건강성과 진보는 구성원 각자가 맡은 업業을 얼마만큼 책임 있게 수행하느냐에 달려 있다. 특히, 사회의 중심축이 되는 지도층의 '업'에 대한 책임의식이 관건이다. 미국을 포함한 선진국의 '보이지 않는 힘'은 바로 솔선수범하는 '존경받는 중심축'이 형성되어 있기 때문이다. 중국이 세계 최대의 경제규모를 자랑하고, 중동 산유국들이 선진국 수준의 경제력을 가지고 있지만 그들은 선진국이라 불리지 못한다. 중요한 이유는 '노블레스 오블리주noblesse oblige' 전통이 결여되어 있기 때문이다. 노블레스 오블리주란 국민으로서의 4대 의무를 다하는 것에 그치지 않고 사회적 책임을 갖고 솔선수범하는 지도층을 의미한다.

21세기 들어 사회가 복잡 다양해지고 변화의 속도가 가파르게 전개되고 있다. 이에 따라 정치적, 경제적, 사회적으로 힘을 가진 자와 못 가진 자의 격차는 더욱 벌어지고 있다. 경제성장이 둔화되고 국내총생산이 감소하면서 양극화 현상은 점차 심해진다. 시장 중심의 신자유주의가 굳게 믿고 있는 낙수효과trickle-down effect는 빛을 발하지 못하면서 양극화는 더욱 심해지는 것이다. 공동체가 해체될지도 모른다는 위기의식마저 감돈다. 경제적 힘을 가진 사람들의 사회적 책임에 대한 요구가 점증하고 있는 이유다. 때맞춰 미국을 포함한 유럽에서는 재벌기업가의 사회기부가 그 어느 때보다 활발하다.

빌 게이츠와 워런 버핏이 주도하는 기부 캠페인에 수많은 거부巨富들이 동참하고 있다. 페이스북의 젊은 창업자인 마크 저커버그까지

가세해 천문학적 거금을 쾌척했다. 최근 미국 월가의 거물 투자자인 조지 소로스 소로스펀드매니지먼트 회장은 재산의 80%를 자선재단에 기부했다. 그가 보유한 순자산 230억 달러 중 180억 달러(한화 약20조 원)를 기부한 것이다. 이에 따라 소로스가 자선재단에 기부한 총 액수는 320억 달러(약 36조 2천 억 원)에 달한다. [21]

많은 재벌들로부터 기부가 밀려들고 있다. 이들이 기부한 액수도 놀랍지만 더욱 의미 있게 다가오는 것은 기부에 대한 그들의 생각이다. "내가 가진 버크셔 해서웨이 주식의 1% 이상을 쓴다 해도 나의 행복과 삶의 질은 높아지지 않을 것이다. 하지만 나머지 99%는 다른 이들의 건강과 행복에 엄청난 영향을 줄 수 있다." 워런 버핏 회장의 말이다. 부동산 재벌인 엘리 브로드Broad부부는 "큰 재산의 축복을 받은 사람들이 지역사회나 국가, 혹은 세계에 돌려줄 수 있다는 건 하나의 '특권'"이라고 말한다. 시도 때도 없이 총기사건이 발생하는 등 사회불안이 가시지 않는 것처럼 보이는 미국이지만 가진 자들의 이러한 노블레스 오블리주 문화가 미국을 지탱하는 보이지 않는 힘이 되고 있다.

한국에서도 사재를 털어 장학재단 등을 통해 사회기부를 하는 기업인이 점차 늘고 있다. 하지만 기업인의 기부를 포함한 다양한 노블레스들의 사회적 책임의식은 여전히 미흡하다. 오히려 많이 배우고 사회경제적인 온갖 기득권을 누리는 사람들의 몰염치가 만연돼 있다는 비판의 목소리가 높다. 어느 사회나 공직자는 존경과 명예를 얻는 대신 그에 걸맞은 사회적 책임을 요구받는다. 그들의 삶은 일반 시민보다 훨씬 엄정한 잣대로 평가를 받게 된다. 공동체의 선을 실현하기 위해 노력해야 하는 것이 그들의 업業이며 책임이기 때문이다. 그러나 연례행사처럼 국회나 청문회를 통해 드러나는 우리나라 공직자들의 모습은 솔선수범과는 거리가 멀어 보인다.

공직자 인사청문회에서 단골 메뉴로 등장하는 것이 위장전입이며 부동산 투기다. 과거 정권의 국무총리의 조카며느리, 기업 회장 며느리들 같은 부유층의 행태를 보자. 국내 외국인 학교에 자식을 부정 입학시키기 위해 여권을 위조한다. 심지어는 남편과 위장이혼한 뒤 에콰도르 국적 외국인과 위장결혼도 한다. 명백한 사문서 위조다. 파렴치범의 수법과 다를 바 없지만 법망에 걸리는 사람은 없다. 소위 몇몇 인기 있다는 국제중학교에는 사회적 약자에게 기회를 주자는 취지로 만든 '사회적 배려 대상자' 전형이 있다. 그런데 이 전형에 대기업 사장, 회장은 물론 판사 자녀들이 새치기로 입학한다.

강물은 상류가 먼저 썩어 하류를 오염시킨다. 제2차 세계대전 말기에 일본군은 할복자결, 전투기와 함께 적 군함에 충돌하는 가미가제 공격으로 용맹함을 떨쳤다. 그러나 일본 귀족이나 제국대학 출신자의 전사자는 적었다. 제1, 2차 세계대전 때 영국 귀족과 옥스퍼드, 케임브리지 출신 전사자 비율과는 비교도 안 될 만큼 낮았다. 일본 역사가들은 이 점이 일본이 패망할 수밖에 없었던 이유라고 자평한다.

반면, 미국의 케네디가를 포함한 미국 상류층과 50세 이하 영국 귀족들 중 무려 20%가 제1차 세계대전 때 전사했다. 귀족과 명문 대학 출신의 전사자 비율이 노동자, 농민보다 몇 배나 높았다. 한국전쟁에 참전한 미군 장성의 아들이 142명이나 된다. 이 중

35명이 죽거나 크게 다쳤다. 일반 사병의 전사 비율보다 두 배나 높은 수치다.[(22)] 제임스 밴플리트 미8군 사령관의 아들은 직접 전투기를 몰고 북한 지역을 폭격하다가 전사했다.

지도층이 앞장서서 전장에 나가는 나라에 사회적 응집력이 형성되고 승리를 하게 되는 것은 어찌 보면 당연한 일이다. 미국과 영국에서는 국가와 사회의 혜택을 많이 받은 사람들은 나라를 위해 앞장서 봉사해야 한다는 전통이 당연시되고 있는 것이다. 영국과 미국이 200년 이상 선진국의 지위를 유지하는 요인은 바로 이런 노블레스 오블리주 때문이다. 우리나라 지도층의 모습은 과연 어떤가? 고위 관료들의 병역 면제 비율은 일반 국민의 7~10배에 달한다.[(23)] 21세기 우리나라의 민낯이다. 동서고금을 막론하고 사회적 혜택을 많이 받은 노블레스들이 사회적 책임에 앞장서는 '오블리주'가 없을 때 그 사회는 축복을 받지 못하는 '노No블레스bless' 사회로 전락하게 된다. 역사가 보여 주는 진리다.

책임은 실천이다

아는 것을 실천하는 것은 아는 것에 대한 책임을 지는 것이다. 지식인의 사회적 책임이란 바로 아는 대로 실천하여 사회에 기여해야 할 책임이다. 즉 지식인의 '노블레스 오블리주'를 뜻한다. 어느 교수가 한 신문[(24)]에 '교수 · 변호사 · 회계사 망국론'이란 파격적인 글을 기고했다. 그는 "우리 사회의 교수 · 변호사 · 회계사들은 부끄러움을 잊었다. 이들이 나라를 말아먹고 있다.”고 단정한다. 그리고는 “오로지 사익을 위해 의도적으로 왜곡된 정보를 제공한다면 어찌 되겠는가. 나라든 기업이든 제대로 돌아갈 리가 없을 것”이라고 비판한다. 물론 문제의 지식인들이 이들뿐만은 아니다. 사회 정의구현의 마지막 보루인 판검사 · 변호사 등 사법종사자들을 포함하여 사회 각 분야 전문가들의 책임 없는 지식의 문제 역시 비판에서 제외될 수 없다. 한마디로 지식인의 몰락이다.

우리에게 친숙한 이솝 우화 중에 토끼와 거북이의 이야기가 있다. 이솝의 의도와는 관계없이 보는 이의 시각에 따라 이 우화는 다양하게 해석되고 있다. 내친김에 누군가는 기발한 아이디어를 제안한다. “토끼와 거북이가 경주를 한다. 누가 이기나요? 대부분 거북이가 이긴다고 대답합니다. 그럼 토끼와 거북이의 경주에 돈 내기를 하면 누구에게 거실 건가요? 아마도 거의 다 토끼가 아닐까요?”[25] 말인즉슨, 돈 앞에서 현실을 깨닫게 되면 아는 것과 행하는 것이 달라진다는 얘긴데, 머리 차원에서만 사는 데 익숙한 우리 삶의 아킬레스건을 돌아보게 한다. 중국 고사에는 이런 이야기도 나온다.

어느 지방 태수가 유명한 도인을 찾아가 건강하게 오래 사는 비결을 물었다. “당신은 100세가 넘어서도 정정한데, 왜 우리는 80도 안 돼 골골하다 갑니까?” 대답인즉, “착하게 사는 것이 비결이라오.” “아니, 그건 세 살짜리 어린애도 아는 일인데, 그걸 어찌 비결이라고 하는 것이오?” 도인이 대답했다. “허허, 아는 것과 행동하는 것은 다르오. 그래, 당신은 아는 대로 행동합니까?”[26]

고대 그리스인들은 사람은 알면 아는 대로 행동하기 때문에 먼저 아는 것이 중요하다고 생각했다. 당시에는 "아무도 알면서 그르치지 않는다." 혹은 "인간의 의지는 지성을 따르게 마련이다."라는 주지론主知論이 대세였다. 그래서 무엇보다 너 자신의 무지를 깨닫는 것이 중요하다고 소크라테스는 역설한 것이다. 그러나 의지가 이성을 따르지 않는다는 것, 다시 말해 사람은 반드시 아는 대로 행동하는 것은 아니란 사실이 학문적으로 규명되기 시작한 것은 19세기 들어 프로이트Freud와 마르크스Marx부터라고 할 수 있다. 중요한 것은 배우는 것이 아니다. 배운 것을 실천하는 걸 다시 배워야 하는 일이다. 그래서 평생학습이다.

　골프장에서 주말 골퍼와 프로선수를 구분하는 기준은 골프가 안 되는 이유만큼이나 많을 것이다. 필자는 스윙에서 그 차이를 찾는다. 스윙의 기본의 차이도 있겠지만 빈 스윙과 실제 샷의 간극이 클수록 아마추어로 보면 정확하다. 공이 없는 상태에서는 스윙을 잘 해도 실제 경기에서는 대부분 전혀 다른 운동으로 공을 대한다. 의욕이 넘쳐서, 또는 불안이나 두려움 때문에 공을 대하는 순간 자신의 이상적인 스윙을 망각하게 되는 것이다. 골프는 인생과 같다고 하는데, 바로 이를 두고 하는 말 같다. 누구나 인생의 옳고 그름에 대한 지식은 머릿속에 있지만 일상에서의 의식과 행동은 다르기 십상이다. 골프가 자신과의 싸움이라 하듯, 인생 역시 배운 대로 행동하기 위한 노력의 연속이 아닐까 한다.

　중국 고사의 이야기처럼 앎과 행함의 일치란 그리 녹록치 않다. 근래에 들어 인문학에 대한 관심이 높다. 기업의 최고경영자나 정치인, 직장인, 학생, 주부에서 지하철 노숙자에 이르기까지 공자, 노자, 소크라테스, 플라톤을 읽고 호메로스의 서사시를 감상하기도 한다. 북콘서트나 저자 초청 강연, 팟캐스트 등 다양한 이름과 매체를 통한 대중인문학 강연이 호황을 맞고 있다. 이에 뒤질세라 어린이를 위한 인문학, 돈의 인문학, 연애 인문학에 팬티 인문학이란 말까지 나올 정도로 상업화된 인문학이 기승을 부리고 있다. 학교 담장 밖에서 유행할 게 따로 있지 인문학이 이렇게 유행하는 건 외국에서도 흔치 않은 일이다. 그러나 대학 담장 밖 인문학의 인기에서 생각해 봐야 할 점이 있다. 인문학은 '학學'이 아니라 '실천實踐'이란 점이다. '학'은 기본적으로 모방이다. 특정 분야의 개념의 구조를 확인하고 습득해서 더 쌓는 행위인 것이다. 인간이 무엇이고 어떻게 사는 것이 인간다운 삶인지에 대한 인문학이 학으로만 끝날 경우 삶은 변화하지 않는다. 우리 사회에 '학'은 넘쳐나는데 인문적 통찰이나 의식, 책임 있는 행동이 부족한 이유가 여기에 있지 않을까.

캐비어 좌파: 지식 자체로 정당화되지는 않는다

실천 없는 무책임한 지식인들의 인성은 사회 전체를 오염시킨다. 강의 상류가 오염되니 강물이 맑을 수가 없는 것이다. 사회 전반에 걸쳐 정의, 민주, 윤리 도덕의 목소리는 높지만 그때그때 상황에 따라 탈법, 탈도덕적 행위를 서슴지 않는 '다중자아multiple selves'의 인성들은 여전하다. 주말 교회에서는 신실한 사람religious self이 월요일 회사에 출근해서는 내부거래와 분식회계를 일삼는 직장인office self으로 변한다. 기업 홈페이지에는 CEO나 조직의 핵심 가치나 윤리경영에 대한 홍보가 도배돼 있지만 실제로는 액자 속에만 존재하는 박제된 윤리인 경우가 적지 않다.

개인도 별반 다를 것 없다. 사회에 대한 비판에는 날을 세우는 시민들이 많지만 정작 '비판적 시민'은 많지 않다. 재벌기업, 대기업의 독과점을 비판하면서도 재래시장은 외면하고 대기업 슈퍼마켓을 찾는다. 실천 없이 말만 앞세우는 강남 좌파, '캐비어 좌파'란 말이 나오는 이유다. 성서에 보면 예수가 강도를 만나 죽어 가는 사람을 보고도 못 본 체 피해 가는 사제를 호되게 야단치거나(루가 10:30), 법과 관습을 들이대면서 실천은 하지 않는 바리사이파 학자들을 단죄하는데, 요즘 말로 캐비어 좌파가 아닐까.

길거리 시민의식에서도 앎과 실천의 괴리는 크다. 논어, 맹자를 읽고 니체와 하이데거를 논하는 사람들이지만 공공장소에서 취하는 행동은 교양인과는 거리가 멀다. 학력이 높고 사회적 지위가 있는 사람도 '티피오'(T: 시간 P: 장소 O: 상황)에 맞게 행동할 줄 모른다. 속담에 "양식이 떨어지면 며느리 큰 손 탓을 한다."라는 말이 있듯이 제 잘못은 모르고 남을 탓하거나 흉만 본다. 이런 사람들일수록 '돼지 계산법'에만 익숙해져 있다. '한국 사람은……' 운운하며 누구를 욕하고 비난하는데, 항상 자기는 빼고 이야기한다. 다문화사회가 된지 오래건만 동남 아시아인이나 중국동포 등의 외국인 노동자에 대한 인종차별은 그 어느 나라보다 심하다. 우리나라 선수가 동양인이라는 이유로 외국에서 차별받은 데 분노하면서도 정작 국내

프로야구에서 뛰고 있는 흑인선수들에겐 피부색을 조롱하는 인종차별적 발언을 서슴없이 쏟아 낸다.

배움과 행함, 신앙과 실천의 일치가 바로 책임이다. 그런 '일치의 삶'을 사는 사람이 사회에 책임을 지는 사람이다. 이런 사람들이 많을 때 사회는 살맛 나는 곳이 된다. 고인이 된 김수환 추기경이나 법정 스님이 종파에 관계없이 존경을 받는 이유는 그들이 보여 준 '일치의 삶' 때문이다. 기업인으로서 유한양행 창업주인 유일한 박사가 후세의 귀감이 되고 있는 이유도 마찬가지다. 반면, 그렇지 못한 개인이나 국가는 불행의 늪에 빠질 수밖에 없었음을 역사는 보여준다. 멀리 중세 십자군전쟁은 평화와 사랑을 외치는 종교가 증오와 폭력을 '실천'한 결과이다. 수많은 일본 선승들이 천황주의를 맹렬히 옹호한 결과 일본 군국주의가 기승을 부렸다. 가톨릭은 나치의 유대인 학살에 침묵으로 동조했고, 유대교 이스라엘은 지금도 팔레스타인 민간인에 대한 살상을 마다하지 않고 있다.

하물며, 인간다운 삶에 대한 성찰에 평생을 바치는 철학자의 앎과 실천의 괴리는 더 큰 성찰의 계기를 제공한다. 역사가 지속되는 한 비판의 도마 위에 오를 대표적인 철학자가 마틴 하이데거(Heidegger 1889~1976)다. 『존재와 시간』을 출간해 세계적 명성을 얻은 하이데거는 인간의 존재론적 토대에 대해 심오한 이론을 제시하여 철학사의 큰 획을 그은 인물이다. 그러나 하이데거의 학문적 표리부동과 삶의 위선은 항상 비판의 대상이 되고 있다. 나치당에 입당한 후 독일 프라이부르크대학교의 신임 총장이 된 하이데거는 군복 차림으로 취임 연설을 통해 나치의 정당성을 열렬히 주장했다. 학생신문에는 "오직 총통(히틀러) 한 사람만이 독일의 현실이며 독일의 오늘, 독일의 미래입니다. 그리고 독일의 법입니다. 히틀러 만세!"라고 썼다.[27]

더 나아가 하이데거는 총장 취임 후 자신에게 대학교수 자리를 마련해 준 은인이자 스승이며 현상학의 창시자인 에드문트 후설Husserl을 유대인이란 이유로 학교에서 쫓아내는 '패륜'을 저질렀다. 서른 여섯 살의 유부남으로서 열여덟 살 제자인 한나 아렌트와의 애정행각은 차치하고서라도, 역사상 가장 잔인했던 정권을 비판적으로 성찰하기커녕 그에 빌붙어 안위를 도모한 철학자의 사상에서 어떤 가치를 찾을 수 있을 것인지. 니체 철학의 영향을 받았을 하이데거지만 '무리 짐승'의 도착적 도덕에 대한 니체의 혹독한 비판에는 귀를 막았음에 틀림없다.

이와는 대조적으로 하이데거와 같은 시기를 살았던 미국 신학자 라인홀드 니버Niebuhr는 인간과 사회에 대한 심오한 통찰과 그에 일치한 삶의 모습으로 수많은 사람들에게 감동을 주고 있다. 하이데거와 같은 독일 국적의 신학자인 디트리히 본 회퍼Bonhoeffer는 나치의 독재에 대해 독일교회가 예언자적인 목소리를 내고 저항하기커녕 히틀러를 그리스도로 숭배하는 것을 비판하고 저항하다 나치가 패망하기 직전에 교수형으로 처형되었다. "미친 운전사가 인도로 차를 몰아 사람들이 죽어갈 때는 그 미친 운전사를 먼저 끌어내려야 한다."는 그의 말은 지금도 앎과 행함이 무엇인지에 대한 큰 울림으로 남아 있다.

지식은 지식 자체로 정당화되지 않는다. 신앙 역시 신앙 자체로 정당화되지 않는다. 지식은 삶의 실천으로 연계될 때, 그리고 신앙은 믿는 사람이 사랑을 실천할 때 정당화될 뿐이다. 우리는 너무나 자명한 이런 삶의 진리를 거부하고 있는 건 아닌가. 정의를 외치고 민주를 말하는 우리들은 "자신의 삶에서 정의가 실현되고 민주시민으로서의 의식과 행동을 하고 있는가."를 먼저 물어야 한다. 이 질문이야말로 지금 우리 모두가 응답해야 할 최대의 책임이다.

08

관료화된 종교인 인성

광화문 광장의 교황의 물음

2014년 한국을 방문한 프란치스코 교황이 한국 사회에 던진 메시지와 감동은 아직도 긴 여운을 남기고 있다. 무엇보다 인상적인 메시지는 광화문 광장에서 거행된 103위 순교자 시복시성식에서였다. 교황은 청중을 향해 질문을 던졌다.

> **"당신은 무엇을 위해 목숨을 바칠 것입니까?"**

순간 정적이 흘렀다. 적잖은 충격을 받았다고 말하는 종교인들도 있었다. 자신이 믿는 신을 위해 목숨을 바친 천주교 순교자들을 생생히 증거하는 자리였기에 더욱 그러했을 것이다. 목숨을 바친다는 것은 무엇을 의미하는 것일까? 지금은 단지 믿는다는 이유만으로 목숨을 내놓아야 했던 19세기 조선시대도 아니다. 각자도생이 일상화된 21세기 신자유주의 사회에서 과연 목숨을 내놓을 만한 일이 있는가? 굳이 있다면, '결사투쟁決死鬪爭'을 외치며 개인의 이익, 당파의 이익을 위해 목숨을 내걸고 투쟁하겠다는 길거리의 시위대들뿐이다.

종교인이 목숨을 바칠 때

"당신은 무엇을 위해 목숨을 바칠 것입니까?"란 교황의 질문을 예견이라도 한 듯 대답을 제시한 사람이 있다. 19세기 영국이 낳은 사회사상가이자 예술비평가인 존 러스킨Ruskin(1819~1900)이다. 공교롭게도 그가 사상을 펼치던 시기는 단지 믿음 때문에 천주교인들이 목숨을 바치던 19세기 조선시대와 일치한다. 1801년의 신유박해를 시작으로 1870년대 병인박해에 이르기까지 네 번에 걸친 박해기간 중 수많은 신도들이 신앙을 위해 목숨을 바쳤다.

러스킨은 모든 직업에는 그 직업과 관련된 직분이 있다고 말한다. 그런데 이들 중, 특히 몇몇 집단은 자신의 직분을 위해 필요하다면 목숨까지 바칠 각오가 필요하다고 역설한다. 대표적인 직분이 종교인이다. 군인의 직분이 국민을 수호하는 것이며, 의사는 국민의 건강을 지키는 것, 법률가는 국민 사이에 정의를 집행하는 것, 상인의 직분은 국민에게 물자를 공급하는 것이라면, 목회자의 직분은 국민들을 계도하고 교화시키는 것이다.[1] 이를 위해 목회자는 필요한 경우(유사시에는) 목숨을 던져야 한다는 것이다. 이것이 종교인의 인성이다.

그렇다면 성직자가 목숨을 던져야 할 만큼 중요한 것은 무엇인가? 러스킨은 말한다. 군인은 전투 시에 자신의 위치를 이탈하지 않아야 하고, 의사는 전염병이 유행할 때 자신의 진료소를 지키고 있어야 하며, 성직자는 설교에서 거짓을 증거하지 말아야 한다. 거짓을 증거하느니 차라리 목숨을 던져야 한다는 것이다. 종교인이 '거짓을 증거'하는 것은 다른 전문직과 차이가 있다. 의사의 경우 의학적 지식이나 의술이 부족하면서 환자를 치료하는 것이 거짓을 증거하는 것이다. 법관의 경우 법률적 지식이 없거나 잘못된 지식을 바탕으로 판결을 내린다면 거짓 증거다. 따라서 의사는 인격이 부족한 것은 용납되어도 의술이 부족하면 의사를 그만두어야 한다. 법관 역시 인격이 부족해도 법률적 지식과 명석함이 떨어지는 것은 용납되지 않는다. 물론 의사와 법관에게 인격이 중요하지만 그에 앞서 관련된 전문지식과 경험이 요구되기 때문이다.

그러나 종교인, 성직자의 직분은 다르다. 러스킨은 성직자는 지적 능력이나 종교적 지식은 좀 떨어지더라도 자기를 부인하고 타인을 섬기는 데 철저해야 한다[2]는 점을 강조한다. 아무리 현란한 말솜씨에 해박한 신학적 지식을 갖추고 있다 해도 '자기희생'의 행동이 따르지 않는다면 '거짓을 증거'하는 것이다. 성직자를 존경하는 이유가 바로 자기희생의 삶이기 때문이다.

폴란드인으로 가톨릭 사제였던 막시밀리아노 콜베Kolbe가 한 예다. 그는 제2차 세계대전 중 나치의 박해를 피해 폴란드로 탈출한 유대인 2천 명에게 니에포칼라누프 수도원을 은신처로 제공해 주다가 독일 게슈타포에게 체포되어 아우슈비츠 강제수용소로 이송되었다. 수용소 생활 중 죄수 한 명이 탈옥하자 나치는 다른 죄수 열명을 끌어내 처형할 것을 명령하였다. 그중 한 명이 살려 달라고 애걸하자 콜베는 그를 대신에 죽겠다고 자원했다. 콜베는 다른 죄수들과 함께 아사형에 처해졌지만, 3주가 지나도 죽지 않자 나치는 페놀을 주사해 살해했다.

러스킨의 말대로, 사회의 어느 다른 직분보다 '자기희생'과 '존경'의 상관관계가 가장 분명하게 드러나는 직분이 성직이다. "자기를 부인하고 타인을 섬기는 것"이 목숨을 내놓아야 할 만큼 중요한 종교인의 인성이자 존재 이유다. 이것이 바로, '당신은 무엇을 위해 목숨을 바칠 것입니까?'란 교황의 물음에 종교인들이 단호히 대답해야 할 직분이라고 러스킨은 말하는 것이다. 종교인이 존경을 받아야 할 단 하나의 이유는 바로 이것이다. 사람들이 종교를 찾는 이유기도 하다.

늘어나는 '가나안' 신도

어느 신문에 "가나안" 신자라는 단어가 소개되었다. 성서에서 가나안이라면 구약시대에 믿음의 아버지인 아브라함이 살았던 젖과 꿀이 흐르는 땅이다. 그러나 여기서의 가나안은 그게 아니다. '교회에 안 나가'를 거꾸로 비틀어 놓은 말이다. 성당이든 교회든 사찰이든 잘 나가다가 지금은 안 나가는 사람들을 일컫는 신조어라고 한다. 교회 용어를 빌리면 소위 냉담자冷淡者들이다. 가나안 신자가 얼마나 되는지는 종교마다 다르고 정확한 통계도 없어 알 길은 없다. 그러나 신자는 늘어나는데 교회는 점차 비어 가고 있다는 자성의 목소리가 높은 걸 보면 사태가 심각한 모양이다.

한 예로, 한국 가톨릭의 경우 1945년에 15만 명이었던 신자가 2013년 기준으로 500만 명이니 교세 확장 면에서는 가히 폭발적인 성장을 한 셈이다. 2050년이면 가톨릭이 한국 최대 종교가 될 것이란 전망도 나온다. 그러나 마냥 좋아할 수만은 없는 게 현실이다. 가톨릭의 고위 성직자인 정의채 몬시뇰은 한국천주교의 현실이 외화내빈外華內貧이라고 걱정한다. 매주 미사에 참여하는 사람은 불과 20%에 그치고 있으며 그나마 젊은이는 별로 없다는 이유다.[3] 과거 서양에서는 노동문제가 심각해지던 1891년 교황 레오 13세가 '새로운 사태Rerum Novarum' 회칙을 발표했다면, '가나안' 문제가 심각한 21세기 가톨릭은 또 다른 '새로운 사태'를 맞고 있는 셈이다. 전 세계적으로 통일된 교계제도를 유지하며 신앙적 뿌리에 대한 자부심이 상대적으로 강한 가톨릭이 이 정도이니 다른 교회나 사찰의 경우는 어떠할지 미루어 짐작할 수 있다.

출석부엔 있는데 결석하는 학생들이 늘고 있는 학교는 좋은 학교가 아니다. 손님은 줄지 않지만 단골손님은 발을 끊는 음식점도 다를 바 없다. 절대 수에 큰 변동이 없다 보니 당장은 문을 닫지 않을지도 모른다. 그러나 뭔가 심각한 문제를 지니고 있음이 분명하다. 더 심각한 문제는 그 이유를 손님 탓, 학생 탓으로 돌리는 경우에 발생한다. 가나안 신자가 늘고 있는 교회도 마찬가지다. 가나안의 원인을 신자들의 믿음 부족이나 물질만능주의가 심화된 세태 탓으로 돌려 버리는 일부 종교인들의 잘못된 '신념'이다. 맛있는 잔칫상을 차려 놓고 초대하는데 신도들의 믿음이 부족해, 혹은 딴 데 정신이 팔려 오지 않는다는 식이다. '나는 양 치는 목자牧者, 너는 구원의 대상인 양 떼信者'란 등식에 사로잡힌 성직자들이 빠지기 쉬운 원인 분석이기도 하다.

가나안 신자 중, 특히 젊은이들과 지식인들의 발길이 뜸해지는 현상을 나약해진 신심이나 신앙적 욕구에서 찾는 것은 올바른 인식이 아니다. 필립 코틀러Kotler 교수(4)는 현대인들에게 영적靈的인 욕구는 가장 원초적 욕구로서 생존을 대체하고 있다고 말한다. 나아가 물질적 충족의 정상에 오른 오늘날 사회는 갈수록 영성spirituality을 추구할 수밖에 없다는 것이다. '가나안'이 한쪽 문으로 교회를 나서는 동안, 다른 문으로는 그만큼의 새로운 사람들이 영성을 갈구하며 들어오고 있는 현상이 이를 말해 주고 있다. 하지만, 종교의 이런 '회전문' 현상은 신도들의 영적 욕구를 종교가 충족시켜 주는 데 철저히 실패하고 있음을 반증하는 것에 다름 아니다.

가나안 신자들 중 많은 사람은 어린 시절부터 교회에 다녔거나 아니면 모태신앙인 경우도 있을 것이다. 어린 시절 이들에게 종교는 고향이었다. 특히, 10대 전후 가난하고 추웠던 소년 시절을 보냈던 사람들에게 성당이나 교회, 절은 영혼의 고향이었다. 아득한 회상에 젖어들고 아련한 그리움으로 마음이 달뜨게 되는 동심의 고향이자 영혼의 집이었음을 느끼게 된다. 김병익 문학평론가는 어느 신문에서 "크리스마스이브에 신자들 집을 순방하며 밤샘 찬송가를 부를 때 순진한 마음으로 바라본 맑고 신선한 새벽의 짙푸른 하늘이 떠오른다."고 어린 시절을 회상한 적이 있다. 추억의 편린이야 다양하겠지만, 가나안 신자라 해도 짧은 겨울 해가 저물어 어둠이 내리고 어디선가 캐롤이 들려오는 12월이면 어렴풋이 솟아나는 비슷비슷한 추억을 그리워하고 있을지도 모른다.

종교인과 종교적 인간

어린 신도 시절의 동심이 있다면 '가나안'일지언정 믿음과 영성에 대한 갈증이 강할 수밖에 없다. 이들은 빅터 스텐저Stenger가 『신 없는 우주』에서 물리학적 증거를 들이대며 신이 없음을 논증하는 것에 감동하지 않는다. 리처드 도킨스Dawkins가 저서 『만들어진 신』에서 생물학적 증거들을 들이대며 신의 부재를 증명하는 것에도 별다른 동요가 없다. 왜냐하면 가나안들은 신을 부정해서가 아니라, 내 어린 시절 동심의 신앙을 배반한 종교인의 세속화된 인성을 비판하며 교회를 떠나는 것이기 때문이다.

나치 독일에서 히틀러에게 쫓겨나 미국 하버드대학교에서 신학을 가르친 파울 틸리히Tillich(1886~1965)는 가나안 신도를 이해할 수 있는 준거를 제시한다. '종교인'과 '종교적 인간'을 구분하라는 것이다. 제도권의 의례적인 신자를 '종교인'이라 한다면, 영원을 갈망하며 구원을 추구하는 인간은 '종교적 인간'이라는 것이다. '종교적 인간' 트렌드는 독일 사회학자 울리히 벡Beck이 말하는 '종교의 개인화' 테제와 같은 맥락이다. 급변하는 사회생활 영역에서 개인의 불안이 커짐에 따라 기존의 제도화된 종교로부터 벗어나 영성을 추구하는 이들이 오히려 늘고 있다는 것이다. 울리히 벡은 이를 '자기만의 신' 현상이라 명명한다. 그래서일까. 서양인 식자층에서는 종교가 있냐고 물으면 돌아오는 대답이 있다. "나는 종교적이진 않지만not religious 영성은 믿는다but spiritual."

교회를 떠나는 많은 신자들은 파울 틸리히의 말대로 '종교인'을 거부하되 '종교적 인간'을 포기하지는 않는다. 인도의 간디가 말했듯이, "그리스도는 좋지만 그리스도인은 좋아하지 않는다."는 사실이다. 러스킨이 말하는 "자기를 부인하고 타인을 섬기는" 성직聖職에 목숨을 바치는 성직자를 갈망하는 것이다. 그들이 목말라하는 것은 '예수나 부처를 말하지 않더라도 예수나 부처의 가르침대로 살려고 노력하는 종교인'을 보는 것이다. 그들이 존경하는 것은 성직자, 목회자, 수도자의 사랑과 정의에 대한 지식과 가르침이 아니다. 생활속에서 실천하는 인성이다. 실천이 없는 성직자, 목회자의 교만한 외침은 프랑스 철학자 피에르 브루디외Bourdieu 교수가 말하는 상징적 폭력에 다름 아니다. 이러한 상징적 폭력이 가나안 신자로 내모는 핵심 요인이다.

학생 탓하기 전에 학교나 교사를 먼저 돌아봐야 하는 것이 교육학의 가르침이다. 신자들의 믿음 부족을 말하기 전에 종교인 스스로를 냉철하게 돌아보는 것이 교회경영의 기초이자 문제해결의 순서이다. 과거 미국 민주당 대통령 후보직을 두고서 버락 오바마와 힐러리 클린턴이 열띤 TV토론을 벌일 때의 일이다. 두 후보를 상대로 날카로운 질문을 퍼붓던 저널리스트가 오바마에게 물었다. "당신은 이라크 전쟁에서 하느님이 미국 편이라고 생각하는가?" 당황할 만한 질문이었지만 오바마는 침착하게 대답했다.

> "중요한 것은 하느님이 미국 편이냐 아니냐가 아니라, 미국이 하느님의 편에 있느냐는 것입니다."

교회를 떠나는 이들이 종교인들에게 하고픈 말도 같은 맥락일 것이다. "중요한 것은 하느님이 당신 편이라고 목청만 높이는 게 아니라 당신이 하느님의 뜻대로 사느냐는 것이다."

믿음은 실존적 불안

미국인의 90% 이상이 하느님을 믿는다고 한다. [5] 한국은 어떨까. 2015년 인구센서스 결과를 보면 한국의 종교 인구는 43.9%다. 2012년에 55.1%였으니 불과 3년 만에 전 인구의 절반 이하로 하락한 것이다. 신에 대한 정의야 어떠하든 초월적 존재로서의 신을 믿는 사람이 전체 국민의 과반수가 된다는 것이다. 조사에 따른 차이는 있지만 종교 중 개신교와 천주교를 합하면 기독교 인구가 가장 많다. 그렇다면 사람들은 왜 신을 믿을까?

인간에게는 원초적인 물음이 있다. 묻고 싶어서 묻는 물음이 아니며, 묻고 싶지 않다고 해서 묻지 않을 수 없는 물음이 있다. 인간으로 태어난 이상 물을 수밖에 없는 물음이며 우리가 철이 들 무렵이면 어느 순간 우리를 엄습해 오는 의문이다. 그 의문은 '나란 무엇인가'에서 시작된다. 유발 하라리Harari[6]의 말대로, 인간은 "비록 분명한 종교적 교의를 지지하지 않더라도, 저마다 일생 동안 변하지 않고 자신이 죽어도 그대로인 영원한 개인적 본질을 가졌다고 믿고 싶어 한다." '나'라는 개인적 본질을 전제로 할 때 삶과 죽음에 대한 불안은 시작된다.

키에르케고르Kierkegaard는 '나'란 존재의 탄생과 죽음에 대한 물음에서 불안이 시작된다고 말한다. 인간은 탄생과 죽음의 수수께끼 앞에서 불안해하는 존재라는 것이다. 그가 보기에 인간의 모든 활동은 실은 이런 불안과 절망에서 벗어나기 위한 몸부림이다. 대표적인 것이 종교다. 실제로 키에르케고르는 우리가 자신의 삶을 소중하고 고귀한 것으로 만들기 위해서는 그리스도인이 되어야 한다고 주장하며 신에게 귀의하였다. 하지만 그는 당시의 덴마크를 포함한 유럽 전체의 기독교가 그리스도의 종이 되는 대신에 국가의 노예가 됨으로서 세속적인 안락을 추구하고 있다고 비판하였다. 특히 "목사들이 왕의 관리들"이 되어 목사라는 안락한 지위를 유지하기 위해 국가에 아부만 하고 있다고 혹독한 비판의 날을 세웠다.

니체의 생각은 달랐다. 키에르케고르의 불안과 절망은 인생은 결국 무nihil 밖에 없다는 니힐리즘Nihilism에 인간이 지배당하기 때문이라는 것이다. 그리스도교는 이런 대중의 니힐리즘을 극복하는 방법으로 피안을 내세워 차안(현재와 여기)을 희생시키면서 인간을 노예도덕으로 몰아넣고 있다고 비판한다. 인간은 니힐리즘을 극복하기 위해 어떤 영원한 존재, 존재 자체인 신을 찾게 된다. 인간은 그 신과 합일할 경우에 자신의 존재에서 의미를 느낄 수 있기 때문에 교회를 찾을 수밖에 없는 것이다.

그러나 니체에게 그리스도교란 초감성적인 차원을 진정한 실재로 보는 플라톤주의에 다름 아니다. 플라톤주의를 민중이 이해할 수 있는 신화적인 용어로 해석한 것일 뿐이다. 이런 의미에서 니체는 그리스도교를 민중을 위한 플라톤주의라고 규정한다.[7] 니체는 플라톤주의나 그리스도교의 초감성적인 가치들은 실은 인간이 삶의 무상함을 견디기 위해 지어낸 환상이며 가공된 허위적인 것이라고 주장한다. 이를 깨닫는 것이 바로 신의 죽음을 인식하는 사건이라는 것이다. 21세기에 들어서도 그리스도교에 대한 키에르케고르와 니체의 상반된 주장은 다양한 상황에서 서로 다르게 나타나고 있다.

신앙, 개차반으로 살다 신이 있다면?

왜 신을 믿는가? 질문은 진부하지만 나름 명쾌한 대답이 있다. "신은 없다 생각하고 개차반으로 살다가 죽어서 신을 만나는 것보다, 신이 있다고 믿으며 살다가 죽어서 없다는 걸 알게 되는 편이 낫기 때문"이다.[8] 미래에 닥칠지 모르는 불행에 대비해 보험에 들려고 하기 때문이라는 것이다. 신을 믿는다는 건 불확실한 내세來世의 구원을 놓고 '주말 보험'을 드는 것과 같다. 이런 심리에 편승해, 종교는 개차반으로 사는 사람들이 갖지 못하는 내면적 신실성을 대신

해 주는 '구원보장 보험회사'가 되려는 유혹에 직면해 있다. 게다가, 내세란 태어나서 죽음까지의 여행기간이 정해져 있는 현세와 다르다. 내세는 끝이 없다고 하니 불교의 '윤회'이든 기독교의 '천국'이든 사람들은 구원이란 말이 나오면 갑자기 풀이 죽고 의기소침해진다. '개차반으로' 살지라도, 구원을 설파하고 삶 속에서 실천하는 종교인들을 믿고 존경하는 이유도 여기에 있다.

최근 들어 종교적 구원의 관점에서 볼 때는 한없이 '불손한' 학자들이 연이어 등장해 종교인들의 심기를 불편하게 만들고 있다. 생물학적 증거를 들이대며 '신은 만들어졌다.'고 주장하는 학자[9]가 있는가 하면, 천체물리학자인 빅터 스텐저Stenger 교수는 창조론을 비웃으며 '신이 없는 우주'를 주장하고 있다. [10] 우주의 물리법칙들은 인간을 비롯한 생명체에게 최적의 조건을 만들어 주기 위해 누군가가 정교하게 조율한 결과라는 것이다.

한 걸음 더 나아가, 미국의 사회학자인 필 주커먼Zuckerman은 오랜 연구 끝에 차라리 '신 없는 사회'[11]가 오히려 더 평화롭고 행복하다는 도발적인 결론을 내린다. 그는 대다수가 신을 믿는 미국(90%)에 비해, 덴마크와 스웨덴은 신을 믿는 비율이 각각 51%와 26%에 불과하다고 말한다. 그러나 종교성이 충만한 미국보다 덴마크와 스웨덴이 도덕적, 윤리적, 경제적으로 훨씬 풍요롭고 약자에 대한 배려도 더 강하다는 연구결과를 근거로 제시한다.

『호모 데우스』의 저자인 유발 하라리Harari도 이에 동조한다. 그는 "역사에서 예언자들과 철학자들은 인간이 장대한 우주적 계획에 대한 믿음을 버리면 법과 질서가 무너질 거라고 주장해 왔다."고 주장한다. 하지만 오늘날 전 세계적으로 법과 질서에 가장 큰 위협이 되는 존재는 오히려 신의 계획을 믿는 사람들이다. "신을 두려워하는 시리아는 세속적인 네덜란드보다 훨씬 더 폭력적인 곳"[12]이 아니냐고 반문한다.

믿음을 짓누르는 목회자의 탐욕

일련의 학자들이 신을 부정하거나 신이 없는 사회가 더 행복하다고 주장하는 근저에는 신을 믿는다는 사람들에 대한 불신이 깔려 있다. 특히, 구원을 볼모로 구원에 역행하는 언행을 일삼는 일부 종교인들에 대한 거부감이 자리하고 있다. 우리나라도 둘 중 하나가 종교를 가지고 있지만 일반인들의 종교에 대한 신뢰는 매우 낮다. 2017년 (사)기독교윤리실천운동(기윤실)이 발표한 '2017년 한국교회의 사회적 신뢰도'에 따르면,[13] 천주교에 대한 신뢰도가 32.9%로 가장 높으며, 불교가 22.1%, 기독교는 가장 낮은 18.9%로 나타나고 있다(이런 순서는 불교 측 조사에서도 유사하다. 대한불교조계종 고산문화재단이 2014년 4월 한국리서치에 의뢰해 조사한 바에 따르면, 가장 신뢰하는 종교는 천주교 31.7%, 불교 31.6%, 개신교 21.6% 순이었다.).

주목할 점은 응답자의 과반수인 50.2%가 '목회자를 신뢰하지 않는다.'고 답했다는 점이다. 기독교인을 신뢰하지 않는다는 사람도 48.8%였다. 목회자가 개선할 점으로는 윤리, 도덕성을 회복해야 한다는 응답이 49.4%로 압도적으로 높았다. 다음이 '물질추구 성향'

(12.5%)이었다. 같은 맥락에서 기독교인의 사회활동에 대해서는 '정직하지 못하다'(28.3%), '남에 대한 배려가 부족하다'(26.8%). '배타적이다'(23.2%)의 순서로 평가했다. 목회자에게 가장 시급한 것이 윤리 도덕성을 회복하는 것이며, 신을 믿는 사람들이 정직하지 못하고, 배려가 부족하며, 배타적이라는 인식이다.

속세에 사는 사람치고 언행이 일치되고 사리사욕에서 초탈한 삶을 산다는 게 그리 쉬운 일이겠는가. 그러나 구원을 목표로 하는 종교인이라면 지향해야 할 삶의 길이자 신앙의 로망이다. 굳이 '개차반'으로 살진 않더라도 일반 신도들에게는 어려운 길이기에 목회자에 대한 존경과 신뢰를 보내는 것이다. 하지만 잊을 만하면 언론에 보도되는 일부 목회자들의 신앙과는 거리가 먼 행위들은 여론조사에서 나타난 교회 불신의 이유를 적나라하게 입증한다. 몇 가지만 보자.

2017년 말, 등록교인 수가 무려 10만 명이나 되는 서울의 한 교회는 목사 세습 문제로 교회 내부에서 싸움이 벌어졌다. 원로 목사의 후임으로 그의 아들이 선출된 것이다. 선출이 적법하다는 측과 목사 세습을 '범죄'라고 주장하는 측의 주장이 대립됐다. 게다가 이 교회에서 1,000억 원 비자금 조성 의혹마저 불거졌다. 양측의 주장이야 어떠하든, 기업도 아닌 교회에서 목사직을 세습하는 것에 대해 사회가 과연 공정하다고 인식할까. 게다가 교단마저 법으로 금지하고 있다. 주목할 점은 목사 세습이 이 교회만의 일은 아니란 점이다. '교회세습반대운동연대'에 따르면 자녀나 배우자, 사위에게 직계 세습 또는 변칙 세습한 교회는 서울에 54개 교회 등 전국적으로

140개 교회에 달한다.[(14)] 이름만 들어도 알 수 있는 유명 대형 교회에서는 어김없이 교회 세습이 이뤄지고 있다.

몇 해 전 한국 개신교의 대표적인 목회자이자 존경받는 원로 한 사람의 비리가 한 해 동안 신문지면을 장식했던 적이 있었다. 신문지면이라 했지만, 관련된 비리 보도는 주로 한 곳의 진보매체에서 접했을 뿐이다. 이 목회자의 사례 역시 비리 유형이 한국의 여타 대형 교회의 부패 행태를 앞장서서 보여 주고 있다. 신문의 기사 제목은 "검찰, ○○○ 목사 '100억대 배임' 확인"에서 시작하더니 "탐욕이 빚은 ○○○ 목사 부자의 비극" "○○○ 목사와 일가, 교회 돈 수천 억 빼돌려" 등으로 이어진다. 그 목사의 '장남 혼자서 2,400억 횡령', '5년간 특별 선교비 600억 원 챙겨' 등의 기사 제목은 웬만한 대기업 총수의 비리를 연상케 한다.

게다가, 이 목사와 혼외관계 논란이 있었던 여인에게 둘 사이의 관계를 발설하지 않는다는 조건으로 15억 원을 주기로 각서를 썼다는 내용까지 드러났다. 일반인들이 왜 목회자의 도덕성을 비판하고, '언행 불일치' 인성을 교회 불신의 가장 큰 이유로 지목하는지 알 것 같다. 불륜관계를 입막음하려 건넨 그 돈은 결국 신도들의 헌금이 아닐까. 뿐만 아니다. 이 목사는 장남 소유 주식 25만 주를 적정가보다 4배 가까이 비싼 가격에 교회가 사들이도록 해 교회에 157억여 원의 손해를 끼친 혐의, 정상적인 거래로 위장해 수십 억 원대의 세금을 포탈한 혐의까지 받고 있다.[(15)] 신문의 지적대로, 우리 사회의 빛과 소금 구실을 하는 데 쓰일 신도들의 헌금을 목사 일가가 멋대로 빼돌렸으니 죄질이 매우 나쁘다. 비리로 얼룩진 여느 대기업 총수의 파렴치한 행각을 보는 듯한 착각마저 든다.

이 정도면 교회가 세상을 걱정하는 것이 아니라 세상이 교회를 걱정하는 상황이다.[16] "목회자의 직분은 국민들을 계도하고 교화시키는 것"이라 했던 러스킨의 말이 공허하게 들릴 뿐이다. 사정이 이러하니, '목사직을 팔고 사는 게 관행'이라는 주장은 차라리 진부하다. 담임목사가 은퇴할 때 후임목사가 돈을 건네주기도 하는데, 비난 여론을 피하기 위해 좀 더 은밀하게 목사직 매매가 이뤄진다는 것이다.[17] 강남의 초대형 교회인 어느 교회 목사의 박사학위논문 표절 문제, 선거 때만 되면 상석에 앉겠다고 억대의 돈을 뿌리는 목사들, 일부 대형 교회의 사재 축적과 세습, 교회를 둘러싼 싸움과 자리다툼은 과거나 지금이나 변함이 없다. 신도들에게는 죄를 고백하라 해 놓고 자신은 그보다 더한 죄를 서슴없이 저지르는 목회자들의 부끄러운 민낯이다.

개신교 내의 자정의 목소리도 있으나 별 영향력이 있어 보이진 않는다. 개신교 김성학 목사는 "성직매매 교회에 희망이 있는가?"를 묻고 "도덕과 윤리, 하나님 말씀이 아니라 자본의 논리가 교회를 움직이고 있다."고 절망한다. 정성진 목사는 "교회 세습은 목사가 하나님의 뜻을 빙자해 자신의 왕국을 만들려는 죄"라고 비판한다.

내세의 구원을 볼모로 한 이런 추문들이 쌓이다 보니 사람들이 점점 더 교회를 외면하게 되는 건 당연지사다. 구원의 길을 인도한다는 목회자가 도리어 구원을 내치는 현실이다. 이들이 '빛과 소금'의 역할을 묵묵히 수행하는 목회자들을 절망의 늪으로 몰고 있다. 으리으리한 교회 건물 속에서 신앙의 열매를 확인하려 들고, 신도의 숫자로 신앙의 위력을 입증하려 한다. 누구 말대로 "예수는 대형 교회 영업사원으로 전락하고, 목사는 그 영업사원을 부리는 사장이 되고 말았다."

그렇다면 정상적인 사고방식과 교양을 갖춘 신도들이 모인 교회에서 어떻게 이런 혐오스런 일들이 가능할까. 아니, 그런 목회자들이 설교하는 주일예배에 내로라하는 인텔리들이 빈자리가 없도록 대성황을 이루는 기현상은 어떻게 설명할까. 이런 물음에 대한 꽃자리출판사 한종호 대표의 말은 시사하는 바가 크다. "대체로 보수적인 신앙인들은 순결하나 무지하고, 너그러우나 필요한 때의 용기는 없으며, 사랑이 풍요로운 듯하지만 희생과 오해, 모욕이 불가피하면 뒷걸음질 친다. 진보적 신앙인들의 속내도 별반 다르지 않다. 질타는 할 줄 알지만 위로하는 능력이 없고, 불의에는 맞서나 정작 자신의 죄는 극복하지 못하고 있다."[18]

2017년 10월 31일은 마르틴 루터Luther(1483~1546)가 종교개혁의 기치를 들어 올린 지 500주년 되는 날이었다. 1517년 이 날, 독일 동부의 한 소도시 비텐베르크에서 루터가 가톨릭교회의 면죄부 판매를 비판하며 95개조 논조를 발표했다. 종교개혁의 시작이다. 그러나 지금은 어떤가. 500년 전엔 돈으로 면죄부를 샀다면, 지금의 한국 교회 역시 돈으로 구원과 복을 살 수 있다는 기복 신앙이 만연해 있다. 목회자들은 "헌금을 많이 내는 사람이 물질적으로, 사회적으로 큰 복을 받는다."며 이를 부추긴다. 성도들 역시 "큰 복을 받는다는데 그 정도 돈쯤이야……."라며 '헌금 투자'를 아끼지 않는다.[19] 뜻 있는 목회자들은 '지금의 한국교회, 루터가 봤다면 통탄할 것'이라고 입을 모은다. 종교가 타락하면 정권보다 추잡해진다. 지금 한 국교회는 뼈를 깎는 심정으로 개혁에 나서야 한다고 주장한다.[20]

"소득이 있는 곳에 세금이 있어야 한다." 이것이 조세의 기본 원칙이며 사회정의다. 허나, 종교인들에게만은 예외다. 무엇보다 종교인들의 반발 때문이다. 물론 이미 자발적으로 납세를 하는 종교와 종교인들도 있긴 하다. 그러나 그동안 종교계의 표를 의식한 정치권의 눈치 보기와 종교인들의 반발 때문에 종교인에 대한 과세는 미뤄 왔다. 국민들의 시선이 따가워서인지, 어렵사리 종교인 과세법안이 통과됐다. 하지만 내용을 보면 차라리 안 내겠다는 것과 다름없다. 종교활동비를 과세 대상에서 제외하고 세무조사를 제한하면 세금 낼 것이 없을 게다. 사회정의, 희생을 설파하는 종교인들이라면 스스로 납세하겠다고 나서야 하는 것이 도리가 아니겠는가? 종교 안팎에서 주어진 기득권은 누리면서 세금은 안 내겠다는 행태는 참으로 보기 민망할 뿐 아니라 염치없는 짓이다.

돈 버는 걸 '업業'으로 삼는 사람들마저도 염치를 아는 사람들이 적지 않다. 미국에서는 오래전부터 부자들이 세금을 올려 달라고 주장한다. 최근에는 미국 부자 400명이 "우리 세금을 깎지 마라. 오히려 세금을 올려라."라는 청원에 나섰다.[21] 아이스크림 회사 '벤앤드제리스'의 창업자 벤 코언과 제리 그린필드, 헤지펀드의 거물 투자가 조지 소로스 등 미국 부자 4백 명이 미국 행정부가 강행하는 대규모 세제 개편에 반대하면서 주장한 것이다. 이유는, 세제 개편으로 부자들의 세금이 줄면 불평등이 심각해지고 국가 부채도 늘어나기 때문이란다. 신학자 파울 틸리히가 말한 '종교인'과 '종교적 인간'

의 차이를 생각하게 한다.

"한국 불교는 원숭이 협잡"

몇 해 전 영국의 주간 이코노미스트[22] 아시아판 기사의 제목이다. 한국 불교계를 'monkey business'라고 강한 어조로 비판하며 쓴 기사다. 이 말은, 생긴 게 사람 같지만 하는 짓은 약아빠지고 속임수나 부정행위를 일삼는 원숭이를 빗댄 것이다. 이코노미스트는 2012년 조계종 일부 승려의 도박 파문 이후 총무원장이 108배로 참회 정진하고 차기 총무원장 선거에 불출마한다고 해 놓고, 선거 직전에 출마로 입장을 바꾼 것을 비판했다. 기사에 따르면, 총무원장이 선거에서 이길 경우 교구 본사 주지 24명과 신도 1,000만 명, 사찰 2,500개, 연간 예산 330억 원과 문화재, 토지 임대료 등의 자산관리라는 막대한 권한을 갖게 된다. 정략과 파벌이 난무하고 각종 흑색선전과 폭로 위협이 이어지는 한국 불교계의 행태가 원숭이들이 하는 짓거리와 다를 바 없다는 비아냥을 듣고 있는 것이다.

국내 언론 보도를 찾아보면 이코노미스트가 왜 한국 불교계를 비난했는지 짐작할 수가 있다. 이번엔 동아일보와 조선일보가 보도에 합세하고 있다. "성 추문-비리 폭로. 속(俗)보다 더 속된 조계종 선거"란 기사 제목[23]이 이코노미스트가 비판한 내용과 연결된다. 총무원장 선거를 앞둔 흑색선전과 폭로 위협을 다루고 있는데 그 내용이 제목처럼 더할 나위 없이 '속되다.' "총무원장 직선제, 멸빈자 대사면, 중앙종회 구성을 종단이 수용하지 않으면 원로의원을 포함한 지도층 인사의 비리를 폭로하고 조계사에서 분신, 열반하겠다." 대한불교조계종 내에서 개혁을 명분으로 한 어느 스님의 위협성 인터뷰인데, 폭로 위협의 내용과 언어 구사가 섬뜩하다. 분신을 하면 열반에 오르는지는 차치하고서라도 불교계 지도층 인사의 비리가 과연 얼마나 많고 크기에 그리도 비감하고 당당한지 의아할 뿐이다.

이어진 그 승려의 주장을 보니 '내가 입 열면 다치는 사람 많다.'는 정치판식 위협의 실상을 알 수 있게 된다. 그는 "개혁되지 않는다면 30년 전 대전 버스터미널 근처 모 여관에서 처녀를 겁탈해 임신시킨 모 스님의 일을 폭로하겠다." "2012년 백양사 도박사건은 빙산의 일각에 지나지 않고 서울시내 호텔뿐만 아니라 마카오, 라스베이거스 등 원정도박이 만연하고 있다."고 주장하였다. 백양사 도박사건은 경북 포항의 조계종 중앙종회 부의장을 지낸 한 주지 스님의 폭로로 드러났는데, "조계종 고위급 스님 16명이 지난 몇 년간 전국을 돌며 한 판에 최소 300만 원에서 1,000만 원의 판돈을 걸고 상습적으로 카드 도박을 했다. 나도 함께 도박을 한 파계승이며 국내는 물론 해외 원정도박도 했다."[24]는 내용이다.

선거철만 되면 돈과 성性, 부정선거와 관련된 폭로들이 난무하는 장소가 정치권이라도 분노할 일이다. 그런데 오히려 그러한 속세의 일로 마음의 상처를 치유하려는 신도들이 몰려드는 사찰에서 정치권보다 더 못한 비리와 부패가 횡행한다는 사실을 알게 된 신도들의 마음은 어떠할지 가늠하기 어렵다. 사정이 이러하니 우리나라 불교에는 감동이 없다[25]는 말들이 나온다. 종교가 감동을 주지 못한다는 것은 생명체에 비유하자면 생명이 없는 것과 같다.

뭉개진 스핑크스의 코와 기독교

몇 해 전 대학연수의 일환으로 이집트와 이스라엘, 터키의 역사를 둘러볼 기회가 있었다. 흔히 이집트의 고대 문명하면 수도 카이로의 박물관이나 피라미드를 연상한다. 나 역시 그랬다. 그러나 카이로에서 나일강을 거슬러 비행기로 한 시간 반 남짓 거리에 있는 고대도시 룩소르는 잔잔한 충격이었다. 지금도 웅장하게 서 있는 신전들은 파라오 20대에 걸친 4천 년 왕조 문명의 유적을 매혹적으로 드러내고 있었다. 그런데 가만히 보니 수없이 많은 신들과 왕, 왕비의 크고 작은 석상들에는 대부분 코가 뭉개져 보이지 않는 것이었다. 그러고 보니 스핑크스 얼굴에도 코가 없다는 사실에 생각이 미쳤다. 그러나 오랜 세월을 견디다 보니 그럴 수도 있으려니 했다.

귀국 후 우연히 접하게 된 리영희 선생의 책『스핑크스의 코』는 이런 나의 무지를 여지없이 깨부수었다. 스핑크스 얼굴에 코가 없는 것은 중세에 이집트를 점령한 기독교인들이 우상들의 숨을 끊어 버리기 위해 스핑크스와 석상들의 코를 모조리 깨 버리고 얼굴까지 뭉개 버렸다는 것이다. [26] 참혹하게 코가 달아났거나 얼굴이 뭉개진 석상들과 스핑크스를 생각하면 중세는 물론이고 지금도 종교인들, 특히 그리스도교인들이 얼마나 타 종교에 대해 배타적이며 폭력적인지를 되새기게 된다.

한국 종교계 인사들의 불관용 혹은 배타적인 인성의 문제는 어제오늘의 일은 아니다. 2014년 불교 조사에서도, 한국 성인의 절반(50.3%)은 '종교가 평화에 기여하기보다는 오히려 갈등을 유발한다.'고 비판한다. 2017년 (사)기독교윤리실천운동(기윤실) 조사에서는, 한국 개신교를 신뢰하지 않는 주된 이유로 '남에 대한 배려 부족'(26.8%), 타 종교에 대한 '배타성'(23.2%)을 지적하고 있다.

사랑을 기반으로 하는 개신교는 왜 배타적일까. '불신지옥'의 외침이 보여 주듯 왜 타자의 악마화를 전면에 내세우는 것일까. 자신들의 생각이나 교리와 다르면 이단으로 낙인찍는다. 대화의 상대로 인정하지 않는 것은 물론 타도의 대상이 되기도 한다. 신문에 실린 사례 하나는 이를 단적으로 보여 준다.

서울 구로구에 있는 어느 교회 옆에 김밥 집을 열었다가 20일도 안 돼 문을 닫을 수밖에 없었던 김 모 씨의 이야기다.[27] 처음에 손님들이 "여기가 정말 이단 김밥 집이냐."라고 물을 때만 해도 무슨 일이 벌어지는지 몰랐다. 그러나 알고 보니 마치 수배전단처럼 교회 곳곳에 김 씨의 사진이 내걸렸다. 이 교회 목사가 예배시간에 김 씨의 김밥 집에 절대 가지 말라고 설교하자, 교인들은 매일같이 김밥집 앞에서 "이단은 물러가라."라고 외쳤고, 결국 3,500만 원을 들여 시작한 김밥 집을 포기하고 말았다는 내용이다. 사건의 발단은 그 교회에 다니던 김 씨가 몇 해 전 근처의 '작은 개척교회'로 옮긴 데서 시작되었다. 문제는 그 작은 교회가 침례교단과 다른 성결교단 가입을 앞둔 교회였다는 것이다.

제대로 된 종교적 인성의 소유자라면 '이단' 운운하며 남을 쉽게 정죄定罪할 수가 없다. 오히려 자신이 틀릴 수도 있다는 두려움 앞에 몸을 낮춰야 하는 것 아닌가. 차별이나 배타성은 예수그리스도의 복음에 대한 중대한 도전이다. 사랑과 연민, 관용과 배려, 존중과 겸손은 기독교인의 핵심 인성이자 기독교 신앙의 중심축이다. 기독교 신앙이 없는 사람이라도 알고 있는 상식이다. 그러나 근본주의적 신앙이 지배하는 보수 기독교는 물론, 적지 않은 교회에서는 예수를 믿지 않거나 자신과 다른 교파의 사람을 적대시하는 경향이 매우 짙다. 사형수도 포용해야 할 그리스도인들이 차별과 배제에 앞장서는 것이다.

그렇다면 세계에서 보기 드문 다종교 국가임에도 불구하고 우리나라 종교들의 배타성이 유독 강한 이유는 무엇일까. 내 종교, 내 교회에서만이 참된 신앙생활을 할 수 있다는 굳은 신념은 어디서 기인하는 것일까?『소로우의 강』의 저자인 미국 사상가 헨리 데이비드 소로Thoreau[28]는 한마디로 단언한다. '탐욕'이라는 것이다. 소로는, '별처럼 반짝이는 눈빛'을 가졌던 원주민들을 백인들이 개화시켜야 한다며 하느님의 뜻으로 포장했지만, 사실 탐욕에 지나지 않았다고 비판한다. 소로는 "종교라 부르는 것에서는 고약한 냄새가 날 때가 있다."는 말로 기독교의 탐욕에 기초한 독단과 아집을 비판한다. '이단 김밥 집' 사건을 본다면 소로는 과연 무엇이라 말할지.

하버드대학교 로버트 퍼트남Putnam[29] 교수의 사회자본론도 우리나라 교회의 유별난 배타성을 이해하는 한 틀이 될 수 있다. 서양의 교량형bridging 자본에 비해 우리 문화는 유난히도 결속형bonding 자본이 강하기 때문이라는 해석이다. 그러나 하나의 신을 믿는 '구원종교'의 특성에서 기인하는 바도 클 것이다. 개교회주의적 성향을 바탕으로 한 교리에 대한 자의적 해석이 원인이라는 생각이다. 성서를 편찬사적으로 비판할 수 있는 학문적 능력이나 고대근동언어를 포함한 성서 언어에 대한 전문성이 결여된 상태에서 행해지는 자의적 해석은 '정의定義의 덫'에 빠질 개연성이 클 수밖에 없다.

몇 해 전 인도네시아를 포함한 서남아시아에 엄청난 규모의 지진해일이 덮쳤다. 무려 30여만 명이 목숨을 잃었다. 그 당시, 우리나라 한 대형 교회 목사는 "이교도에 대한 주의 심판"이라고 저주를 퍼부었다. 옳고 그름을 떠나 목회자의 인성을 의심케 하는 천박한 발언이란 비판이 빗발쳤다. 신앙세계에서 '정의의 덫'이 무엇인지를 보여 주는 단적인 예다. 만일 그의 논리대로 서남아시아인들이 예수를 믿지 않아 지진해일로 심판받은 것이라면, 지진해일로 죽은 30여만 명 중 한 사람이라도 예수를 믿는 사람이 있었다면 그 신은 어떤 신인가?

목회자의 영향을 받아서일까? 한국 기독교 신자들이 인도 마하보디 사원에서 기타를 치며 찬송가를 불러 물의를 빚은 적도 있다. 인도 마하보디 사원은 붓다가 오랜 고행 끝에 득도한 곳으로 전해진다. 불교의 '4대 성지' 중 하나로 유네스코 문화유산으로도 등록돼있다. 찬송가를 부르던 현장에는 태국, 스리랑카 등 외국에서 온 스님, 신도들이 있었다고 한다. 종교를 떠나 국가적 망신이 아닐 수 없다. 자신의 신을 함께 믿지 않는 타인들을 적군으로, 타도 대상으로 삼는 것은 광신주의다. 이들의 편협한 불관용이 사랑과 연민, 관용과 배려의 복음을 짓밟고 있는 것이다.

신의 이름으로 신을 용렬하게 만드는 일부 목회자들이 신도들을 교회에서 내치고 있다. 그들은 실존주의적 무신론자들을 양산하는 주범이다. 실천윤리학계의 거장인 피터 싱어Singer 교수를 포함한 50명의 지성인들은 함께 『무신예찬』이란 책을 썼다. [30] 그들은 이 책에서 종교인들의 성서에 바탕을 둔 자의적인 교의, 교리 해석의 허접함을 조목조목 비판한다. 이들 중에는 한때 열렬한 신앙인이었던 사람들이 많다. 이들은 자신들이 무신론자가 된 이유를 자의적 해석의 덫에 빠진 종교인들 때문이었다는 사실을 간접적으로 시사하고 있다. 이런 사람들에게 "교인들을 보지 말고 오직 하느님만 보고 믿으라."라는 말만 되풀이 할 수는 없지 않은가.

가톨릭 성직자의 '정의의 덫'

다른 종교들에 비해 배타성이 상대적으로 덜한 것으로 인식되는 종교가 가톨릭이다. 그래서인지 일반인의 신뢰도가 상대적으로 높게 평가된다. 목회자나 승려 중에 존경받는 사람들이 적지 않듯이 가톨릭의 성직자도 마찬가지다. 그러나 가톨릭도 비판에서 자유로울 수 없기는 매한가지다. 가톨릭에 대한 일반인들의 평가에는 권위주의적이란 비판이 뒤따르곤 한다. 정확히 말하면 가톨릭 성직자들의 권위주의적 인성에 대한 비판이다. '권위적'이라면 목회자나 승려도 오십보백보일 테지만 가톨릭과 권위적이란 단어는 함께할 정도다.

가톨릭은 초대교회로부터 내려오는 정통성을 강조한다. 개신교에 비해 타 종교에 대한 포용성이 강하지만 그리스도교 구원 진리의 담지자로서의 자부심 역시 강하다. 그런데 자신이 진리를 가지고 있다고 자부하는 사람은 덜 관용적이기 마련이다. 더구나 진리를 안다고 확신하면서 권력을 독점하려 애쓰는 경향이 있다.[31] 진리를 제대로 아는 사람은 권력을 멀리한다는 상식과는 다르다.

"닭 벼슬(볏)보다 못한 게 중 벼슬"이라 한다. '절집 감투'만 그런 것은 아닐 것이다. 신부나 목사라는 종교인의 직위 역시 본질적으로 닭 벼슬만도 못한 것이다. 궁극적으로 무소유의 삶을 추구하는 것이 성직자나 수도자의 길이기 때문이다. 따라서 속세의 감투에 연연하거나 권위를 부린다면 성직이란 존재의 의미는 사라지게 된다. 속세의 '갑'질 행태와는 달리, 종교인의 권위는 오로지 빛과 소금이 되는 말과 행실로써 드러나는 것이지 직위로 누르는 게 아니다.

박기호 신부가 어느 신문에 기고한 글이다. 그는 김수환 추기경이 생전에 사제피정에서 했던 말씀을 틈틈이 회상한다고 했다.

"세계적으로 한국만큼 사제생활하기 좋은 나라가 없다고 해요. 외국인 선교사가 내게 말하기를, '한국은 성직자 생활의 파라다이스다!' 하더라고. 정말 부끄러운 생각이 들었습니다. 우리는 무엇이 부족해서 온전히 헌신하지 못하는지를 반성해야 합니다."

김수환 추기경은 우리나라 사람들의 종교에 대한 공경심, 특히 가톨릭 신자들의 신부에 대한 남다른 신뢰와 존경심을 언급한 것으로 보인다. 그러나 추기경이 정작 하고자 했던 말씀은 그 다음이 아닐까. 신자들의 공경만 원하고 "온전히 헌신하지 못하는" 사제들의 인성, 너와 나를 반성하자는 것이다. '헌신'에 대해 박 신부는 "사제는 자신을 제물로 내어놓는 자"라고 단언한다. 헌신은 사제의 업業이다. 추기경의 말은 업에 충실하지 않은 채 권위만 앞세우는 것이 부당한 권위라고 비판하는 것이다.

부당하건 정당하건, 권위의식에 사로잡힌 사람이 범하기 쉬운 치명적인 오류는 세상사의 옳고 그름, 선과 악의 잣대를 독점하려는 유혹이다. 이른바 '정의定義의 덫trap'이다. 과거 천주교 수원교구 시국미사에서 어느 주교는 "정의가 없는 국가는 강도떼와 같다."고 일갈했다. 정말 맞는 말이다. 정의를 말하는 것은 신부들의 책임이자 권리이다. 그러나 정의에 대한 주장은 거기까지에서 일단 멈추어야 한다. 때로는 법적이며 정치적인 판단보다 자신들의 생각이 우선한다는 식의 주장으로 오만하고 경솔하다는 비판을 받을 수가 있다. '정의正義'를 말하지만 정의에 대한 판단은 신중함이 필요하다는 것이다.

알렉산드로스 대왕과 해적의 정의

과거 박근혜 대통령이 당 대표로 있을 때 노무현 대통령을 향해 "참 나쁜 대통령"이라고 비난한 적이 있었다. 참으로 무지한 판단이었다. 그런 박 대표의 말을 비판하는 사람들이 많았다. 그들에게는 노무현이 "좋은 대통령"이라 생각되었기 때문이다. "좋다." "나쁘다."와 같이 무엇을 정의한다는 것은 "어떤 것을 다른 것들로부터 분리해 내는 언어 행위"이다. A가 B, C, D가 아닌 바로 A인 이유, 즉 A의 본질을 드러내 그 본질 속에 A를 가두는 행위이다. 따라서 자칫하면 '정의定義의 덫'에 빠지기 십상이다. 필연적으로 '구분'하고 '분리'시키며 나아가 나와 다른 것을 '억압'하는 기제로 작동하게 된다. 중국의 노자가 경계하는 것도 바로 이 점이다. 노자의 『도덕경』을 읽지 않은 사람도 들어 봤을 구절이 바로, 1장 첫머리에 나오는 "道可道, 非常道, 名可名, 非常名"이다. 도道나 개념名을 자의적으로 정의하는 것의 불완전성과 위험성을 경고하는 말이다. 박근혜의 "참 나쁜 대통령"이란 정의가 비난받는 이유가 여기에 있다. 나쁘기도 하지만 좋기도 한 대통령이란 '경계를 인정하지 않는 판단'이기 때문이다.

가톨릭 신부들이 주장하는 정의正義도 동일한 오류를 범할 수 있다. "정의가 없는 국가는 강도떼와 같다."는 말은 멋들어지게 써 볼 수는 있다. 이 말은 아우구스티누스Augustinus(354~430)의 주저인 『신국론』 제4권의 알렉산드로스-해적 이야기에 나온다. 그러나 단순한 인용에 그친다면 아우구스티누스의 중요한 메시지를 놓칠 수 있다. 『신국론』에는 알렉산드로스 대왕이 사로잡은 해적에게 왜 바닷사람들을 괴롭히느냐고 묻는 장면이 나온다. 그러자 해적이, "나는 단지 작은 배를 가지고 그런 일을 하기 때문에 해적이라 불리고, 당신은 같은 일을 함대를 거느리고 하기 때문에 제왕이라고 불리는 것"이 아니냐고 힐문한다. 아우구스티누스의 '정의正義가 없는' 이란 말의 판단 기준도 해적의 기준만큼이나 쉽지 않다. 아우구스티누스가 살았던 기원후 5세기 로마제국과 21세기 한국 사회, 나아가 지금과 유신독재시절은 확연한 차이가 있지 않겠는가.

고대 그리스의 아리스토텔레스는 일찌감치 이 점을 간파했다. 아리스토텔레스는 『니코마코스 윤리학』에서 사람들이 추측hypolepsis과 의견doxa을 마치 사실이나 진리인 양 착각한다고 비판의 날을 세운다. [32] 자신의 추측, 의견 그리고 믿음에 대해 자신감을 갖는 것은 중요하지만 그것들에 의해서는 허위에 빠질 수 있기 때문에, 항상 비판과 논박의 대상이 될 수 있음을 받아들여야 한다는 것이다. 정의를 말하는 것은 필요하다. 그러나 무엇이 정의인지를 판단하는 데에는 아리스토텔레스가 말하는 '신중함prudentia'이 요구된다. 그래서 예수님도 심판하지 말라고 하신 게 아닌가.

09

공정성과 '헬 조선'

　언제부터인가 젊은 층을 중심으로 '헬 조선(지옥 같은 한국)'이란 말이 나돌고 있다. 청년들의 삶이 너무 팍팍하다는 얘기일 것이다. 청년 실업률은 여전히 높고 취업을 한다 해도 기업 간 근로조건의 차이가 너무 크다. 정규직과 비정규직, 노조가 있는 기업과 노조가 없는 기업 간 격차도 크고 이동도 거의 불가능한 상황이니 그럴 만하다. 그러나 살기 어렵다고 반드시 '헬hell'이 되는 것은 아닐 것이다. 삶이 힘들어도 우리 사회가 공정하다는 인식이 뒷받침된다면 상황은 달라진다. 성경에서는 '받는 것보다 주는 것이 더 행복하다.' 고 말한다. 그러나 사실은, 주는 것만큼 받을 때 공정하다고 느낀다. 따라서 타인과의 상호관계를 깊이 인식하는 사람이 공정한 인성의 소유자다.

　같은 맥락에서 공정성에 대한 인식이 공유되지 못할 때 사회적 응집력은 허물어진다. 과거 IMF사태(1997년)는 무능한 정부와 차입경영에 빠진 기업들이 불러들인 '제2의 경술국치'였다. 그러나 정부와 달리 시민들은 주저앉지 않았다. 무려 243만 명의 사람들이 장롱 속 돌 반지와 금패물을 꺼내 벨기에의 국가 보유고와 맞먹는 금을 모았다.[1] 방한 중 국회연설을 한 트럼프 미국 대통령도 위기 앞에서 뭉치는 한국민의 저력을 높이 평가했다. 그러나 20년이 지난 지금, 상황은 다르다. 똘똘 뭉쳐 위기를 헤쳐 나가려는 국민적 결기가 사라진 듯하다. 여론조사를 해 보니 다시 외환위기가 와도 금 모으기 같은 고통분담에 참여하지 않겠다는 사람들이 38%에 달한다.[2] 공동체의식이 약해졌다고 말들 하지만 그 이유는 무엇일까?

원숭이마저 공정을 원한다

2003년 세계적인 저명 학술지 『Nature』에 흥미 있는 논문 한 편[3]이 발표돼 세간의 이목을 끌었다. "원숭이는 불공정한 임금을 거부한다Monkeys reject unequal pay."는 제목의 이 논문은 원숭이가 공정함을 어떻게 인식하는지를 실험을 통해 보여 주었다. 연구팀은 한 무리의 흰목꼬리감기 원숭이Capuchina가 태어나자마자 일체의 학습 경험을 차단한 채, 우리에 가둬 사육했다. 원숭이들을 두 집단으로 나눠 일정한 양의 조약돌을 준 다음, 원숭이들이 사람에게 이 돌멩이를 건넬 때마다 그에 대한 보상을 제공하는 방식으로 실험을 진행했다.

양쪽 원숭이 집단에 모두 오이를 보상으로 제공했을 때는 아무 문제가 없었다. 하지만 한쪽 집단에는 오이를, 다른 쪽 집단에는 잘 익은 포도를 제공하자 오이를 받은 원숭이 무리 중에서 제 먹이를 땅

바닥에 패대기치거나 우리 밖으로 내동댕이치면서 저항하는 개체가 나타났다. 상황을 바꿔 여러 방식의 실험을 해 본 결과, 욕심이나 좌절 등 다른 요인이 아닌 '차별적 처우'에 대한 불만이 이 같은 행동을 야기한다는 것을 최종적으로 검증했다.

연구팀은 실험결과에 놀랄 수밖에 없었다. 이제 갓 태어난 원숭이들이며 무리 속에서의 학습 경험이 전무한 상태였기 때문이다. 그렇다면 평등의식이나 공정함에 대한 인식이 '학습' 이전에 진화 과정에서 발달한 '본능'일 수밖에 없다는 결론이 나온다. 협동을 통해 생존할 수밖에 없는 종種들은 먹이를 공유하는 등 평등을 실천해야 생존과 진화에 유리하다. 반면에 불평등이나 불공정은 공동체 전체에 해를 끼친다는 인식을 갖게끔 진화했을 가능성이 있다는 얘기다.

인간은 어떨까? 실험결과는 원숭이와 마찬가지로 사람들은 자기 이익만큼이나 '공정함'에 가치를 부여한다는 것을 알아냈다. 경제학에서 흔히 사용하는 '최후통첩게임'은 이를 잘 보여 준다. 길거리 행인 두 명(A, B)을 붙잡고 2만 원을 서로 나눠 가지라고 제안한다. 먼저, A에게 얼마씩 나눌지 제안권을 준다. 대신, 제안은 한 번만 해야 된다. B는 A의 제안을 받아들일 수도, 거절할 수도 있다. 단, 제안을 거절하면 2만 원은 아무도 갖지 못하게 된다. 경제학의 논리대로라면 A가 당연히 더 많이 갖고 B는 주는 대로 받아야 한다. 9:1의 비율이라도 B에겐 안 받는 것보다 낫기 때문이다. 그러나 실험결과는 예상을 뒤엎는 것이었다. 과반수 이상의 A들이 1만 원을 B에게 제안했다. 반면, 약 과반수의 B는 액수가 30% 미만일 경우 그 제안을 거절했다. 거부할 경우 한 푼도 받지 못한다는 규칙을 알면서도 말이다.

실험을 보면, 인간에게는 진화 과정에서 불공정을 거부하고 서로 협동하는 이타적 본성의 유전인자가 형성됐을 가능성을 추측하게 된다. 경제적 인간형Homo Economicus에 대비되는 호혜적 인간형Homo Reciprocan의 유전자가 있다는 것이다. 호혜적이란 자신이 대접받고 싶은 만큼 다른 사람에게 잘 대해야 한다는 감정이기도 하다. 따라서 공정성은 도덕성의 중심[4]이다.

성경 속 '포도원 일꾼'의 공정

19세기 영국이 낳은 사상가 존 러스킨Ruskin은 저서 『나중에 온 이 사람에게도』에서 성경 한 구절을 제시한다.[5] 잘 알려진 '포도원 일꾼'에 대한 비유(마태 20:1-6)다.

> 하늘나라는 자기 포도원에서 일할 일꾼을 고용하려고 이른 아침에 집을 나선 어떤 포도원 주인과 같다. 그 주인은 하루 품삯으로 1데나리온을 주기로 하고 일꾼들을 포도원으로 보냈다. 오전 9시쯤 돼 그가 나가 보니 시장에 빈둥거리는 사람들이 있었다. 그는 그들에게 "너희도 내 포도원에 가서 일하라. 적당한 품삯을 주겠다."라고 했다. 그래서 그들도 포도원으로 들어갔다. 그 사람은 12시와 오후 3시쯤에도 다시 나가 또 그렇게 했다.

그리고 오후 5시쯤 다시 나가 보니 아직도 빈둥거리며 서 있는 사람들이 있었다. 그는 "왜 하루 종일 하는 일 없이 여기서 빈둥거리고 있느냐?"고 물었다. 그들은 "아무도 일자리를 주지 않습니다."고 대답했다. 주인이 그들에게 말했다. "너희도 내 포도원에 와서 일하라."고 말했다.

날이 저물자 포도원 주인이 관리인에게 말했다. "일꾼들을 불러 품삯을 지불하여라. 맨 나중에 고용된 사람부터 시작해서 맨 처음 고용된 사람까지 그 순서대로 주어라." 오후 5시에 고용된 일꾼들이 와서 각각 1데나리온씩 받았다. 맨 처음 고용된 일꾼들이 와서는 자기들이 더 많이 받으리라고 기대했다. 그러나 각 사람이 똑같이 1데나리온씩 받았다.

그들은 품삯을 받고 포도원 주인을 향해 불평했다. "나중에 고용된 일꾼들은 고작 한 시간밖에 일하지 않았습니다. 그런데 하루 종일 뙤약볕에서 고되게 일한 우리와 똑같은 일당을 주시다니요?" 그러자 포도원 주인이 일꾼 중 하나에게 대답했다. "여보게 친구, 나는 자네에게 불의한 것이 없네. 자네가 처음에 1데나리온을 받고 일하겠다고 하지 않았나? 그러니 자네 일당이나 받아 가게. 나중에 온 일꾼에게 자네와 똑같이 주는 것이 내 뜻이네. 내가 내 것을 내 뜻대로 하는 것이 정당하지 않은가? 아니면 내가 선한 것이 자네 눈에 거슬리는가?"

포도원 주인은 뜨거운 뙤약볕에서 10시간을 일한 사람이나 1시간을 일한 사람이나 똑같은 일당을 준다. 원숭이들이 오이를 땅바닥에 패대기칠 일이다. 자본주의에서의 형평성은 물론이고 그리스도교 신앙의 관점에서도 선뜻 이해하기 어려운 논리다. 이를 이해하기 위해서는 먼저 책 전반에 걸친 러스킨의 사상을 이해해야 한다.

러스킨은 애덤 스미스에서 시작돼 존 스튜어트 밀로 이어지는 자본주의 정통 경제학의 전제 조건들을 정면으로 부정한다. 이기적 인간들이 만들어 내는 "보이지 않는 손"의 역할에 대한 낙관론에 대한 도전이다. 경제의 법칙은 늑대와 늑대 간의 먹이다툼이 아닌 애정과 희생에 기초해야 한다는 것이다. 그래야 경제주체 모두가 최선의 결과를 향유할 수 있다는 것이다.

그러나 러스킨이 '포도원 일꾼'의 공정성의 문제를 존 롤스의 관점에서 접근했다면 그의 논리가 한층 빛을 발했을 거란 생각이 든다. 물론 러스킨 시대에 롤스는 존재하지도 않았다. '포도원 일꾼'의 공정성의 문제를 이해하기 위해, 그와 대척점에 있는 자본주의 사례 하나를 살펴보기로 하자. 재벌 딸들의 빵집 경쟁 사례다.

재벌 딸들의 '빵집'

여론의 질타를 받은 탓인지, 지금은 별로 사회적 이슈가 되지 않고 있다. 그렇다고 사라진 것은 아니다. 빵집은 없어졌는지 모르지만 재벌 2세들의 공정성에 대한 의식은 변하지 않았기 때문이다. 재벌가의 갑질 행태가 지속적으로 문제가 되는 것을 보면 더욱 그렇다. 한 예로 최근에는 국내 대기업 L그룹 총괄회장의 장녀가 면세점 입점 대가로 거액의 돈을 챙기고 회삿돈을 빼돌린 사건이 불거졌다.[6] 면세점 입점 대가로 업체들로부터 35억 원을 받고, 게다가 회사에서 근무한 적도 없는 세 딸을 등기 임원으로 올려 급여 명목으로 47억 원을 빼돌렸다. 그런데 이 장녀는 1000억 원 넘는 주식을 갖고 있고 급여와 배당금으로 한 해 40억 원을 받고 있다. 과거의 사례가 단지 과거가 아님을 보여 준다.

몇 해 전부터 시작된 대형마트와 기업형 슈퍼마켓SSM이 서민경제 파탄의 주범인지 아닌지에 대한 논쟁이 계속되고 있다. 대기업이 거대자본을 무기로 서민들이 창업하는 제과업에 침투하는 것이 공정한가의 문제다. 같은 맥락에서 재벌 딸들이 빵집을 경쟁적으로 경영하는 것도 이슈가 되었다. 재벌 자녀들이 재벌 계열사의 물적, 인적 지원을 등에 업고 '땅 짚고 헤엄치는' 식으로 돈벌이하는 것이 공평한가의 문제다.

한 예로, 몇 해 전 주식회사 신세계와 이마트는 같은 그룹 계열사 빵집에 부당 지원한 행위가 적발되어 공정위로부터 과징금 40억 6,000만 원을 부과받았다. 본 매장에 입점한 '데이앤데이' 등 신세계 SVN이 운영하는 빵집 128곳에 대해 판매수수료를 많게는 13%까지 인하해 62억여 원의 손실을 냈다는 것이다.[7] 손실을 감수하면서 이들 빵집에 대해서만 수수료를 내리는 특혜를 제공한 이유야 뻔하다. 신세계 SVN은 신세계 회장의 딸이 전체 지분 40%를 보유한 회사이기 때문이다. 덕분에 SVN은 2,565억 원의 매출을 올려 4년 사이 매출이 2배 이상 증가했다.

언론 보도에 따르면 '파리바게뜨'와 '뚜레쥬르' 같은 대기업 체인점으로 인해 동네 빵집이 9년 사이 70% 넘게 문을 닫았다.[8] 이에 뒤질세라 삼성 · 현대차 · 롯데 · 신세계 같은 재벌가 3세 딸들까지 빵집 사업에 경쟁적으로 뛰어든 것이 문제가 됐었다. 그룹 관련 건물에서 커피숍을 하는 한진그룹 회장 딸들, 물티슈·생리대까지 수입·판매하는 롯데그룹 회장 외손녀 부부의 행태도 구설수에 올랐다. 부모 잘 만난 덕에 '은수저를 입에 물고 태어난' 재벌 자녀들은 거대 재벌 계열사의 지원을 받아 목 좋은 곳을 차지하며 손쉽게 매출을 늘렸던 것이다. 반면에 그렇지 않아도 어려운 자영업자들의 설 자리는 더욱 좁아졌다.

'라면부터 미사일까지' 다 만드는 대기업 창업주들의 사업다각화야 당시 기업의 성장 의지 및 정치적 상황에서 이해할 수 있는 일이다. 그러나 재벌 3세들의 '땅 짚고 헤엄치기'식 돈벌이는 기업가 정신의 실종은 물론 같은 업종에 절박한 생계를 기대고 있는 자영업자들에 대한 폭력적인 불공정 행위이다. 오죽했으면 윤리적 기반이 허약한 재벌기업 출신 대통령마저 이러한 골목상권 침해를 '기업의 윤리에 관한 문제'라고 지적을 했겠는가.

정부의 엄포로 제빵 사업을 철수한 '딸들'도 있지만, 재벌들의 이러한 탐욕스럽고 몰염치한 상도商道에 대한 국민들의 허탈감과 불신은 더욱 깊어 갈 수밖에 없다. 재벌 2, 3세가 자신의 노력보다는 부의 대물림을 통해 불공정한 상행위를 하는 것에 대한 분노인 것이다. 특히, 우리나라의 경우 부의 대물림 현상이 심하다. 예를 들어, 일본과 중국은 50대 부호 가운데 자수성가형이 각각 43명(86%), 49명(98%)에 달한다. 반면 우리나라는 자수성가형이 15명으로 30%에 불과하다. [9]

실제로, 경제민주화 논의가 이슈가 되는 것은 대기업이 혼자 힘으로 큰 게 아니라는 국민들의 인식이 강하기 때문이다. 조사에 따르면, 우리나라 국민 대부분(95.2%)은 대기업 성장은 정부의 특혜와 중소기업의 협력, 국민의 희생 때문이지 대기업 혼자 컸다고 보지 않고 있다. 대기업의 SSM과 제과·제빵 프랜차이즈 사업 진출에 대한 시각도 '우월적 지위를 남용한 무분별한 사업 확장(82.3%)'[10]으로 부정적이다. 기업의 당연한 이윤 추구라거나 소비자에게도 이익이 되지 않겠냐며 항변할지도 모를 재벌가의 인식과는 괴리가 큰 것이다. 이 간극을 메우는 것이 재벌기업의 기업시민CS 의식이자 경제민주화의 출발점이 될 것이다. 상대를 배려하는 것이 서로에게 이익이 된다는 신 경제이론을 주창한 러스킨Ruskin은 다음과 같이 말한다.

> "가난한 사람들이 굶주리는 이유는 부자들이 자신들의 부를 붙들고 놓지 않기 때문이 아니라 그 부를 천하게 쓰기 때문이다. 사람들이 다치는 이유는 힘센 사람이 자신의 힘을 절제하고 있기 때문이 아니라 그 힘을 악용하고 있기 때문이다."[11]

워런 버핏: 나의 성공은 사회적 '빚'

「유통산업발전법」이 개정되었지만 골목상권과 대형마트 간의 갈등 풀기는 생각보다 쉽지 않은 모양이다. 빵집 경쟁을 하던 재벌 딸들도 주변의 따가운 시선 때문인지 자중 모드로 들어간 것 같다. 그러나 모기업으로부터 편법으로 도움을 받아 여전히 손쉽게 돈벌이를 하는 대기업 자녀들은 한 둘이 아니다. 이들은 대 놓고 말은 못하지만 이렇게 항변하고 싶을 지도 모른다. 내가 부모의 도움을 받아 빵장사를 하든 기저귀나 티슈를 수입하든 문제될 게 무엇인가? 이런 인식이 지배적인 한 공정 사회는 요원하다. 이런 사람들은 먼저 투자의 귀재라는 워런 버핏의 말을 경청할 필요가 있다.

> "체력이 약한 내가 아프리카에서 태어났다면 사자 밥이 되었을 것이다. 내가 큰돈을 벌 수 있는 사회에 태어난 것은 정말 행운이다. 이 사회가 나를 부자로 만들어 주었다."(12)

경제적 자유주의를 축으로 하는 자본주의 사회에서 시장 매커니즘의 자율적 조정 능력을 믿고 맡겨야 한다는 것은 상식이다. 그런데 시장 매커니즘에는 개인의 능력과 노력에 따른 서비스나 재화의 생산, 교환이 전부가 아니란 점을 인식할 필요가 있다. 자신의 성공이 모두 자신의 노력과 능력에 의한 것이라 생각한다면 그건 무지의 소치일 뿐이다.

구글Google의 성공이 설립자인 래리 페이지와 세르게이 브린의 능력과 노력에 의한 것임을 부인하는 사람은 없다. 이들은 스탠포드 대학에서 대학원생으로 만난 지 겨우 9년 만에 회사가 상장되면서 억만장자가 되었다. 부단한 노력, 번뜩이는 창의력에다 천부적인 사업가 기질을 발휘해 '자수성가한 사람'이란 찬사를 들을 만하다. 그런 찬사에 대해 페이지와 브린은 어떻게 생각할까? 언론을 통해 드러난 그들의 입장은 간명하다. "구글은 인터넷을 기반으로 세워졌다. 인터넷은 국민의 세금으로 만들어졌다. 게다가 정부와 대학들, 그리고 산업계의 지속적인 협업에 의해 키워졌다. 따라서 구글의 성공은 국민 모두에게 빚지고 있는 것이다."[13] 이것이 공정이며 정의다.

한국 기업이라고 예외는 아니다. 특히, 재벌의 성공 이면에는 정부나 사회로부터 커다란 특혜가 있었다. 해방 이후 일제의 귀속재산을 불하하는 과정에서 정부가 특정 기업들에게 큰 혜택을 준 것에서부터 시작된다. 외화가 귀했던 시절에는 기업들에게는 법정 환율로 달러를 배정해 주거나 정책금융을 통해 큰 이득을 보게 해 주었으며, 특혜융자, 지급보증, 세금감면, 부품에 대한 관세면제, 경쟁제한, 수입제한, 노조탄압 등 헤아릴 수 없는 결정적인 특혜를 받아 성공할 수 있었다.[14] 아인슈타인은 이 점을 미리 간파하고 있었던 것 같다. 그는 말한다. "매일 수백 번씩 나는 나 자신에게 말한다. 나의 내면과 외면의 삶은 살아 있거나 죽은, 다른 이들의 노동 덕분이라는 것, 그리고 내가 받아 온 만큼 똑같이 주기 위해 열심히 노력해야 한다고."

'자연적 복권'과 포도원 임금

하버드대학교 철학과 교수였던 존 롤스Rawls는 명저『정의론』에서 정의란 곧 '공정'이라고 단언한다.[15] 따라서 시장경제에서의 공정함에 대한 패러다임 전환이 시급하다고 주장한다. 먼저, 롤스는 시장경제에서 공정함이란 단지 공정한 기회를 제공하는 것뿐만 아니라 출생이나 천부적 재능의 불평등을 어떤 식으로든 보상되는 것이라고 말한다. 인간은 '자연적 복권추첨natural lottery'의 결과이기에 개인의 외모와 능력, 성격 등 모든 것은 자신의 노력이나 의지와는 관련 없는 자연적 우연성의 산물이다. 플라톤은 일찌감치 『국가』에서 인간은 불공정하게 태어난다는 점을 전제로 했다. 장쟈크 루소 역시 인간은 자유롭게 태어나는 것이 아니라 금 · 은 · 동 흙 수저란 신분을 입에 물고 태어난다는 현실을 정확히 지적하고 있다.

존 롤스에 따르면, 인간은 자신의 의지나 선택과는 관계없이 세상에 던져진다. 언제 어디서 어떤 가정에서 어떤 부모 밑에 태어날지를 선택할 수 없다. 어떤 능력과 외모, 신체적 조건을 가질지 선택하는 사람은 없다. 순전히 자연적인 우연일 뿐이다. '입에 은수저를 물고' 태어났다거나 천부적으로 미모와 재능을 더 많이 타고났다는 것은 완전히 '공짜'로 얻은 것이다.

노력은 자신의 의지와 선택이 아니냐고 반문할 수도 있다. 그러나 심리학에 따르면 반드시 그런 것만도 아니다. 개인의 특질, 동기 같은 유전적 요인도 무시할 수 없기 때문이다. 그렇다면 나의 의지와 노력이 아닌 공짜로 얻어진 것만으로 이득을 보는 것은 공정하지 못하다. 사회적 우연성도 불공정하기는 마찬가지다. 부모의 사회적, 경제적 지위가 상승하는 바람에, 자고 났더니 재벌 2세가 되었다면 이 역시 사회적 우연성의 산물일 뿐이다.

컬럼비아대학교의 조지프 스티글리츠Stiglitz 교수[16]는 사회적 우연성에 대한 인식, 그리고 그에 대한 책임을 지는 것이 공정임을 강조한다. 그러나 현대의 정치는 사회의 나머지 구성원을 희생시켜 상위 계층에게 이득을 몰아주는 방향으로 시장에 영향을 미치고 있다고 비판한다. 당연히 특혜를 받지 못한 기업은 경쟁에서 밀릴 수밖에 없고 국민은 선택받은 재벌기업을 위해 더 많은 세금을 부담할 수밖에 없다는 것이다. 게다가 경쟁을 억제하다 보니 소비자들은 더 높은 가격을 지불해야 하고 노조활동을 억압하다 보니 근로자들은 더 낮은 임금과 열악한 환경을 감수해야만 한다는 것이다.

그렇다면 정의를 실현하기 위해선 어떻게 해야 하나? 존 롤스 교수의 해법은 명확하다. 이러한 자연적 및 사회적 우연성은 부당한 것이니 어떤 식으로든 보상되어야 한다. "보다 적은 천부적 자질을 가진 자와 보다 불리한 사회적 지위에 태어난 자에게 더 많은 관심을 가짐으로써 우연적 여건의 불편부당성을 보상해 주어야 한다."[17]는 것이다. 다시 말해, 한국의 재벌기업들은 기업의 일반적인 의무를 이해하는 것만으로 자신들의 사회적 책임을 다했다고 할 수 없다. 노동자나 시민, 정책 등 다른 사람의 희생을 딛고 성공한 만큼 그들과 성공의 열매를 나누는 것이 '정의'다. 기업은 이해관계자들과의 '연대 의무'를 통한 보상을 해야 한다는 말이다.

롤스의 정의 개념은 자칫 사회주의 사상과 같다는 오해를 불러일으킬 수 있다. 그러나 존 러스킨Ruskin[18]의 말을 빌려 롤스의 정의를 설명하면 다음과 같다.

> "힘센 사람이 약한 사람을 괴롭히는 것을 본다면 어떻게 하겠는가? 사회주의자는 '저 힘센 자의 팔을 부러뜨리자.'라고 할 것이다. 하지만 나는 '저 힘센 자의 팔을 좋은 일에 사용하도록 가르치자.'고 할 것이다."

앞의 '포도원 일꾼'으로 돌아가 보자. 포도원 주인은 뜨거운 뙤약볕에서 10시간을 일한 사람이나 1시간을 일한 사람이나 똑같은 일당을 준다. 일찍 온 일꾼들의 불만이 이만저만이 아니다. 자본주의 논리로는 이해가 가지 않는 주인의 행동이다. 물론 성서적 해석은 다를 것이다. 그러나 롤스의 정의론적 관점에서 보자면 '포도원' 주인은 보상적 평등을 실천한 것이다. 9시에 온 일꾼, 그리고 12시, 3시, 심지어는 5시에 온 일꾼도 있다. 롤스는 이들이 왜 각각 다른 시간에 올 수밖에 없었는지를 생각해 보자고 제안하는 것이다. 자신의 잘못이 아닌 선천적인, 가정적인 혹은 사회구조적인 불평등한 조건으로 늦게 올 수 있지 않을까. 그렇다면 그들에게 책임을 물을 수 없다. 오히려 그 늦음으로 인한 피해를 보상해 주는 것이 공정하지 않을까?

우리 사회의 정규직, 비정규직의 상황도 마찬가지다. 학교에서는 아무리 열심히 해도 학습이 부진한 학생도 있다. '잘못 추첨해서 태어난' 학생들이다. 이 경우 우리가 현 상태를 기준으로 그에게 책임을 물을 수 없으며 오히려 이를 보상redemptive egalitarianism해 주어야 한다는 것이 보상적 평등이다. 이게 공정이다.

이자놀이는 공정한 것인가

역사적으로 보면 공정성과 자본주의는 적과의 동침이었다. 자본주의는 돈을 이용해 돈을 버는 행위가 근간을 이룬다. 그래서인지

'돈 넣고 돈 버는' 직종은 취업 희망자들이 선호하는 직종에서 빠지질 않는다. 그러나 서양 문명사의 4분의 3에 해당하는 기간 동안 돈을 이용한 돈벌이는 가장 치욕스러운 행위로 매도되었다. 불공정하다는 인식 때문이다. 고대 그리스에서와 마찬가지로 유대-기독교적 전통도 대부금에 대한 이자를 요구하는 행위를 죄악시했다. 고대 구약성경에서는 자기 부족에게만은 이자놀이를 하지 못하도록 금했으며(신명기 23:19), 신약시대에 와서는 고리대금 금지가 부족의 틀을 벗어나 보편적인 윤리의 성격을 띠게 되었다. 이자놀이에 대한 예수 그리스도의 메시지는 분명하다. "남에게 돈을 꾸어 주되 되받을 생각을 하지 마라. 그러면 너희가 받을 상이 클 것이다(루가 6:35)."

이자놀이를 좋게 보는 종교는 없다. 그리스도교뿐만 아니라 전 세계 대부분의 종교들이 죄악시하거나 부정적인 평가를 내린다. 이 역시 주된 이유는 '불공정성'에 대한 인식 때문일 것이다. 빌려준 원금에 비해 이자가 지나치게 높다는 인식 때문이다. 게다가 이자는 채권자의 노동의 대가가 아닌 시간을 이용해 받는 것이기에 종교적인 괘씸죄에 걸린다. 왜냐하면 시간은 신의 것이기 때문이다. 하물며 고리대금업은 말할 나위가 없다.

과거 어느 대통령은 캐피털사의 금리가 40~50%라는 말을 듣고 "큰 회사들이 이렇게 비싼 이자를 받는 게 사회정의상 괜찮은 거냐?"고 비판한 적이 있다. 아마도 캐피털사의 고금리가 법적 하자는 없을지 모르지만 정의로운 상행위는 아닌 것 같다는 답답함을 토로한 것일 게다. 대통령만 그런 게 아니다. 금융 관련법은 모르지만 일반 서민들은 '뭔가 옳지 않다.'는 불공정함에 대한 인식과 느낌을 일상적으로 갖고 산다.

동서고금을 막론하고 모든 인간사회에는 공정성에 대한 개념이 있어 왔다. 그러나 공정성에 대한 개념은 사람마다 큰 차이가 있다. 정신병을 앓고 있거나 도덕심이 없는 1% 정도의 사람들은 공정성에 대한 개념이 없다.[19] 앞의 원숭이 실험에서 드러나듯, 공정성에 대한 인식은 유전적 요소일 가능성이 크다. 하지만 이 유전적 요소는 후천적인 배움을 통해 증폭된다. 이런 사실은 아이들을 대상으로 한 실험에서도 드러난다. 아이들은 모든 것을 자기가 갖고 싶어한다. 하지만 조금씩 공정하게 다른 사람과 나누는 법을 배우면서 공정성의 개념을 이해하게 되고, 이를 바탕으로 어떤 것을 갖고 싶다는 주장을 하게 된다.[20]

'나만은 예외'인 공정

한 사회가 공정하냐 아니냐는 많이 배우고 많이 가진 자들의 의식과 행태가 공정한지 아닌지를 보면 알 수 있다. 한 예로 주택이 21채가 넘는 부동산 부자인데도 건강보험료를 한 푼도 내지 않는 나라가 한국이다. 이런 사람들이 2,822명(2016년 기준)이나 된다.[21] 가진 자가 이러니 너도 나도 피부양자 제도를 교묘히 악용한다. 억대의 자산가이면서 피부양자로 등록해 건보료를 안 내는 사람들이 무려 185만 명이 넘는다. 세금도 예외는 아니다.

변호사를 포함해 이른바 '사士'자 돌림으로 일컬어지는 전문직 종사자들의 세금 탈루는 어제 오늘의 일이 아니다. 전문직 종사자 227명이 탈루한 세금만도 1천 700억 원이 넘는다.[22] 부자들은 상속세를 줄이기 위해 돌도 안 지난 갓난아이에게 재산을 증여한다. 매년 5,000명 정도가 증여받는 재산이 8,500억 원에 달한다.[23] 의사나 약사들은 세금 탈루만 하는 게 아니다. 눈먼 돈 빼먹듯 건강보험료도 빼먹는다. 병원이나 약국 등 요양기관이 건강보험료를 거짓으로 부당하게 청구해 받은 돈이 무려 6,204억 원(2016년 기준)에 달한다. 2014년 4,488억 원, 2015년 5,940억 원이었으니 매년 눈덩이처럼 불어나고 있는 것이다.[24]

오늘날 한국의 젊은이들이 '헬 조선' '이생망' 운운하며 삶이 절망적이라고 느끼는 이유는 무엇일까? 아마도 절대적인 빈곤 때문이 아닐 것이다. 많이 배우고 가진 자들의 온갖 불법과 탈법, 갈수록 심화되는 경제적 불평등과 사회적 격차, 게다가 이를 개선하는 데 필요한 국가의 공공성이 '공정하게' 작동하지 않는 현실에 절망감을 느끼기 때문일 것이다. 한국 사회의 경제적 불평등은 약 20년 전인 외환위기 사태를 계기로 더욱 심화된 것으로 보인다. 물론 불평등이나 불공정성의 문제는 비단 국내 문제만은 아니다.

세계에서 가장 부유한 62명의 재산이 인류의 절반인 하위 35억 명의 개인 자산을 합친 것과 같다. 불과 5년 전(2010년)에는 388명이 같은 부를 갖고 있었다. 불평등이 점차 심화되고 있다는 증거다. 부유한 10억 명이 전 세계 소비의 72%를 차지하는 반면, 빈곤한 12억 명은 단지 1%만 소비한다. 미국 최상위 1% 가구의 소득이 전체 가구 소득에서 차지하는 비중은 23.8%로 30년 만의 최고치를 기록했다. 반면 하위 90%의 소득 비중은 49.7%로 역대 최저치였다.[25] 뿐만 아니다. 글로벌 기업 GE의 매출액은 덴마크 국내총생산 GDP보다 많고, 애플이 미국 정부보다 현금을 더 많이 보유하고 있을 정도로 기업이 무소불위의 권력을 휘두르는 시대가 되었다.

2000년대 들어 우리 사회를 풍미한 어젠다가 있다면 그것은 단연 '공정성fairness'일 것이다. 정권이 바뀔 때마다 대통령은 '공정한 사회 원칙'이 준수되도록 하겠다고 국민 앞에 다짐한다. 우리만이 아니다. 공정성은 영국 정치에서도 핵심 담론이었다. 몇 해 전 영국 보수당의 연정 파트너로 사상 처음 정권에 참여한 좌파 자유민주당의 닉 크렉 당수는 파이낸셜타임스[26] 기고문을 통해 '모든 국민이 스스로 사회적 사다리를 올라갈 수 있는' 공정한 사회 건설을 이루겠다고 역설했다. 하지만 '공정한 사회'는 정치적 구호처럼 그리 쉽게 만들어지는 것은 아니다.

무엇보다 공정 어젠다를 주창하는 사회지도층이 '자신에게 가장 냉정한 공정'을 결단하는 혁신이 전제되어야 한다. 그러나 칼날 같은 공정의 잣대로 자신들을 먼저 다스려야 할 사회지도층이 오히려 특권과 반칙을 일삼는다. 대통령이 바뀔 때마다 권한을 내세워 법조비리 전력자들을 '몰래' 사면한다. 장관이나 경찰총장이 되겠다는 사람들이 법을 어겨 가며 위장전입을 하거나 쪽방촌 투기에 연루된다. '자신은 빼놓고 심판자가 되겠다.'는 행태를 보는 국민에게 공정 사회란 말은 한낱 공허한 구호로 들릴 뿐이다.

총리나 장관 후보자의 공정성을 다그치는 국회의원들도 자신들의 이해관계 앞에서는 쉽게 굴복한다. 국민들의 따가운 시선 때문인지 19대 국회부터는 국회의원 연금이 폐지됐다. 하지만 18대 국회까지의 국회의원들은 품위유지 명목으로 매달 120만 원씩 연금을 받을 수 있다. 국회의원 재직기간이 1년 미만은 제외된다고 하니, 과거에 하루만 국회의원이었어도 연금 혜택을 주었던 것에 비해 그나마 나아진 셈이다. 1억 3,796만 원(19대 국회의원 기준: 18대에 비해 20%나 인상)의 세비歲費 외에 보좌관과 비서관의 인건비 등 연간 5억 원이 넘는 직접경비의 혜택을 받는 국회의원들이다. 헌정회 소속 전직 의원이 1,100명이 넘으니 국민들은 세금을 내서 이들 중 대부분에게 평생 동안 연금을 주어야 할 부담을 지게 됐다.

문제는 불공정하다는 국민들의 인식이다. 당장, "한국전쟁 참전용사의 명예수당이 고작 월 22만 원(2017년)인데, 국회의원을 1년만 해도 65세부터 매달 120만 원씩 연금을 준다는 게 말이 되느냐?"는 비판의 목소리가 거세다. 목숨을 걸고 행동으로 나라를 지킨 참전용사들에게는 이등병 병사 월급(2018년 기준: 30만 6,130원)보다 낮은 수당을 쥐어 주고, 말로만 '국민을 섬기는' 교만한 국회의원들에게는 온갖 특권과 적지 않은 연금까지 평생 보장한다는 게 공정하지 않다는 것이다. 게다가 민생법안 처리는 뒷전이고 정쟁政爭으로 날을 새우다가도 '연금'처럼 자신들의 이해관계가 걸린 법안은 일사천리로 통과시킨다. 공정함을 말하기 전에, 참으로 염치없는 일이다.

우리 사회에는 일자리가 없는 실업자가 통계로는 100만 명(2017년 5월 기준) 정도지만 실제는 그를 훨씬 넘는다. 65세 이상 노인의 60% 이상이 노후대책 없는 막막한 노년을 맞고 있다. 수많은 장애인들이 평균 최저생계비도 되지 않는 연금으로 연명하고 있다. '국민의 종복從僕'으로 자처하는 국회의원들이라면 자신들의 '품위'를 챙기기 전에 먼저 이들을 배려하는 정책 입안에 머리를 맞대는 것이 공정한 처사다. 정치권의 행태가 이렇다 보니 "우리 사회가 불공정하다."고 단정하는 국민들은 매년 70%에 달하며, 가장 불공정한 분야를 정치권이라고 생각하는 것도 이상할 게 없다.

『국부론』을 쓴 애덤 스미스는 "큰 나라들은 개인의 낭비와 잘못된 행동에 의해서는 결코 가난해지지 않지만, 정부의 낭비와 잘못된 행위에 의해 가난해진다."[27]고 말한다. 관료 개개인이 자신의 재산을 관리할 때 보이는 신중함과 절약 성향을 공공재산을 관리할 때도 발휘해야 한다는 것이다. 그러나 "왕과 대신, 정치가 등 지배계급의 무지와 무능 때문에, 그리고 그들에게 영향을 미치는 일부 자본가의 야심과 탐욕 때문에" 정부의 낭비가 발생한다고 경고한다. [28]

이해의 충돌과 외형적 갈등

국회의원들이 자신들의 「연금법」을 통과시킨 행위에 대해 여론이 곱지 않은 이유는 바로 '이해충돌conflict of interest' 상황이기 때문이다. 이해충돌이란 개인이나 회사의(사기업이든 정부 기관이든) "사적 이해관계가 자신이 맡고 있는 업무 또는 공공이나 타인의 이익과 서로 상충되는 상황"을 지칭한다. 공직자의 경우, 국민권익위원회는 OECD(2005)를 인용하여 이해충돌을 다음과 같이 정의한다. "공직자가 자신의 직무와 관련하여 공직자가 아닌 개인 자격으로서 이해관계를 갖고 있고, 그러한 사적 이해관계가 직무 수행에 부적절하게 영향을 미칠 수 있는 경우"다.[29]

과거의 예를 들면, 2000년대 초반 미국을 뒤흔들었던 엔론Enron 사태는 이해충돌 사례의 종합판이다. CFO였던 앤드루 패스토Fastow는 부채 은닉을 위해 여러 기업들과 파트너십을 체결하면서 이 과정에서 3천만 달러의 수수료를 챙겼다. 웬디 그램Gramm은 선물거래위원회의 위원장 재직 중 엔론에 유리한 예외조항을 통과시킨 후, 사임 5주 만에 엔론의 사외이사가 되었다. 제프리 스킬링Skilling 사장은 자신의 여자친구를 회사 비서로 고용했는데 연봉이 60만 달러에 달했다. 거미줄처럼 얽혀 있는 불미스러운 인간관계가 엔론 사태의 원인이 된 것이다.

한국의 상황은 더욱 심각하다. 이해의 충돌이란 말이 순진하게 들릴 정도다. 공무원들이 퇴임 후 관련 민간기관에 취업을 하는 게 관례다. 2015년 「관피아방지법」이 발효되면서 퇴임 공무원들의 산하기관 취업은 대폭 제한되었다고 하지만 민간행은 여전하다. 한 예로 국립농산물품질관리원(농관원) 출신 퇴직자들이 친환경 인증업체에 낙하산식으로 취업한다. 총리의 말대로 "전문성이란 미명 아래에서의 유착이며 국민건강을 볼모로 삼는 매우 위험한 범죄"[30]다.

누가 봐도 이해의 충돌이 분명한 상황도 있지만 항상 그런 것만은 아니다. 한국 외교통상부 장관이 딸을 불공정하게 특채한 일로 사퇴한 적이 있었다. 그 장관이나 딸에게는 억울한 일일 수도 있다. 해당 직책에 필요한 자격요건을 모두 채우고 역량이 출중해 정상적으로 합격했을 수도 있기 때문이다. 그러나 문제는 그것을 공정하다고 보는 사람이 많지 않다는 점이다. 특히, 채용이나 승진 등 인사관리의 투명성이 선진국에 비해 상대적으로 떨어지는 사회일수록 이런 공정함에 대한 불신은 클 수밖에 없다.

외교부 당국자들은 장관 딸의 채용은 법적으로 정당한 절차를 거친 것이라고 애써 해명한다. "장관 딸이라고 해서 역차별을 받아선 안 된다."고 항변하기까지 한다. 허나, 그들이 간과하고 있는 중요한 사실이 있다. '이해가 충돌하는 상황에 개입하는 것 자체가 비윤리적 행위'라는 사실이다. 즉, '외형적 갈등'appearance of a conflict이다. [31] 공정하게 보이는지 아닌지는 당신이 실제로 공정한지 아닌지만큼이나 중요한 것이다. 우리 조상들의 '오얏나무 아래서는 갓을 고쳐 쓰지 말고, 오이 밭에서는 신발을 고쳐 신지 말라.'는 말이 바로 외형적 이해충돌을 예방하기 위한 삶의 지혜라 할 수 있다. 아버지가 장관으로 있는 부처에 딸이 특채에 응시한 것부터가 외형적 이해충돌을 가져와 공정성을 손상시킨 것이다.

공정한 사회가 되기 위해서는 정치권이 '외형적 갈등'의 유혹을 먼저 극복해야 한다. 외형적 갈등은 불공정한 '이해 갈등'의 씨앗이며 후진국형 연고주의의 전형이다. 정부 부처의 고위 공무원이 퇴직 후 산하기관이나 업무상 관련이 있는 단체에 취업하는 관행이 근절되지 않는 한 공정한 사회는 공염불일 수밖에 없다.

'모든 국민이 스스로 사회적 사다리를 올라갈 수 있는' 공정한 사회를 만들기 위해서는 도덕적 원칙이 없는 인정과 동정심의 유혹을 극복해야 한다. 이런 점에서 철학자 칸트의 혜안이 돋보인다. 칸트는 우리가 윤리적 의무감에서 행위하기보다는 그때그때의 기분과 감정에 따라 행동하려 할 때, 우리는 아무리 인정 많고 따뜻한 마음의 소유자라 하더라도 선해지기 어렵다고 말한다. 오히려 도덕적 원칙이 없는 인정이 노예도덕의 출발이 되고, 나아가 심각한 사회악의 원인이 되는 것이다.

일본의 '99엔'과 한국의 로펌

태평양전쟁 막바지 일본의 패색이 짙어지던 1944년 5월 30일. 열세 살 안팎의 어린 한국 소녀 300여 명은 아무런 영문도 모른 채 '근로정신대'란 깃발 아래 일본에 강제로 끌려갔다. 이들 소녀들은 미쓰비시 중공업 나고야항공기 제작소로 끌려가 임금 한 푼도 못 받고 혹독한 노역에 시달렸다. 이제 할머니가 된 이들이 미쓰비시와 일본정부 측에 밀린 연금과 임금을 돌려 달라고 소송을 제기(1999년)했다. 그러자 일본 정부는 연금을 탈퇴한 수당이라며 할머니 8명에게 각각 99엔(당시 환율 약 1,243원)을 보내왔다. 액수만 보면 차라리 조롱이라도 하는 듯하다. 일본 후생노동성은 2010년 1월 99엔의 지급 경위를 묻는 질문에 99엔도 높게 쳐준 거라는 답변을 보내왔다.[32]

미쓰비시가 어떤 기업인가? 일제 강점기에 전투기 등 각종 군수품을 생산해 일본군에 납품하며 성장한 대표적인 일본 전범 기업이다. 노동력 조달을 위해 한국인을 가장 많이 끌고 간 기업이다. 하지만 미쓰비시는 지금까지 강제징용에 대한 사과와 보상을 모두 거부하고 있다. 한일 시민사회단체들은 1986년부터 전범 기업 보상을 위한 시민운동을 벌였다. 1999년 일본 시민단체의 도움을 받아 미쓰비시를 상대로 첫 소송을 제기한 이후 1, 2심에서 패소했으며 2008년에 3심도 패소했다. 미쓰비시에 대한 소송은 최근 국내에서도 제기되었다. 히로시마 미쓰비시 공장에서 강제노역을 한 원폭 피해자들이 밀린 임금지급과 피폭으로 인한 손해배상을 요구한 것이다.

그런데 이 소송에서 미쓰비시 측의 입장을 대변한 변호인이 누구였는가? 우리나라의 대형 법률회사다. 이 회사는 변호사와 회계사, 세무사 등 수백 명의 전문가로 구성된 명실상부한 국내 최대 법률회사다. 한국을 대표하는 법률회사 소속 변호사가 한국인 징용피해자와 일본 전범 기업의 소송에서 일본 기업을 변호하고 나선 것이다.

또 다른 전범 기업에 대해서도 징용피해자들의 소송이 진행되었다. 세계 최대 제철회사인 신일본제철이다. 신일본제철의 전신이라 할 수 있는 일본제철은 미쓰비시와 함께 수많은 한국인 징용자들을 희생시킨 대표적인 전범 기업으로 꼽힌다. 신일본제철의 변호인 역시 한국의 법무법인이었다. 한국의 법무법인과 신일본제철은 피해자와 합의하라는 법원의 권유마저 거부했고, 결국 징용피해자들은 항소심에서 졌다. 오히려 일본 내에서 소송을 맡았던 일본 변호사들보다 어떤 의미에서는 더 소극적이고 부정적인 그런 자세를 보임으로써 이 문제가 화해로 끝나지 못했다.

일본 전범 기업들의 변호를 맡은 우리나라 법률회사의 법적 정당성을 지적하자는 게 아니다. 법으로 먹고사는 전문가들이니 어련히 알아서 '법대로' 대응했을 것이다. 의뢰인이 누구든 차별 없이 사건을 수임할 수 있는 변호사들의 법적 권리가 있다면, 그 또한 존중받아야 할 것이다. 그러나 합법이 곧 정의는 아니다. 2016년 미국 대통령 유력 후보인 힐러리 클린턴 전 국무 장관이 곤욕을 치룬 적이 있다. 무려 39년 전인 1975년 12세 여아 성폭행범의 유죄를 알면서도 조사 절차를 문제 삼는 방식으로 변호해 형량을 대폭 줄여 준 일이 드러났기 때문이다. 힐러리는 피의자의 유죄를 알고 있으면서도 12세 소녀 진술의 신뢰성을 공격하면서까지 성폭행범을 보호한 것이 미국민들의 반감을 샀다. 미국 언론은 "제대로 된 재판이었다면 피의자는 30년에서 종신형을 받을 수 있었다."고 했지만 힐러리의 '유능한' 변호 덕분에 1년형만 받았다. [33]

사건의 내용은 다르지만 변호의 형식과 과정, 그리고 결과는 한국의 법무법인이 일본 전범 기업을 변호한 것과 판박이다. 한국 법률회사는 피의자인 일본 기업의 유죄를 당연히 알고 있으면서도 법적 하자가 없음을 들어 일본의 전범 기업을 보호하고 한국인 징용 피해자들을 공격했을 것이다. 제대로 된 재판이었다면 일본 기업은 큰 배상과 사과를 했어야 했다. 그러나 한국 법무법인의 '유능한' 변호 덕에 무죄를 받아 냈다. 모든 것을 법대로 하는 미국사회니만큼 힐러리의 성폭행범 변호가 문제될 이유가 없다. 그럼에도 불구하고 힐러리 대선 과정에 걸림돌이 될 만큼 미국인들에게는 불공정한 사건으로 비춰지고 있는 것이다.

법이 곧 옳고 그름의 잣대는 아니다. 사회에는 법으로 통제할 수 없는 회색지대gray areas가 언제나 있게 마련이다. 법은 최소한의 윤리적 기준에 대한 현실적인 해석일 뿐이다. 나머지는 윤리 도덕의 영역이다. 여기서 '정의'의 문제가 제기된다. 정의는 준법만이 아니라 '미덕을 키우고 공동선을 고민하는 것'에서 꽃을 피운다. 미덕이란 '선천적인 선한 의지로 알 수 있는 보편적 도덕법칙', 즉 정언명법定言命法을 따르는 것(칸트)이며, 마음속 '공평한 관찰자impartial spectator'의 지시에 따르는 것(애덤 스미스)이다. 따라서 정언명법은 일본인이든 한국인이든 인간이면 누구나 갖고 있는 양심의 법칙이자 자연법으로서 실정법을 초월하는 것이다.

미쓰비시를 상대로 한 소송에서 일본 시민단체들이 팔을 걷어붙이고 한국 할머니들을 도와준 동기는 무엇일까? 왜 531명의 일본 지식인들이 '한일합방은 원천무효'란 성명을 발표하고 일본의 식민 지배에 대한 사과를 촉구하고 있는가? 일본으로 건너가 99엔의 지급영수증을 돌려주며 항의하는 근로정신대 할머니에게 후소카와 일본 후생노동성 부 대신은 "개인적으로 부끄럽게 생각한다."며 사과의 뜻을 밝혔다고 한다. 그렇다. 바로 그 '부끄러움'이 정언명법이며, 마음속 공평한 관찰자가 비난하는 불공정함이다.

우리에게 라가디아 판사는 없는가?

괴테Goethe는 역작 『파우스트』에서 이성을 갖추었다는 인간들의 탐욕적인 '돈벌이' 행태를 '거름더미만 보면 코를 쑤셔 박는 메뚜기'라고 신랄히 비난한다. 목전의 이익을 위해서라면 부끄러움도, 사회적 약자에 대한 배려도, 공동선에 대한 고민도 헌신짝 저버리듯 하는 당시의 위정자, 법률 상인들에 대한 대문호文豪의 분노였다.

기업생존을 위해 이익극대화에 목을 매는 상인들도 부끄러움을 안다. "헐벗고 굶주려 산으로 올라간 화적들조차도 지나가는 행객들의 옷차림새를 보고 도적질을 하는데, 어찌 장사꾼이란 자가 화적보다 못한 짓을 한단 말이냐?" '돈벌이도 가려서 하라.'는 TV 드라마 『상도』가 말하는 '상도商道'다. 존경받는 기업가인 유한양행 창업주 유일한 박사의 '상도'는 대대손손 귀감이 되고 있다. 다른 제약회사들이 그 당시 드링크제로 큰 수익을 내자 유한양행 임원들이 "우리도 드링크 사업을 하자."고 건의했다. 그는 냉정히 거절했다. "드링크제는 알약 하나면 될 것을 물에 타 병에 담아 폭리를 취하는 것이니 양심적인 기업이 할 짓이 못 된다."는 이유였다.

1933년부터 1945년까지 12년 동안 뉴욕시장을 세 번이나 역임한 피오렐로 라가디아La Guardia 판사의 동화 같은 이야기가 전해지고 있다. 그는 '상점에서 배가 고프지만 돈이 없어 빵을 훔친 노인'에게 10달러 벌금형을 선고했다. 그 대신 벌금은 자신이 내고 배심원들에게도 사회적 책임을 물어 50센트씩 내도록 했다는 일화는 잔잔한 감동을 전해 준다. 가난한 이웃을 챙기지 못한 자신의 책임을 먼저 인정하고 부끄러워한 라가디아 판사는 이 시대, 결코 법률상인이 되어서는 안 될 법조인들에게 '정의가 무엇인지'를 행동으로 보여 주고 있다. '징용 99엔 보상'과 한국의 거대 로펌에 대해 라가디아 판사는 과연 어떤 '판결'을 내릴 것인가?

10

악마의 덫, 뇌물

2000년으로 접어들기 몇 해 전 러시아 모스크바로 출장을 간 적이 있었다. 마치 러시아 군용기를 대충 개조한 듯한 비행기를 타고 공항에 내려, 모스크바 강가에 위치한 어느 호텔에 여장을 풀었다. 짐을 대충 정리하고 난 후, 창가에 서서 시내를 물끄러미 바라보던 중, 문득 교통 단속 중인 경찰의 모습이 눈에 들어왔다. 그런데 자세히 보니 교통법규 위반 차량을 세울 때마다 다짜고짜 차문을 열고 들어가 조수석에 앉는 것이 아닌가. 그리고는 잠시 후 문을 열고 나오더니만 차를 통과시키는 것이었다. 후에 러시아인 대학교수로부터 들어 알았지만, 그건 뇌물을 받는 방식이었다. 한국에서도 과거에는 교통경찰이 공공연하게 뇌물을 받은 적이 있었다.

뇌물의 질긴 생명력

우리나라의 역대 정권은 군사정권마저도 부패척결을 소리치며 주요 국정과제로 내걸었다. 하지만 그 군사정권마저도 어김없이 부패하곤 했다. 정권이 바뀌면서 점차 나아지고 있다고 믿고 싶으나 부정부패는 방법과 형태를 달리하면서 사라지지 않고 있다. 다음의 신문기사를 보자.

> "부정부패를 개탄하고 걱정하는 목소리들이 높다. 신문을 펼쳤다 하면 하루도 빠짐없이 현기증 나게 지면을 장식하는 것이 공직비리고 뇌물이야기다. 신문은 사회의 거울이라는 말이 맞다면 이건 예삿일이 아니다. 우리는 지금 매우 위중한 상황에 와 있다고 봐야 한다. 또 다른 국가위기의 신호다. 빨리 손쓰지 않으면 국가대들보가 내려앉지 말라는 법이 없다."[1]

이 신문 칼럼은 1998년 김대중 정부 때의 부패에 얼룩진 한국사회의 모습을 비판한 것이다. 최근의 신문기사라 해도 전혀 손색없을 정도로 내용이 들어맞지 않은가? 칼럼은 계속된다.

> "역대 정권치고 출범할 때마다 부정부패 척결을 외치지 않은 적이 없다. 사실 그동안 수없이 잡아들이고 또 옷을 벗겼다. 그럼에도 공직비리는 줄어들 줄을 모른다. 오히려 갈수록 대형화 지능화하고 있다. 손대는 곳마다 고구마 줄기처럼 줄줄이 엮여 나오는 부패의 유착 고리는 구조적이고도 뿌리 깊다."

부정부패의 생명력이 얼마나 강한지를 보여 주는 또 하나의 언론 보도가 있다.

> "법질서가 혼란을 겪고, 모든 것이 엉망이 됐다. 상벌은 아무 효과를 내지 못하고 거짓말과 위조가 판치고 있다 … 관리들은 그 자리를 감당할 능력이 없으며, 모든 것이 무너지고 있다 … 이들은 내일 무슨 일이 일어나든 오늘만 괜찮으면 신경 쓰지 않는다. 이러니 국가가 어떻게 유지될 수 있겠는가 … 총체적 개혁과 단호한 조처 없이는 이 나라를 구할 수 없다."

1894년 7월 8일자 조선왕조 승정원이 발행하는 신문인 '조보朝報'에 실린 고종의 전교傳敎다.[2] 이보다 한 세대 앞서 다산 정약용이 『경세유표』 서문에서 일갈한 내용도 다르지 않다. "이 나라는 털끝 하나인들 병들지 않은 게 없다. 지금 당장 개혁하지 않으면 나라는 반드시 망한다."[3] 200여 년 전의 사회 진단이라고 믿기 어려울 만큼 시사성을 띠고 있지 않은가.

부정부패가 기승을 부리면 공정경쟁의 틀은 무너진다. 변칙이 판을 치면서 비효율과 비생산성이 사회 전반을 지배하게 된다. 규칙을 지키는 자만 바보가 되는 이런 뒤죽박죽 사회에 국가경쟁력이 돋아날리 없다. 선진국 진입은커녕 정상적인 국가발전은 꿈도 꾸지 말아야 한다는 점에서 부정부패는 그냥 방치할 수 없는 사회공적 제1호다. 포도는 썩으면 달콤한 술이나 되지만 공직자가 썩으면 나라를 망친다. 뇌물은 공정公正의 공적公敵 1호다.

영화 〈인디아나 존스〉와 뇌물

〈인디아나 존스〉란 영화가 있다.[4] 주인공 인디는 앞으로 사랑하게 될 여인을 악당들로부터 구출해 내 추격을 받으며 도피하는 상황에 처한다. 그들 앞에 몸집이 대단히 큰 사나이가 가로막고 선다. 그 덩치 큰 사나이는 만면에 득의의 미소를 띠며 큰 칼을 뽑아 든다. 그리고는 그 큰 칼을 조자룡이 칼 휘두르듯 자유자재로 휘두르며 자신의 힘과 칼 솜씨를 과시한다. 긴박한 상황에서도 그 거인이 하는 꼴을 조용히 지켜보던 인디는 옆구리에서 권총을 뽑아 든다. 그리고는 '탕!' 기고만장하던 그 덩치는 단 한 방에 나가떨어진다.

한국 사회를 인디아나 존스 영화의 덩치 큰 거인에 비유한다면 그 한 방이 바로 뇌물이다. 뇌물로 나라가 망한다는 것이다. 차이가 있다면 국가 사회는 그 거인과 달리 한 방에 가는 것이 아니라 보이지 않게 썩어 간다. 결국에는 만성질환자가 된다. 뇌물의 위력이 워낙 크다 보니 뇌물은 도둑, 매춘과 더불어 유사 이래 뽑히지 못하는 3대 악으로 기록되고 있다. 이브가 아담에게 건넨 사과가 뇌물의 원조라는 말도 있지만, 『뇌물의 역사』를 쓴 미국 법학자 존 누넌 Noonan[5]은 "뇌물에 관한 한 원흉은 아담도 이브도 아닌 사과"라고 말한다. 문제는 이 사과는 마술이란 점이다. 뇌물을 받은 사람이 정신적 포로가 돼서 안 되는 일을 되게 하고 자신의 행위마저 감추기 때문이다.

인류의 역사는 뇌물의 역사라고 기록될 만큼 뇌물은 언제나 고질적인 사회문제가 되어 왔다. 이집트에서는 뇌물을 '바크시시'라고 하는데, 존 누넌에 따르면 뇌물은 기원전 1500년 고대 이집트부터 시작된 것으로 보인다. 당시 이집트왕조는 뇌물을 "공정한 재판을 왜곡하는 선물"로 규정하고 단속했다는 것이다. 존 누넌은 뇌물을 마술에 비유한다. 뇌물 수수자는 심리적인 포로가 돼서 안 되는 일을 되게 하고 자신의 행위는 감춘다는 것이다. 그러나 결국 뇌물은 "순결을 더럽히는 행위"라고 단언한다. 우리나라에서는 그 "순결을 더럽히는 행위"가 일상화되어 있다. 굳이 국제투명성기구TI 같은 외부기관의 평가를 들이대지 않더라도 매일 저녁 뉴스에 빠지지 않는 단골 메뉴가 뇌물이다.

그러나 뇌물을 단지 뇌물로만 보고 도덕성 수준을 질타하는 것은 부패의 본질적인 문제를 놓칠 수가 있다. 한국 사회의 지도층 인사들은 뇌물 관련 비리가 발각될 경우 으레 하는 말이 있다. "대가가 없었다."는 것이다. 살인교사혐의로 수감된 지자체 의원마저도 피해자에게 받은 돈이 '대가성'이 없었다고 항변한다. 돈이건 성性이건 어떤 접대를 했든 대가를 바라지 않는 그저 '순수한' 선물이었다는 주장인데, 조건 없는 사랑을 실천하는 사람들이 이렇게 많다는 게 놀라울 뿐이다. 그러나 '받은 만큼 되돌려줄 것'이란 암묵적 계약이 당사자들 간에 이뤄지고 있다는 것은 누구보다 그들이 안다.

선물을 주고받는 증여 교환에는 순수한 의미의 정의로움과 부패의 추악함이 공존한다. 자본주의 체제는 등가교환等價交換과 화폐경제가 지배하는 시장경제다. 선물은 동일한 가치等價의 다른 상품과 교환되는 것이 아니라 다른 선물과 교환된다. 상품은 등가교환이란 호혜성의 원칙을 통해 유통되지만 선물은 시장경제의 바깥에 존재한다. 선물이란 이름의 뇌물 역시 시장경제의 기초를 무너뜨린다. 뇌물을 주는 사람이나 받는 사람 모두에게 '선물'은 등가교환을 원리로 하는 시장경제보다 훨씬 효과 있고 매력적일 수밖에 없다. 한국 사회 지배층을 부패를 고리로 끼리끼리 결속하게 만드는 동력이 바로 이 "대가성이 없다."는 선물경제gift economy에 있다.

마르셀 모스의 증여론과 선물

요즘의 「부정청탁금지법」하에서는 선물이 뇌물이 될 수 있다 보니 선물경제란 말이 왜곡될 수가 있다. 하지만 인류 역사를 보면 선물이 부의 재분배나 노블레스 오블리주nobles oblige를 실현하는 순기능을 했었으며, 그 순기능은 지금도 가능하다는 점을 알게 된다. 그렇다면 '선물'의 의미는 무엇이었을까? 이 물음에 답을 제공하는 영화 한 편이 있다. 1960년에 개봉된 영화 〈The Savage Innocents〉다. 에스키모인들에게는 자신의 집을 방문한 남성 방문객에게 가장 극진한 환대의 표시로 아내나 딸을 손님과 동침하게 하는 풍속이 있었다. 영화에서는 바로 이런 야만스러워 보이는 손님 접대방식이 살인의 비극을 초래한다. 내용은 이렇다.

에스키모인 이누크(앤서니 퀸)는 기독교 신앙을 전파하기 위해 집을 방문한 사제에게 먼저 음식을 대접한다. 냄새에 거부감을 느낀 사제가 음식을 사양하자, 상대방이 더 나은 환대를 원하는 것으로 생각한 이누크는 자신의 아내를 제공한다. 그러자 사제는 당황해서 어쩔 줄 몰라 하며 극구 사양한다. 음식과 아내, 두 번의 선물 거절에 모욕감을 느낀 이누크가 사제를 벽으로 밀어붙여 심하게 흔들어 대니, 벽에 부딪힌 머리에서 피가 흘러나오며 그는 그만 죽고 만다.[6]

에스키모인들은 왜 자신의 아내를 손님에게 선물로 제공하며, 선물을 사양하는 것에 대해 왜 그토록 심한 모욕감을 느낀 것일까? 이에 대한 해답을 제공하는 학자가 바로 프랑스 인류학의 아버지로 불리는 마르셀 모스Mauss(1872~1950)다. 저명한 사회학자 에밀 뒤르켐의 조카이기도 한 그는 걸작으로 평가받는 저서 『증여론』(1925년, 영역본은 『The Gift』에서 선물의 순기능을 파헤치고 있다.[7] 증여론은 고대 문명사회에서 선물을 주고받는 다양한 형태와 성격, 방식 등 선물경제의 뿌리를 다루고 있다. 하지만 이런 의문들에 대한 정확한 답변을 제공하지는 않는다.

모스는 오스트레일리아와 폴리네시아 및 북서아메리카 등지에 현존하는 고대사회의 증여 교환체계를 분석해 이들 사회에서 부의 이전은 상품 교환이 아닌 '포틀래치potlatch'라는 일종의 '증여 교환'을 통해 이루어졌음을 밝혀냈다. 포틀래치는 원래 벤쿠버에서 알래스카에 걸쳐 사는 백인과 인디언들이 사용하던 용어로, "식사를 제공하다." "소비하다."란 의미를 가진 방언이다.[8] 포틀래치는 출생이나 혼인 등의 통과의례 때나 명예 회복, 위계 설정 등 중요한 결정을 할 때 성대한 잔치를 열고 선물을 나눠 주는 일종의 축제였다. 때로는 자신의 부를 과시하고 상대를 압도하기 위해 축적된 부를 아낌없이 파괴해 버리기까지 하면서 극심하게 경쟁한다.

포틀래치와 같은 부와 재화의 교환에는 세 가지 의무가 내포되어 있다. 선물은 자발적으로 단순히 주는 것으로 끝나는 것이 아니라 주기-받기-답례하기의 과정이 권리와 의무로 간주된다. 또 받은 선물에 대해서는 특정 기한 내에 반드시 답례해야 할 의무도 있다. 만일 받기만 하고 '답례'를 하지 않을 경우 명예와 지위를 상실하는 것은 물론 심지어는 노예가 되기도 했다. 주기를 거부하는 것, 접대를 소홀히 하는 것, 제공된 선물을 거절하는 것은 모두 위신과 권위, 명예를 실추시키는 것이며 상대에게 전쟁을 선언하는 것과 같다. 우호적 관계나 영적 결연과 교제를 거부하는 것과 같은 것이다.

영화에서 이누크 집을 방문한 사제는 상대방에게 영적 결연과 교제를 거부하는 행위를 한 셈이다. 더욱이 모계혈통 제도를 채택한 원시사회에서는 남성 방문객을 아내와 동침하게 하는 것은 그 손님을 가장 강력한 동맹자로 선택했다는 의미이다. 따라서 이누크가 격분한 것은 자신의 위신과 명예가 실추된 데 따른 모욕감을 느꼈기 때문이기도 했지만, 적이 되기를 공공연히 선포한 사제를 그냥 돌려보낼 수는 없었기 때문이었다.[9]

여기서 의문이 들 수밖에 없다. 왜 주고받고 답례하는 과정이 모두 의무로 간주될까? 모스에 따르면, 원시사회 구성원들은 동일 씨족에 속하는 사물들과 개인 및 집단 사이에는 영적 유대가 있다고 생각한다. 같은 토템 명을 가진 모든 사람과 물건은 죽은 조상이나 신들에게서 유래했으며 그들 속에선 어느 정도 영적인 힘을 가지고 있다고 생각한다. 받은 선물 속에는 선물 제공자의 권위, 정신, 영혼의 일부가 내재되어 있는 셈이다. 선물받은 자는 답례할 때까지 그의 영향력에서 벗어날 수가 없다.

왜곡된 증여론

원시사회에서의 선물 혹은 포틀래치와 지금의 선물로 위장된 뇌물에는 속성의 차이가 있다.[10] 무엇보다, 뇌물은 개인 간에 은밀히 이뤄지지만 원시사회의 선물은 집단들 간에 공개적으로 이뤄진다. 비록 개인들 사이에서 이루어진다 해도 그 당사자인 개인은 늘 집단을 대변한다. 둘째, 뇌물은 위장된 존경과 감사의 표시지만 포틀래치 같은 원시사회의 선물은 구성원들의 상호 존경과 감사의 마음이 기초를 이룬다. 셋째, 뇌물은 겉으로는 대가성 없는 순수한 선물이라고 포장하지만, 포틀래치는 자발적으로 단순히 주는 것으로 끝나지 않는다. 주기-받기-답례하기의 과정이 권리와 의무로 간주된다. 이렇게 보면 뇌물이나 포틀래치는 의도는 같다고 볼 수 있다. 차이가 있다면 뇌물은 그 의도를 암묵적으로 감추지만 포틀래치는 명시적이며 공개적이다.

넷째, 뇌물은 이윤 추구나 부의 축적을 목표로 하지만 포틀래치는 이윤 추구나 부의 축적이 아닌 호혜적인 증여이자 교환 체계다. 필요한 물품을 서로 교환하는 경우라 할지라도, 직접적 이득만을 추구하는 행위는 경멸의 대상이 된다. 따라서 포틀래치는 부의 분배, 재분배를 통한 부의 순환이며 이를 통한 사회적 유대와 결속을 다지는 행위다. 반면 뇌물은 부의 순환을 막는 행위이며 사회적 결속을 저해하는 행위다. 다섯째, 뇌물에는 이기적인 흑심이 들어 있지만 포틀래치는 영혼을 증여하고 교환하는 것이다. 원시사회에서는 모든 물건과 사람은 동일한 죽은 조상이나 신들에게서 유래했으며, 따라서 그 모든 것들 속에는 어느 정도 영적인 힘을 가지고 있다고 믿었다. 마지막으로 원시사회에서의 선물 교환의 목적은 도덕적이며, 두 당사자들 사이에 우호적 감정이 생기게 한다. 이익보다는 명예가 중요시된다. 반면에 뇌물은 두 당사자들 사이에 우호적 감정은 생길지 모르나, 그 감정은 일시적이며 비도덕적이다.

모스의 주장에 따르면, 우리와 같은 자본주의 사회에도 포틀래치 같은 증여의 원칙이 적용될 필요가 있다. 한 예로 모스는 사회보장제도를 든다. 사회보장제도는 국가와 사회가 개인의 권리의식을 보장해 주어야 하는 일종의 사회적 인성인 것이다. 또한 부의 축적이 아니라 부를 베푸는 것이 진정한 부와 사회적 권위의 표상이 되는 노블레스 오블리주가 바로 증여 교환의 정신을 적용하는 것이다. 말로만 '대가성 없는' 뇌물성 증여가 아니라 진정한 의미의 '후한 인심'을 베푸는 인성, 베푸는 것이 더 우월하고 더 존경받는 사회적 인성이 바로 모스가 말하는 증여 교환인 것이다.

슘페터, '악마의 덫'에 걸리는 이유

21세기 석학이라 불리는 경제학자 조셉 알로이스 슘페터Schumpeter는 기업인이나 공직자를 포함한 사람들이 왜 뇌물의 유혹에 빠지는

지, 그 이유를 설명한다. 슘페터는 『디 이코노미스트』[11]에 「부패 폭발」이란 제목의 글에서, 미국에서는 거대 광산기업인 'BHP 빌리톤' 사를 포함해 150개의 정유 및 제약회사들이 뇌물 관련 혐의를 조사받은 사례를 제시한다. 이들 회사들이 뇌물 제공의 유혹에 빠진 이유는 무엇일까? 슘페터에 따르면 이들 미국 기업들은 뇌물을 세계에서 가장 진입장벽이 높은 제약 및 정유 업계에 들어가기 위해서 지불해야 할 비용으로 생각한다. 뇌물이 발각돼 처벌받을 확률은 적은 반면 범법의 대가는 크고 즉각적이기에 유혹이 클 수밖에 없다는 것이다.

그러나 당장은 비즈니스의 속도를 높여 주는 '한 방'같이 보이지만, 제대로 보면 "뇌물은 쥐약"이다.[12] 배고픔을 참지 못한 쥐는 위험하다는 걸 감지하면서도 쥐약이 든 음식을 먹지만, 결국 그 쥐는 영락없이 죽게 되는 꼴이다. 뇌물이 쥐약과 다른 점은 쥐약은 쥐를 잡기 위한 것이지만 뇌물은 대가를 받으려 '먹이는' 것이어서 주고받는 동안 공생관계가 유지된다는 점이다. 그래서 뇌물을 먹은 사람은 돈에 팔린 노예가 되어, 돈에 넘어간 순간부터 자유는 없어진다. 연방 굽실대며 돈 봉투를 바치고 술을 따르고 호텔 방까지 여자를 데려다준 업자가 어느 순간 상전이 되는 기막힌 반전이 이뤄진다. '악마의 덫'에 빠지게 되는 것이다.

그렇다면 '악마의 덫'인 뇌물을 근절하는 방안은 무엇일까? 언급한 대로 뇌물을 지불해야 할 비용으로 보는 의식이 문제다. 비즈니스 현실에서 남들은 뇌물을 주는데 나만 고고한 척하면 손해를 볼 수 있다고 생각하기 때문이다. 그래서 남들처럼 한다. 경제학에서 말하는 '부패균형'의 상태가 이뤄지는 것이다. 사회적으로 큰 낭비와 비효율이 발생한다. 그렇다면 뇌물을 근절하는 방안은 '반부패균형' 상태를 만드는 것이다. 즉, 남들이 뇌물을 주지 않으니 나도 안 주는 것이다. 청렴한 국가들인 북구北歐나 싱가포르가 추진하는 정책이다. [13]

그러나 말이 그렇지 반부패균형은 도달하기도 어렵지만 유지하기도 쉽지 않다. 남들이 안 바칠 때 나만 바치면 효과 만점이기 때문이다. 균형을 유지하는 방법은 없을까? 간단하다. 뇌물 받는 것이 손해가 되도록 만들면 된다. 법을 어기고자 하는 기업은 항상 계산을 하기 마련이다. 먼저 뇌물이 발각돼 처벌받을 확률을 계산한다. '발각당했을 때의 비용 곱하기 발각될 확률'이다. 다른 한쪽은 '발각되지 않았을 때 얻는 경제적 혜택'의 계산이다. 두 쪽을 비교해 후자가 전자보다 크면 기업은 범법하는 쪽을 택할 가능성이 크다. 노벨상 수상자인 미국 시카고대학교 개리 베커 교수는 뇌물을 받는 자가 예상하는 기대期待처벌이 뇌물의 가치를 능가하도록 만들라고 말한다. 예컨대, 10만 원을 받은 공직자가 적발될 확률이 10%라면 벌금액은 10만 원의 10배인 100만 원은 넘어야 부패의 인센티브가 사라진다는 것이다. 물론 대가성이 없었다는 변명은 여전하겠지만, 무시해야 한다.

로마에 가면 '스웨덴 법'을 따르라

뇌물 수수를 합리화시키는 사람들의 공통점은 비즈니스 환경을 탓하는 것이다. "로마에 가면 로마 법을 따르라."는 말이 있지 않으냐는 것이다. 반면에 로마에서 생존하기 위해 반드시 로마인처럼 행동해야 한다는 데 의문을 제기하는 기업들도 적지 않다. 실제로 리복이나 구글, 노보노르디스크Novo Nordisk, 이케아IKEA 등 수많은 글로벌 기업들은 그들의 손을 더럽히지 않고서도 새로운 시장에 진입해 성공했다. 이케아는 부패가 심한 러시아에서 뇌물 없는 상거래를 한다는 경영철학을 고수했다. 뇌물을 준 회사 관리자를 해고시키는 등 뇌물에 대한 무관용 원칙을 철저히 고수했다. 뇌물을 주고받으면 반드시 처벌받는다는 '필벌의식' 문화를 기업 내에 확산시켰다. 결국 이케아에서는 뇌물이 먹히지 않는다는 불문율을 러시아에 정착시킬 수 있었다. 그래서 나온 말이 "로마에 가면 스웨덴 사람처럼 행동하라."이다.

그렇다면, 다른 사람은 로마인처럼 행동하는데 굳이 스웨덴 사람처럼 행동해야 할 이유는 무엇인가? 이에 대해 조셉 슘페터 하버드대학교 교수는 세계은행 보고서를 인용해 그 이유를 설명한다. 우선, 뇌물은 기대만큼 효과가 없다. 세계은행의 조사에 따르면, 뇌물은 오히려 상대편에게 규정을 놓고 줄다리기하려는 인센티브를 주기 때문에, 결국에는 비즈니스 담당 관리들과 협상하는 데 더 많은 시간을 허비하게 된다는 것이다.

또한 부패의 숨겨진 비용은 실제로 기업이 상상하는 것보다 훨씬 크다. 부패는 필연적으로 더 큰 부패를 잉태한다. 뇌물을 받은 사람은 더 많은 뇌물을 받으려고 기웃거리고, 약점이 잡힌 뇌물 제공자는 자신을 협박에 노출시키는 꼴이 된다. 뇌물을 주고받은 자들이 서로의 노예가 되는 형국이다. 심리적인 고통의 비용도 무시할 수 없다. 일단 뇌물의 유혹에 빠져드는 순간 비밀과 죄의 세계란 덫에 걸려들기 때문이다. 게다가 뇌물이 발각될 확률이 과거와 비할 수 없을 만큼 높아졌다는 점도 심리적 압박으로 작용한다. 시민단체는 대기업을 끊임없이 감시하고 있으며, 특히 인터넷의 확산으로 내부 고발자들이 큰 힘을 받고 있다.

아울러 「국제상거래에 있어서 외국공직자에 대한 OECD 뇌물제공 방지협약」, 일명 '부패라운드CR'가 1997년 제정된 이후, 각국은 동일한 법률을 시행하고 있는 상황이다. 따라서 사업상 부정한 이익을 얻기 위해 외국공무원에게 뇌물을 제공하거나 혹은 제공을 약속한 경우 국제적인 처벌을 받게 된다. 이와 함께 뇌물 공여를 금지하는 국제투명성기구TI는 매년 부패인식지수와 부패제공지수를 발표하는 등 뇌물을 근절하려는 국제적인 노력도 더욱 강화되고 있다.

그러나 무엇보다 뇌물 제공은 개인을 '노예의 덫'에 빠지게 하고 조직 사회를 부패하게 만드는 암적 존재임을 인식할 필요가 있다. 뇌물은 이익을 받는 데 따른 대가다. 그 대가로 정오正誤를 바꾸는 범법 행위나 선악善惡을 뒤집는 비윤리적 행동을 하는 것이다. 뇌물은 다른 사람의 기회를 빼앗고 선량한 사람에게 죄를 뒤집어씌우고 열심히 일한 사람을 망하게도 한다. 그 결과 신뢰를 붕괴시켜 사회의 기회비용을 높이고 시장 기능을 왜곡시키게 된다.[14]

정치인만 부패하지 않아도

18세기 프랑스혁명은 귀족들의 부정부패에서 발생했다. 러시아의 볼셰비키 혁명이나 중국의 장제스 정부, 그리고 월남 역시 극에 달한 지도층의 부정부패로 무너졌다. 영국의 재상 글래드스턴은 "부패는 국가를 몰락으로 이끄는 가장 확실한 지름길"이라고 했다.[15] 한국은 어떤가? 과거 남으로 귀순했던 황장엽은 이렇게 말했다. "북은 미쳤고, 남은 썩었다." 글래드스턴의 말대로라면 대한민국이 망하지 않는 게 놀라울 정도다.

선거 때마다 빠지지 않는 단골 메뉴가 정치인, 공직자들의 부정과 부패, 불법이다. 해방 이후 치러진 모든 선거에서 이들 메뉴를 거른 적이 없다. 부패가 근절되지 않고 있다는 반증이다. 부패 감시 국제 민간단체인 국제투명성기구TI는 매년 세계 각국의 공공 부문과 정치 부문의 부패를 측정해 발표한다. 매년 다소의 차이는 있지만 한국의 부패 수준은 세계 183개국 가운데 40위권 안으로 들어오질 못하고 있다. 10점 만점에 5.5 안팎을 맴돌고 있어 OECD 34개 국가 중 최하위권 수준이다. 더욱 심각한 문제는 한국의 부패 수준은 TI가 발표를 시작한 1995년부터 지금까지 20년이 넘도록 변함없이 5점을 갓 넘은 수준에 머물고 있다는 점이다. 아시아 국가 중에서도 싱가포르나 홍콩, 일본은 물론 부탄에도 뒤지는 최하위권이다. 부패 수준만이 아니다. 스위스 국제경영개발대학원IMD에서 매년 발표하는 한국의 '회계신인도'나, 세계경제포럼WEF이 발표하는 '회계기준과 검사강도' 역시 아시아 국가 중 최하위 수준이다.

한 국가의 부패 수준은 정치의 부패 수준과 맞물려 있다. 정치의 영향력은 절대적이다. 노벨 경제학상 수상자이자 한국의 경제위기를 예견했던 것으로도 유명한 폴 로빈 크루그먼Krugman은 사회의 변화와 영향력의 우위는 정치가 전제되는 것이지, 결코 경제나 그에 부수한 기술적 진보에 의한 것이 아니라고 주장한다. 경제적 불평등, 즉 소득의 양극화 현상이나 경제사회의 기조는 경제 자체의 문제나 영향에 의한 것이 아니라 정치에서 비롯되는 크고 작은 변화에 의한 것이란 얘기다. 따라서 주도권은 언제나 정치에 있게 마련이다. 기업경영도 그렇지만 국가경영은 더더욱 윤리성에 바탕을 두어야 하는 이유가 여기에 있다. 그러나 우리나라의 탄핵당한 대통령은 재임 시절 국가정보원 특수활동비를 매달 1억 원씩 상납받았다. '문고리 3인방'을 통해 전액 현금으로 월급처럼 받았다는 것이다.

생선은 꼬리부터 썩지 않는다. 대가리가 먼저 썩는 법이다. 공직 부패, 기업 부패, 시민 부패의 가장 큰 책임은 정치인에게 있다. 부패 사슬의 꼭대기에는 과거든 현재든 언제나 정치인이 똬리를 틀고 앉아 있다. 하버드대학교 정치철학 교수인 마이클 샌델은 저서 『왜 도덕인가』에서 "윤리적 기반을 잃은 정치야말로 국가와 국민의 공공선에 해악을 끼치는 가장 무서운 적"이라고 단언한다.[16] 정치인과 공직자의 도덕성이 일반인보다 높아야만 되는 이유인 것이다.

독일의 피히테가 역설하듯, 정치인의 도덕성은 국가의 운명을 좌우한다는 인식이 시급하다. 국회의원과 공무원은 연간 수백 조 원의 예산을 편성·집행하고 인·허가, 감사, 수사, 감독 등 국민에게 큰 영향을 미치는 절대적 권한을 행사하기 때문이다. 정치인과 공무원들이 부정부패에 물들기 쉬운 이유다. 공무원이 부패하면 법질서가 무너지고 그 피해는 사회 전체가 보게 된다. 따라서 정치인의 부패를 막기 위해서는 무관용 원칙이 엄격하게 적용되어야 한다. 「김영란법法」이 뒤늦게나마 시행 중이지만 과거 싱가포르의 리관유 총리가 했던 것처럼 강력한 법 집행이 뒷받침되어야 한다. 지위가 어떠하든 받은 뇌물이 얼마나 적은가에 상관없이 처벌은 무겁고 크다는 생각을 심어줄 필요가 있다. 엄벌이 아니라 필벌의식이 확산되어야 한다.

영화 〈대부〉의 마피아M, 마피아m

일생의 대부분을 사회정의 연구에 몸 바친 하버드대학교 정치철학 교수인 존 롤스Rawls[17]는 정의로운 사회가 되기 위해서는 무엇보다 사회의 기본 구조basic structure가 공정해야 한다고 주장한다. 정의는 곧 '구조'이며 사회의 기본적인 구조가 곧 '정의의 주제the subject'라는 것이다. 권리와 의무를 배분하고 사회 협동체로부터 생긴 이익의 분배를 정하는 방식을 결정하는 정치의 기본법이나 법률적, 경제적 체제가 공정해야 한다는 얘기다. 이를 위해서는 사회의 기본 구조 중 정치제도가 가장 중요할 수밖에 없다. 특히, 막스 베버Weber는 이러한 사회체제 중 관료체제의 합리적 구조와 그에 따른 의사결정 구조가 사회에 미치는 영향이 절대적임을 강조한다.

그러나 롤스에 따르면 기본적인 구조는 정치제도뿐만 아니라 문화적 제도들과 관행들을 포함하는 광범위한 것이다. 따라서 사회문화적 제도 및 관행이 윤리적 기반을 형성해 사회성원들에 대한 '돌봄'을 핵심 가치로 삼아야 한다. 한 사회가 윤리적이냐 아니냐는 사회문화 제도나 관행의 윤리성에 절대적으로 좌우된다는 것이다.

선 굵은 연기로 명성을 떨쳤던 인기 배우 말론 브란도와 알 파치노가 출연해 전 세계적으로 흥행에 성공했던 영화, 〈대부代父〉를 기억하는 사람들이 많을 것이다. 마리오 푸조의 소설을 바탕으로 프랜시스 포드 코폴라 감독이 1972년 제작한 이 영화는 이탈리아 마피아 세계에서의 배신과 사랑을 예술적으로 그려 냈다는 극찬을 받았다. 영화의 흥미나 예술성은 차치하고서라도 영화는 마피아의 속성을 적나라하게 보여 주고 있다.

위키 백과를 들춰 보면 흥미로운 사실이 나온다. 마피아의 첫 글자 표기를 M 혹은 m으로 하느냐에 따라 의미가 달라진다는 것이다. 마피아는 본래 이탈리아 시칠리아 지방의 마피아만을 뜻했다. 마피아란 이름은 본래, 고대부터 타 민족의 끊임없는 침입과 지배, 착취에 시달렸던 시칠리아 사람들이 그런 외세의 노략질에 대항하기 위해 만든 가족 친지 중심의 소박한 공동체였다고 한다. 범죄 조직으로서의 마피아는 1860년대 들어 근대 이탈리아 통일정부 출범 이후 정치권, 재계 등과 결탁해 공생하면서부터라고 전해진다. 그래서 국제범죄조직을 뜻하는 마피아는 'Mafia'이며, 시칠리아 사람들에게 퍼져있는 특유의 내집단ingroup 중심의 정신과 감수성, 생활철학, 도덕적 규약 등을 의미하는 마피아는 'mafia'라고 한다. 시칠리아인들끼리 서로 편들어 주고 의지하는 일종의 공동체정신인 셈이다.

언제부터인가 언론에선 공직세계에 '관료 마피아'란 표현을 들이대기 시작했다. 영화 스크린을 통해 이권을 위해 잔인하게 피를 묻히는 알파치노의 얼음장 표정을 기억하는 필자 같은 사람에겐 좀 지나치다 싶은 생각이 들 수도 있다. 그러나 내막을 알면 사정은 달라진다. 한국 마피아의 악명이 얼마나 높은지, 『뉴욕타임스』는 몇 해 전 '한국 원자력 폭로 스캔들'이란 제목[18]을 통해 "몇 주 동안 이어진 한국 원전업계의 유착관계에 관한 폭로로, 국무총리가 전력업체와 부품 검사업체 등을 마피아에 비유하는 지경에 이르렀다."고 보도할 정도였다. 관료 마피아의 비리는 속성상 좀체 겉으로 드러나질 않지만, 다행인지 불행인지 원자력발전소 사고가 터짐으로써 원전마피아를 포함한 우리 사회의 마피아식 범죄의 실상이 국내는 물론 전 세계로 타전된 것이다.

한국형 관료 마피아 인성

애초에 이 사건은 23기의 원자력발전소 중 일부가 불량 부품 사용으로 가동이 중단되었는데, 그 원인이 주요 부품의 시험성적을 위조해 납품했기 때문이란 사실이 탄로 나면서 시작되었다. 원전 부품 납품업체의 시험성적서 위조를 조사해 보니 최근 10년간 품질 서류가 위조돼 한수원에 납품된 부품이 561개 품목, 1만 3,000여 개에 달했다. 가짜 케이블로 인한 직접 피해액만 1조 4,600억 원이라 한다. 후에 탄핵을 당한 대통령마저도 "국민의 생명과 안위를 개인의 사욕과 바꾼 용서받지 못할 일"이라고 질타했다. 1986년 발생한 체르노빌 핵발전소 사고나 2011년 지진해일로 인한 일본 후쿠시마 원전폭발 사건을 굳이 예로 들지 않더라도 원전 불량부품이 초래할 재앙을 누구보다 잘 알고 있는 전문가들이 사적 이익을 위해 저지른 짓이다.

원전 제어케이블은 제조업체가 만들어 시험업체에서 성능검사를 한 후 검증기관(한국전력기술)의 승인을 거쳐 수요처(한수원)에 납품되는 구조였다. 이 과정에서 뇌물을 고리로 한 부패의 쇠사슬이 연결된다. 이를 테면, 제조업체에서 만든 제어케이블을 한전기술에서 승인하지 않으면 한수원 부장이 한전기술에 압력을 넣어 시험성적서를 위조한 후 납품을 받게 하는 식이다. 국무총리까지 나서서 '원전 마피아'라고 질타한 이유는, 부품비리 바탕에 깔린 원전 마피아의 폐쇄적 유착관계 때문이다.

원전을 독점체제로 운영하는 한국수력원자력(한수원)은 한국전력 자회사다. 납품 부품의 시험성적서를 최종 확인하는 한국전력기술도 한전의 자회사다. 국내 원전 부품의 안전성을 평가하는 시험기관은 대한전기협회의 인증을 받아야 하는데, 이 협회의 회장이 한전 사장이고 부회장단에는 한수원 대표, 한전 자회사 대표, 원전업체, 원전설비시공을 책임지는 대표가 포진해 있다. 재판정에서 판사, 검사, 변호사의 역할을 모두 한 사람이 하고 있는 셈이다. 실제로 한전 자회사 퇴직자들은 원전 업계로 옮기거나 시험기관 업체에 재취업하는 게 일종의 관행이었다. 서울대학교 특정학과 졸업자들을 중심으로 정부 부처와 업계, 학계 인사들로 형성된 원전 마피아의 위

세는 가공할 만하다. [19]

아무리 전문성이 요구되는 원전 분야라 해도 상식을 무력화시키는 이런 구조가 어떻게 가능한지 궁금하지 않을 수 없다. 서로서로 뒤를 봐주는 끼리끼리의 독식獨食문화를 견고하게 구축한 철저한 마피아 구조다. 자신이 선수도 되고 심판도 되는 희한한 원전 부품 검증 구조하에서 그들만의 비리 커넥션이 형성되어 온 것이다.

우리 사회는 맨 꼭대기에서 밑바닥까지 촘촘한 서열체제로 짜여 있다. 세계 어느 사회나 소득이나 직업, 재산, 학벌 등으로 '보이지 않는 계급'이 형성되어 있으나, '관피아' 사례에서 보듯 우리 사회 상층부의 마피아M 문제는 유난히도 강한 폐쇄성과 그로 인한 비리와 부패 및 공정한 경쟁 거부에 있다. 문제의 심각성을 인식한 정부는 공직사회의 부패를 척결하기 위한 첫 단추로 관료사회의 문을 여는 제도를 시행하고 있다. 한 예로 지난 2000년부터 중앙 부처 고위 공무원의 20%를 민간에서 채용하는 개방형 공직자임용 제도가 있다. 결론부터 말하면 '무늬만 공모'다. 제도가 시행된 지 20여 년이 되어 가지만 목표치 20%에 턱없이 못 미친다. 그마저도 '별로 중요하지 않은 자리들'만 개방 대상으로 내놓는 데다가 개방형 직위는 정규직 공무원과 달리 통상 2~3년 임기의 계약직으로 뽑고 임금도 민간 분야보다 낮다. 차라리 안 뽑겠다는 말이 정직할 것이다. 관료조직의 패거리 문화의 변화가 쉽지 않음을 보여 주는 사례이다.

'끼리끼리 볼링' 사회

사회학자 신진욱 교수의 표현을 빌리면, "한국 사회의 잔인함은 그 위계의 승자가 그렇지 못한 타인들의 물질적, 인격적 존엄을 박탈할 수 있을 만큼 무제한적 권력을 휘두른다는 데 있다." 수직적인 폐쇄성 못지않게 수평적인 일상의 삶에서도 끼리끼리의 패거리 의식과 행동이 만연돼 있는 것이 우리 사회의 특징이다. 시칠리아 사람들의 공동체정신과 유사한 듯 보이지만 실상을 보면 '짐승의 무리 도덕'에서 엿볼 수 있는 우리 식의 마피아m다. 연줄이나 연고 네트워크의 카르텔이 '옆으로 나란히' 형성돼 있다. 혈연과 지연은 물론 학연과 직연職緣 등으로 형성된 내집단內集團 내에서는 배려와 신뢰가 작동하나 외부인에게는 그렇지 못한 폐쇄적인 공동체의식이 사회 저변에 만연해 있다.

고교 평준화 정책이 폐쇄적인 학연學緣 문화를 해소하는 데 기여할 것이라는 기대도 있었다. 그러나 외고나 특목고 등 새로운 형태의 '그들만의 리그'는 여전히 계속되고 있다. 동문들이 젊다 보니 소셜 네트워크서비스를 통한 전 세계적인 동문 네트워크를 구축해 취업 정보와 법, 의료, 경제에 관한 각종 정보를 공유한다. 어느 외고 동문회 페이스북에는 전 세계 5,800여 명의 동문이 모두 가입돼 있다고 한다. 문제는 이들 출신들이 정부 요직의 상당수를 독차지하면서 과거처럼 학맥 카르텔을 형성해 패거리 문화나 서열주의를 재연해 낼 개연성이 농후하다는 것이다.

끼리끼리만의 패거리 의식은 내부의 부도덕성에 대한 합리화 및 외부인에 대한 차별과 배제로 연결된다. 한 예로, 전국의 공공기관 중 노사 단체협약에 소위 '고용세습' 논란을 일으키는 가족우선채용 조항을 둔 기관이 33곳에 이른다.[20] 직원이 업무재해로 사망한 경우는 물론 자살 같은 개인적 사유로 사망한 경우에 그 가족을 우선 채용한다는 내용이다. '끼리끼리만의 리그'에서 기득권을 누리는 것도 모자라 대물림까지 하겠다는 것이다. 대를 이어 일자리를 보장한다는 건 명백히 다른 사람의 기회를 박탈하는 불공정하며 부정한 행위이다.

사정이 이럴진대 공공기관이라고 예외는 아니다. 탄핵사태 이후 정권이 바뀌자 국정감사에서 공공기관의 채용비리가 적나라하게 드러났다. 한 예로 2012~2013년 강원랜드의 신입사원 합격자 518명 중 493명(95%)이 국회의원과 전·현직 임직원의 청탁으로 채용됐다.[21] 충격적이다. 불합격자 중 200여 명도 청탁이 있었으나 '빽'이 약해 떨어졌다고 한다. 뿐만 아니다. 한국전력공사, 석유공사 등 산업통상자원부 산하 28개 공공기관 중 18곳에서 최소 805명이 부정 채용됐다니 채용비리가 얼마나 만연해 있는지 짐작조차 할 수 없다. 채용비리를 감독하고 막아야 할 감사위원장이나 감사실장마저도 청탁대열에 합류했다.

청년실업률이 10%(2017년 11월 기준)를 넘는 시대에, 열심히 취업 준비한 청년들이 자신보다 뒤처지는 이들의 부모의 '빽'에 밀려 취업전선에서 탈락하는 것이다. 그래도 공공기관이니 공정할 거라 믿고 지원했던 취업준비생들이었을 것이다. 그러나 알고 보니 들러리를 선 것이다. 이러한 불공정성에 대한 수험생들의 좌절과 분노는 어떠할까. "돈도 실력이야. 능력 없으면 니네 부모를 원망해."란 말을 한 딸을 뒷문으로 대학에 들여보낸 국정농단 '아줌마'에게 비난이 쏟아졌었다. 이 여성과 채용비리에 가담한 지도층과의 차이는 무엇일까.

공공기관에 채용비리가 이렇게 판치는 것은 특권계층의 마피아식 '끼리끼리' 문화가 고착화되어 있기 때문이다. 공기업 사장이나 임원들도 보은인사 혹은 전관예우에 따라 낙하산을 타고 내려온 처지다 보니 힘 있는 자들의 청탁을 외면할 수 없는 것이다. 이들이 '신의 직장'이라 불리는 공공기관을 사유화하고 기득권을 누리는 한국 사회의 구조적 병폐가 근절되지 않고 있는 것이다.[22] 급기야 정부는 공공기관, 지방공기업, 공직 유관단체 1,100여 곳의 5년치 채용 과정을 전수 조사하겠다고 선언했다. 그러나 사장부터 감사까지 낙하산 인사로 가득한 공공기관의 구조가 변하지 않는 한 인사 비리가 근절되기는 당연히 어려울 것이다.

채용이 돼도 비정규직이라면 또 다른 불공정에 시달린다. 동일한 업종에서 같은 일을 하는 동료마저도 직위의 성격에 따른 차별로 고통을 받는다. 회사 내에서의 비정규직, 사내하청 직원에 대한 정규직의 차별은 여전히 지속되고 있다. 한 예로, 자동차 노조 가운데 정규직과 비정규직이 한 지붕 노조 아래 있었던 기아자동차 노조가 비정규직을 쫓아냈다.[23] 조합원 자격에 비정규직을 배제하는 규약 변경 안건을 투표로 통과시킨 것이다. 이제 사내하청 근로자는 노조의 보호를 받을 수 없게 되었다. 상식적으로 생각해도, 정규직 노조가 해야 할 일은 비정규직을 내보내는 게 아니라 비정규직의 정규직 전환을 위해 함께 투쟁하는 것이 아닌가. 귀족노조란 말이 나오지만 '귀족'은 아니다. 어떤 노조는 기업이 적자를 내도 통상임금의 500%를 성과급으로 달라고 떼쓴다. 마피아적 인성을 가진 대기업 노조는 이미 스스로 제어할 힘을 잃었다. 신성한 노동의 권리를 대변하는 진보세력이 아니라 그들만의 탐욕에 집착하는 수구세력으로 변질되었다.

학교교육 현장에서마저도 다를 바 없다. 교육이란 이름으로 비교육적 행태가 벌어지고 있다. 사소하지만 결코 간과할 수 없는 예를 들어 보자. 인천의 한 초등학교는 학생들의 안전을 지킨다는 이유로 교내에서 명찰을 패용하게 했다. 그런데 정교사는 노란색, 계약직 교사는 일반 직원과 동일한 초록색, 방문자는 분홍색으로 구분했다. 방문자야 그렇다 치자. 문제는 같은 교사를 교사들이 차별한다는 점이다. 기업이나 학교에서의 '내부자 차별'이 이 정도니 외국인 노동자들 같은 '외부의 타자他者'에 대한 차별은 어떨지 미루어 짐작할 수 있다.

Mafia와 mafia는 동전의 양면이다. 학벌과 직장을 중심으로 한 패거리 문화를 마피아 같은 조폭에 비유하는 이유는 자기 집단 내에서의 배려와 신뢰만을 촉진하는 '나쁜' 사회적 자본이기 때문이다. 나쁜 사회적 자본은 내부적으로는 필연적으로 부패의 싹을 키우게 되고 외부적으로는 타인에 대한 불신과 배제, 차별을 통해 갈등과 분쟁이 만연한 불공정한 사회를 촉진시키게 된다.

전관예우란 슬픈 형용모순

> 이것은 소리 없는 아우성 / 저 푸른 해원을 향하여 흔드는 / 영원한 노스탈쟈의 손수건 / 순정은 물결같이 바람에 나부끼고…….

청마 유치환의 시 『깃발』은 감정의 섬세한 떨림까지 전해질 정도로 감동적이다. '소리 없는 아우성'. 도저히 양립할 수 없는 단어들의 조합이지만 누구도 논리 오류를 문제 삼지 않는다. 오히려 모순되는 단어들이 빚어내는 특별한 뉘앙스가 극적 긴장감을 조성하고 감동을 자아낸다. 사이먼 앤 가펑클의 「침묵의 소리sound of silence」는 또 어떤가? 팝 역사에 남을 불후의 명곡이 된 것도 '말도 안 되는' 단어의 조합 때문이다. 이처럼 상호 모순되는 어휘를 결합하는 수사법을 형용모순Oxymoron이라 한다. 과거에는 기업의 '윤리경영'마저도 형용모순이라 주장하는 경제학자도 있었다.

세상은 날로 복잡다단해지고 확정된 것은 존재하지 않는 포스트모던 시대에는 오히려 이런 창의적인 형용모순이 빛을 발하게 된다. 그러나 창의적이지도, 아름답지도 않으면서 우리 사회를 짓누르는 형용모순의 단어가 있다. 대표적인 것이 '전관예우'다. 물론 논리적인 오류는 아니지만 윤리적으로는 모순투성이의 단어다. 더 정확히 말하면 전관예우란 법조계의 범죄나 비리를 에둘러 말하는 완곡어법이다. 이런 완곡어법은 사태의 진정한 본질을 왜곡시키고 폭력의 직접성을 완화시키는 역할을 한다. 관행적으로, 무의식적으로 사용해 오는 이 말은 법조인들에게 자기 암시를 가져오고 본인은 물론 주변 사람들에게까지 전염되고 있다. 그 결과 별다른 죄책감 없이 자기합리화가 이루어지고 지금 이 시각에도 비윤리적인 판단과 행동이 스스럼없이 행해지고 있다.

전관예우란 법원이나 검찰에서 오래 근무하고 고위직에 있다가 퇴임한 변호사에게 사건을 맡기면 그의 경륜이나 개인적 연고로 잘 해결될 것을 기대하는 것[24]이다. 관료 마피아식의 표현을 빌리면 '법조 마피아'의 불문율을 의미한다. 점잖은 표현으로 포장돼 관행처럼 들리다 보니 마피아같이 느껴지지 않을 뿐이다. 한마디로, "검찰이나 법원의 고위직을 지낸 뒤 변호사 개업을 하면 초기에 평생 먹고 살 수 있는 돈을 벌 수 있도록 현직 판검사들이 과거의 선배, 혹은 상관인 이들을 위해 자기 권한을 이용하는 것"에 불과하다.[25] 이유야 뻔하다. 그래야 나중에 자신들이 같은 처지가 되었을 때 후배들이 똑같은 대접을 해 줄 것으로 기대하기 때문이다. 선배에게 호의를 베풀고 그 대가를 후배로부터 받는 일종의 세대 간 밀약인 셈이다.

'예우'할 게 따로 있지 어떻게 '정의'와 '옳음'을 가리는 일에 예우가 개입할 수 있는가? 말이 예우지 명백한 범죄다. 고상한 법복에 가려져 있지만 이들의 도덕적 신분은 이미 노예나 다름없다. 시민들의 눈총이 따갑다는 걸 아는지 모르는지 총리를 비롯해 각료, 감사원장 내정자에 대한 청문회 때마다 거액의 수임료에 대한 비판은 단골 메뉴다. 당사자들은 개인적 역량이나 법조 경력을 내세워 전관예우를 극구 부인하겠지만, 기업경영으로 대박을 터뜨리는 것도 아닌데 무슨 대단한 일을 하기에 중견 봉급쟁이의 10년 이상 연봉을 몇 달 만에 받는지 납득이 가지 않는 것이다.

과거 필자의 유학 시절, 강의의 한 주제로서 지도교수와 전관예우에 대해 토론한 적이 있었다. 한국에서의 전관예우 관행에 대해 영국 출신 지도교수는 경악을 했다. 영국에서는 '상상조차 할 수 없는 일'이라는 것이다. 영국이나 호주의 판검사, 변호사는 한국 법조인에 비해 수입은 적은 반면 사회에서 요구받는 윤리기준은 훨씬 엄격하다고 했다. 대신 전관예우는 없지만 이들에 대한 사회적인 신뢰와 '예우'는 한국보다 훨씬 높다.

참고로 한국에서 전관예우가 만연돼 있는 듯해도 참된 법조인으로서의 길을 묵묵히 걸어가는 사람들도 적지 않다. 한 예로 '딸각발이 판사'로 유명했던 조무제 대법관은 퇴임 후 로펌 영입 제의를 고사하고 모교의 석좌교수가 됐다. 부산법원조정센터 위원장으로도 활동할 때는 스스로 조정 위원 수당을 깎아 법원을 난감하게 만들기도 했다. 20년간 모교에 발전기금 8천만 원을 내온 사실이 뒤늦게 알려졌고, 공직자 재산 공개 때는 법관 중 꼴찌였다. [26]

한국 스포츠계의 패거리 의식

몇 해 전 전관예우 파동이 채 가라앉기도 전에 아시안컵 축구대회가 막바지로 치닫고 있었다. 한일 양국민의 관심은 호주와 일본 간의 결승전에 모아졌다. 팽팽한 공방전이 이어지며 우승컵의 향방이 승부차기에서 가려지나 싶던 연장 후반, 재일교포 이충성의 발등에 '충성스럽게' 걸린 볼이 그물망을 흔들었다. 아시안컵 역사에 남을 극적인 결승골이었다. 이충성은 호쾌한 왼발 발리슛으로 천금의 결승골을 뽑아내며 일약 일본의 영웅이 되었다. 여기까지는 좋았다. 안쓰러운 것은 한국 언론의 보도 내용이었다. 한국 언론은 이충성이 도쿄에서 태어난 재일교포 4세이며 한국의 19세 이하 대표로 선발된 적이 있는 한국인이라는 점을 부각시키느라 애를 썼다.

문제는, 그는 조국에서 태극마크를 달기 위해 노력했지만 결국 '차별'의 벽을 넘지 못했다는 점이다. 조국에서 꿈을 접고 할 수 없이 일본으로 귀화해 일본 대표로 발탁된 그였다. 언론은 이름만 '다다나리'로 바꿨을 뿐 성은 바꾸지 않고 여전히 유니폼에 'LEE'를 새기고 뛴다며 '감사'와 '찬사'를 숨기지 않았다. 심지어 일부 한국인 네티즌은 '한국인이 결승골을 넣은 것'이라고 오버했다. 일본 언론은 그런 '애국심'에 불타는 한국인의 말을 '충실히' 보도하기조차 했다.[27]

재일교포 4세인 이충성은 19세 이하 한국 대표팀에 선발될 정도로 실력파였다. 일본 중·고교에서 차별받으면서도 축구에 전념했다. 그러나 조국이라는 한국에서 또 다른 차별이 그를 따돌리고 괴롭혔다. 언론은 한국말이 어설펐다는 이유를 들었지만 과연 그 이유만이었을까? 감사원장 내정자였던 후보자마저 법조계 내 주류 학벌에서 소외당한 소회를 토로했다는 보도가 있었다. 하물며 운동선수는 어떠할지 짐작이 간다. 쇼트트랙 파벌 파문처럼 툭하면 터지는 스포츠계의 '끼리끼리식' 행태를 보면 알 수 있지 않은가. 법조삼

류과 마찬가지로 스포츠계 내부의 고질적인 유착관계에서는 '실력 중심'이란 스포츠의 공정성은 실종될 수밖에 없다. 반면에, 설움과 울분을 삭이는 '이충성'은 늘어 간다. 그렇기 때문에 이충성의 골을 놓고, "재일 한국인 사회에 대한 선물"이니, "한국인의 자부심을 드높인 쾌거"니 하고 호들갑 떠는 일부 한국인들과 그 언론이 '수치스러운' 것이다.

'정의의 최후의 보루'는 법조계다. 따라서 전관예우 현상의 법적 및 윤리적 초점은 전관前官의 사건 수임 건수나 고액의 보수에 있는 것은 아니다. 문제는, 전관예우 관행이 '정의'를 스스로 짓밟는다는 데 있다. 무엇보다 전관 그 자체가 능력이 될 때 비리는 싹트고 정의는 조작된다. 법조계 내부의 선후배 간 유착 관계가 정의를 판가름하는 한, '예수와 유다가 법정에서 다투어도' 예수는 절대로 이길 수 없다.

서울글로벌센터의 알란 팀블릭 센터장(28)은 "한국에서는 당신이 무엇을 아는가가 아니라 당신이 누구를 아는가가 중요하다."고 비판한다. 그는 "마치 자신과 관계를 형성한 그룹 안에서 사람을 대하는 데 필요한 사회적 행동과 그 이외의 모르는 사람이나 상관할 필요 없는 사람을 대하는 태도 사이에는 깊은 계곡이 가로놓인 듯하다."고 토로한다. 한국 사회의 연고주의緣故主義를 너무도 명쾌하게 분석한 지적이다.

이러한 후진적 악습을, 하버드대학교 로버트 퍼트남Putnam 교수는 저서 『혼자 볼링 하기Bowling Alone』에서 결속형bonding 자본이 강한 사회의 특성으로 분석한다. (29) 교량형bridging 자본이 강한 사회가 '혼자 볼링 하는' 사회라면, 결속형 자본이 강한 사회는 '끼리끼리 볼링 하는' 사회라는 것이다. 결속형 사회 자본은 가족이나 친구, 선후배같이 동질적인 사회적 네트워크 안에서는 관계가 깊어지고 신뢰가 쌓이지만 '내가 모르는 사람'에 대해서는 배제와 무배려, 무례함으로 일관한다. '함께 볼링' 하는 게 아니라 '끼리끼리만 볼링' 하는 특징이 있다. 그만큼 연고주의, 파벌주의 및 부정부패의 위험성이 커지게 된다.

공직사회에 부정부패와 비리는 바로 끼리끼리의 '연고緣故' 관계에서 발생한다. 공무원 사회에 '출세하면 친척이 늘어난다.'는 우스개가 있다 한다. 사람들이 사돈의 팔촌까지 뒤져서 출세한 사람, 힘 있는 사람을 찾는 데는 이유가 있다. 능력보다 줄서기, 줄타기를 앞세우는 연고주의 탓이다. 연고를 통해 음으로 양으로 덕을 보는 풍조는 관가官街에만 있는 얘기가 아니다. 우리은행은 2016년 공채 과정에서 금감원 고위 임원, 전직 은행장, 병원 이사장 등의 자녀나 친인척 16명 전원을 85대 1의 경쟁률을 뚫고 합격시켰다. [30]

투르 드 프랑스 영웅의 인성

2003년 세계 최고 권위의 투르 드 프랑스 사이클 경기. 전 세계인이 주목하고 있는 가운데 결승점 9.5km를 앞둔 지점에서 예상치 않은 사고가 발생했다. 선두는 투르 드 프랑스의 전설 랜스 암스트롱Armstrong, 그 뒤를 종합 15초 차이로 뒤지고 있는 독일 사이클 영웅 얀 울리히Ullrich가 바짝 따라붙고 있었다. 그때 암스트롱이 구경 나온 관중이 흔드는 가방끈musette에 핸들이 걸려 넘어지고 말았다. 암스트롱의 그늘에 가려 '만년 2인자'에 머물렀던 울리히에게는 절호의 찬스였다.

그런데 넘어진 암스트롱을 추월한 울리히가 갑자기 속도를 늦췄다. 그리고 천천히 페달을 밟으며 뒤를 돌아보면서 암스트롱을 기다렸다. 암스트롱이 비틀거리며 자전거에 올랐다. 그래도 울리히는 역주를 하지 않았다. 암스트롱이 넘어진 후유증으로 제 페이스를 찾지 못한 걸 느꼈기 때문이다. 울리히가 다시 페달을 힘차게 밟은 것은 암스트롱이 넘어졌을 때 거리만큼 자신의 앞으로 갔을 때였다. 마지막 숨 막히는 접전 끝에 61초 차로 암스트롱이 승리했고 울리히는 또 2위에 머물렀다. 언론은 울리히의 기다림을 '위대한 멈춤'이라고 기록했다.

'위대한 멈춤'

그런데 흥미로운 점은, 2년 전인 2001년 투르 드 프랑스 경기 때도 비슷한 일이 벌어졌다는 사실이다. 이때는 앞서 질주하던 얀 울리히가 코스를 이탈하면서 넘어졌고, 그가 일어나 다시 자전거에 오를 때까지 기다려 주었던 사람은 라이벌 암스트롱이었다. 울리히의 위대한 멈춤은 암스트롱의 위대한 멈춤에 대한 보답이었던 셈이다. 당시, 얀 율리히가 기다리던 암스트롱을 따라와 손을 내밀어 감사의 표시를 하던 장면은 경기를 숨죽여 보던 수많은 사람들에게 깊은 감동을 선사했다. 이들이 위대한 이유는 사이클이 전부가 아니란 사실을 보여 주었기 때문이다.

사이클 경기를 포함한 모든 스포츠는 냉혹한 승부가 판가름 나는 제로섬zero-sum 게임이다. 상대가 죽어야 내가 사는 게임이다. 승리를 위해 필요한 건 오직 게임 규칙만 준수하면 된다. 그 외에 상대 선수에 대한 배려는 굳이 요구되지 않는다. 그러나 암스트롱과 울리히의 '위대한 멈춤'은 사생결단 승부를 내야 하는 스포츠 세계에서 진정한 페어플레이가 무엇인지를 보여 준 감동적인 드라마로 기억되고 있다.

랜스 에드워드 암스트롱은 1903년 창설되어 세계 최고 권위를 자랑하는 사이클 대회 투르 드 프랑스에서 7년 연속 우승한 전 세계 사이클의 '전설'이다. 텍사스 출신인 암스트롱은 '93세계선수권대회' 챔피언으로 미국 사이클의 선두 주자로 떠올랐다. 그러나 1996년 10월 세계선수권을 앞두고 생존율 50%의 고환암 진단을 받았다. 폐와 뇌에 전이까지 되어 한쪽 고환과 뇌의 일부를 떼어 내는 대수술을 받으며 선수생활을 중단하게 되었다.

그러나 눈물겨운 항암치료와 불굴의 의지로 강도 높은 훈련을 소화해 내며 재기에 성공하였다. 그리고 1999년 마침내 세계 최고의 대회인 투르 드 프랑스를 우승하였으며 이후 2005년까지 무려 7년 연속 세계를 제패하였다. 삶과 죽음의 경계를 넘나들면서도 절망하지 않고 끝까지 암과 싸워 이기고 사이클 스포츠의 정상에까지 오른 암스트롱은 어려움에 처한 전 세계인들에게 희망 그 자체였다. 게다가 암 환자를 돕기 위해 자신의 이름을 딴 '리브스트롱LIVESRTRONG'이란 재단까지 만들어 3억 달러가 넘는 기금을 투병 중인 암 환자들을 위해 운영하였다. '인간 승리'의 주인공으로 존경과 찬사를 받았다.

얀 울리히Ullrich는 암스트롱의 그늘에 가려 만년 2인자 신세를 면치 못했다. 그러나 울리히는 독일 대표로서 2000년 시드니 올림픽에서 금메달과 은메달을 딴 독일의 사이클 영웅이다. 1997년에는 투르 드 프랑스에서 우승을 했으며 그 이후 같은 대회에서 준우승만 네 차례나 거머쥐어 암스트롱과는 또 다른 면에서 투르 드 프랑스 역사를 새로 썼다. 투르 드 프랑스를 포함한 여러 국제대회에서의 그의 눈부신 활약으로 독일에서는 사이클 열풍이 불기도 하였다.

위대함의 '멈춤'

전성기를 구가하며 부와 명예를 누리던 랜스 암스트롱에게 그 모든 것을 멈추어야 하는 악몽이 찾아들었다. 투르 드 프랑스에서 7년 연속 우승을 하는 동안 매번 금지 약물을 복용한 사실이 뒤늦게 밝혀졌던 것이다. 우승을 하기 위해 금지 약물인 테스토스테론이나 코르티손 등을 복용하고 적혈구 수를 늘리기 위해 자신의 피를 뽑았다가 경기 전 다시 주입하는 방법도 사용했다는 것이다. 그의 명성은 하루아침에 나락으로 굴러떨어졌다.

결국, 2012년 10월 암스트롱은 국제사이클연맹UCI으로부터 영구 제명당하고 모든 우승 기록도 삭제됐다. 미국 반도핑기구는 암스트롱이 평생 경쟁대회에 참가할 수 없도록 영구 제명하고 수상실적을 취소했으며, 올림픽조직위원회IOC는 2000년 시드니올림픽에서 그가 딴 동메달마저 박탈했다. 게다가 미국정부는 그동안 미국우편공사로부터 후원금을 받은 암스트롱에게 최대 1천 3백억 원을 배상하라는 소송까지 제기하였다. 암을 극복하고 투르 드 프랑스 7년 연속 우승을 거머쥔 인간 승리의 표본으로서 미국을 포함한 전 세계인들의 찬사와 존경을 받던 암스트롱은 이제 모든 것을 박탈당했다. 게다가 미국 사람들이 가장 싫어하는 스포츠 스타라는 불명예마저 뒤집어쓰는 신세로 전락했다.

또 다른 '위대한 멈춤'의 주인공이었던 얀 울리히. 암스트롱이 2005년 은퇴한 이후 몇 년 더 선수생활을 할 계획이었다. 그러나 뜻하지 않은 잦은 부상으로 제 컨디션을 회복하지 못하다 2007년 결국 은퇴를 하게 되었다. 그런데 말이 은퇴이지 사실상 퇴출당한 것과 다름없었다. 한 해 전인 2006년에 도핑 테스트 결과 금지 약물을 복용한 사실이 발각돼 그 해 투르 드 프랑스에 출전 정지를 받았기 때문이다. 새로 결혼한 아내와 신혼여행을 간 사이 수사관들이 가택수색을 해 도핑 증거물을 압수하기도 하였다.

울리히는 결국 2012년 2월 스포츠 중재 법원에서 도핑 혐의가 유죄로 확정되었으며 2005년 5월 이후의 모든 우승 기록이 취소되는 수모를 당했다. 암스트롱 기록에 밀려 지명도가 낮아 언론에는 크게 보도되지 않았지만 울리히 역시 암스트롱에 앞서 '원치 않는 멈춤'을 당하는 불명예스러운 동병상련의 처지가 되었다. 걸출한 두 스포츠 스타의 인생 역정歷程을 지켜본 사람들은 찬사와 감동 그리고 안타까움과 실망감이 교차함을 느끼게 된다. 무엇이 이들을 감동과 존경의 대상으로 만들었으며, 반대로 하루아침에 이들을 불행과 실패의 나락으로 떨어뜨린 것은 무엇일까?

인생은 결국 인성이다

랜스 암스트롱이나 얀 울리히의 탁월한 업적을 보면, 두 선수 모두 사이클 선수로서 성공하는 데 필요한 역량力量들을 갖추었으리라 본다. 본문의 '역량빙산모델'에서 언급한 대로, 우선 관련 분야에서 요구되는 지식knowledge이나 스킬skill이 있었을 것이다. 사이클에서 두각을 나타내기 위해서는 사이클링에 대한 전반적인 지식과 스킬이 요구된다. 또한 이에 기초한 과학적인 지도에다 전문체력 향상을 위한 강화훈련 등이 필요할 것이다. 다른 분야도 마찬가지이다. 개인에게 관련된 지식과 스킬을 확인하기 위해 기업에서는 취업 지원자의 학벌이나 학력, 자격증, 어학 능력 등의 스펙을 보기도 한다. 흔히, 한 분야의 전문성은 지식과 스킬 역량에 비례하는 것으로 보기도 한다.

그러나 사이클에 대한 풍부한 지식과 스킬이 반드시 최고의 선수를 만드는 것은 아니다. 사이클링에 적합한 기질 혹은 특질traits이 있어야 하고 성취동기motives도 강해야 한다. 이것이 두 번째 역량들이다. 암스트롱이나 울리히는 사이클에 적합한 신체적 특질을 갖추었을 것이다. 또한 우승이란 목적을 달성하기 위한 욕망과 에너지도 강했을 것이다. 이런 역량은 대부분 타고난 것들이라 교육훈련에 의해 쉽게 변하지 않는다. 전투기 조종사에겐 민첩한 반응시간, 좋은 시력 등의 물리적인 특성이 요구된다. 미국에서 활약하는 한국인 메이저리거나 유럽의 프리미어리그 축구 선수, 세계적인 발레리나, 피아니스트도 마찬가지다. 이들에게는 각각의 분야에서 요구되는 물리적인 특질이 뒷받침되어야 하고, 또한 목표를 향한 강한 성취동기가 있었기에 현재에 이른 것이다.

성공을 위한 마지막 역량군은 셀프 콘셉트self-concept, 즉 자아개념이다. 특정 분야에서의 성공과 행복을 결정짓는 중요한 심리 기제가 바로 자아개념이다. 여기에는 가치value와 태도attitude, 혹은 자기이미지self-image가 포함된다. 이 자아개념이 '나는 누구냐?'를 결정짓는 역량이다. 개인의 가치와 태도가 행동을 결정된다. 어떤 행동은 하게 만들고 반면에 다른 행동은 자제하게 만드는게 바로 자아개념이다. 행동의 결과에 따라 삶의 행·불행이 결정되기에 자아개념은 삶의 안내자와 같다. 우리가 어떤 사람의 인성을 말한다면, 인성의 핵심은 바로 자아개념이다.

랜스 암스트롱은 '스포츠맨'이란 자아개념이 철저했다. 스포츠맨으로서의 훌륭한 인성을 갖고 있었다. 고환암 진단을 받기 전인 1994년까지 암스트롱은 모든 경기에 깨끗하게 임했던 것으로 알려졌다. 스포츠맨답게 암을 적극적으로 극복해 투병중인 사람들에게 희망을 선사했으며 자선재단까지 만드는 선행을 베풀었다. 암스트롱의 라이벌 독일의 울리히도 스포츠맨으로서의 인성이 분명했다. 어떤 도핑의 유혹도 물리치고 투르 드 프랑스를 포함한 국제대회에서 당당히 우승했다. 암스트롱과 마찬가지로 '위대한 멈춤'을 통해 스포츠맨으로서의 '사람 됨됨이'가 무엇인지를 보여 주었다.

그러나 '사람 됨됨이' 혹은 인성이란 한번 형성되면 무너지지 않는 철옹성은 아니다. 외적인 유혹이나 환경 변화에 의해 개인이 갖고 있는 가치관과 태도는 쉽게 무너질 수도 있다. 두 스포츠 영웅의 인성은 도핑doping의 유혹을 극복하지 못하고 무너졌다. 처음에는 정정당당한 방법으로 경기에 임했을 것이나 우승의 환희와 찬사는 또 다른 우승을 향한 강한 동기를 부채질하게 되었을 것이다. 문제는 우승을 목표로 한 강한 동기를 윤리적으로 성취하느냐 아니냐의 여부는 바로 개인의 인성에 의해 결정된다는 점이다. 금지 약물을 복용하는 순간, 그들을 지배하고 있었던 스포츠맨으로서의 가치관과 태도는 허물어졌다. '위대한 멈춤'으로 찬사를 받던 시절의 그들이 아니었다. 초창기 선수 시절의 초심을 벗어나 자신의 가치관을 합리화했을지도 모른다. 무슨 수를 써서라도 목적을 달성하려는 비윤리적인 비즈니스맨의 가치관이 어느새 그들을 지배하고 있었을 것이다. 실제로 암스트롱은 언론과의 인터뷰에서 "승리를 위해서는 어떤 방법도 마다하지 않았다."고 실토했다.

암스트롱과 얀 울리히는 인생이란 마라톤 경기에서 '위대한 멈춤'을 할 수 있는 인성이 성공과 행복의 열쇠임을 입증하고 있다. 반면, 한 사람의 인성이 탐욕에 의해 지배당할 때 그동안 쌓아 왔던 사회적 성공이나 행복은 모래성처럼 허물어진다는 사실을 보여 주고 있다. 이 책에서 다루었던 우리 사회 모든 분야의 실패 사례들이 전해 주는 교훈 역시 마찬가지다. 인성이란 살아 움직이는 생물과 같다. 한 사람이 갖고 있는 가치관과 태도는 고정불변의 '완료형'이 아니라 외적인 환경에 영향을 받으며 일생동안 만들어지는 '진행형'이다. 끊임없는 연습과 훈련을 통해 만들어가는 개인의 작품이다. 인성교육이 학교교육에서 끝나는 것이 아니라 평생에 걸쳐 가꾸어 가야 할 성인교육이란 이유가 여기에 있다.

「후주」

머리말

1. 카프카는 『변신』의 '저자의 말'에서 말한다. "우리가 읽는 책이 우리 머리를 주먹으로 한 대 쳐서 우리를 잠에서 깨우지 않는다면, 도대체 왜 우리가 그 책을 읽는 거지? 책이란 무릇, 우리 안에 있는 꽁꽁 얼어버린 바다를 깨뜨려 버리는 도끼가 아니면 안 되는 거야."

프롤로그

1. 손태규(2013. 4. 11.). 아수라장 학원가. 동아일보.
2. 한겨레신문(2013. 11. 30.).
3. 이충일(2016. 12. 13.). 짐덩이 코레일을 어쩔 건가. 조선일보.
4. 박성택(2017. 2. 15.). 청년실업 해법은 노동개혁. 동아일보.
5. 이광형(2017. 3. 17.). 자녀교육 과외 학원에만 맡기면 미래 없어. 조선일보.
6. Colvin, J. (2016). 인간은 과소평가되었다: 로봇과 인공지능의 시대, 영속 가능한 인간의 영역은 무엇인가. 한스미디어.
7. 같은 책.
8. 같은 책.
9. 배정원(2016. 12. 17.). 우수한 인간의 기준이 바뀐다. 조선일보.
10. 같은 곳.
11. 이상오(2016). 지식의 탄생. 서울: 한국문화사 p. 11.
12. Aristoteles(1994). 윤리학. (최민홍 역). 서울: 민성사 p. 315.
13. Lindeman, E. C. (1926). 성인교육의 의미. (강대중, 김동진 역). 서울: 학이시습.
14. Herbart, J. F. (2006). 헤르바르트의 일반 교육학. (김영래 역). 서울: 학지사.
15. Alain. (1982). 행복론. (방곤 역). 서울: 뿌리출판사. p. 325.
16. Lickona, T. (1998). 인격교육론. (박장호, 추병완 역). 서울: 백의. p. 525.
17. 고요한(2016). 인간현상과 인성교육의 현상학. 서울: 박영스토리. p. 50.
18. Lindeman, E. C. (1926). 같은 책.
19. 이관춘(2016). 직업윤리: 경쟁의 새로운 패러다임. 서울: 학지사. p. 125.
20. 같은 책, p.128.
21. Layard, L. R. (2011). 행복의 함정. (정은아 역). 서울: 북하이브. p. 165.

1장

1. 장영희(2010). 내 생애 단 한 번: 때론 아프게, 때론 불꽃같이. 서울: 샘터사. p. 57.
2. Hemingway, E. (2012). 노인과 바다. (김욱동 역). 서울: 민음사. p.104.
3. 같은 책.
4. Hormer, S. (2013). 라캉 읽기. (김서영 역). 서울: 은행나무. p. 137.
5. Nietzsche, F. W. (2014). 선악의 저편. (김정현 역). 서울: 책세상. p. 20.
6. 조선일보(2017. 11. 4.). 내 한손엔 겸손, 다른 손엔 숙명.

7. Nietzsche, F. W. (1964). **권력에의 의지.** (강수남 역). 서울: 청하. p. 607.

8. Nietzsche, F. W. (2015). **차라투스트라는 이렇게 말했다.** (정동호 역). 서울: 책세상. p. 194.

9. 최수연(2016). 니체사상에 함축된 존재를 위한 평생학습의 의미에 관한 연구. 아주대학교 박사학위논문. p. 55.

10. Kaufmannn, W. (1986). **정신의 발견2: 니체, 하이데거, 부버 편.** (김평옥 역). 서울: 학지사.

11. 조선일보(2017. 11. 4.). 산악인 김창호 대장과의 인터뷰.

12. Nietzsche, F. W. (2015). **선악의 저편, 도덕의 계보.** (김정현 역). 서울: 책세상. p. 271.

13. 백승영(2009). **니체, 디오니소스적 긍정의 철학.** 서울: 책세상. p. 515.

14. 같은 책, p. 512.

15. 니체는 거리를 벌린다고(반드시) 어떤 대립적인 것을 창조하는 것은 아님을 주지시킨다. 나를 지배하는 또 다른 관점, 해석을 만드는 것이기 때문이다. 마치 연인과 헤어진 후 다른 연인을 만나지 않는 경우가 있는 것과 같다. 나아가 니체는 기존의 것과 거리를 두는 것이 기존의 것을 적대화하는 것이 아님을 강조한다. 적대화하지 않으면서 거리를 두는 것이다. 연인과 헤어졌다고 반드시 원수처럼 대할 필요는 없지 않은가. 미워하지 않으면서 거리를 두고 살 수도 있다. 한 예로 니체는 『선악의 저편』에서 플라톤주의를 비판한다. 그러나 플라톤주의가 틀렸다고 적대시하는 것이 아니라 '독단적'임을 비판한다. 니체에게 독단성은 독특성의 반대말이다. 독단성은 자기 진리를 모두에게 해당하는 진리라 믿고 '무모한 일반화'를 감행한다. 니체가 보기에 플라톤주의는 하나의 관점일 뿐이다.

16. Nietzsche, F. W. (2015). **선악의 저편, 도덕의 계보.** (김정현 역). 서울: 책세상. p. 271.

17. 조선일보(2016. 10. 14.).

2장

1. Bentham, J. (1823). *An introduction to the principles of morals and legislation.* London: Oxford at the clarendon press. http://oll.libertyfund.org/titles/bentham-an-introduction-to-the-principles-of-morals-and-legislation)

2. Layard, L. R. (2011). **행복의 함정.** (정은아 역). 서울: 북하이브.

3. Smith, A. (2010). **도덕감정론.** (박세일, 민경국 역). 서울: 비봉출판사.

4. Smith, A. (2008). **국부론.** (유인호 역). 서울: 동서문화사.

5. 같은 책, 제1편 제2장.

6. 같은 책.

7. 도메 다쿠오. (2010). **지금 애덤 스미스를 다시 읽는다.** (우경봉 역). 서울: 동아시아. p. 153.

8. Smith, A. (2010). 같은 책, 제1부 제1편 제1장.

9. 같은 책, 제3부 제3장.

10. 같은 책, 제3부 제5장.

11. 같은 책, 제1부 제3편 제3장.

12. 같은 책, 제4부 1장.

13. Vaillant, G. E. (2010). **행복의 조건: 하버드대학교 인간성장보고서, 그들은 어떻게 오래도록 행복했을까?.** (이덕남 역). 서울: 프런티어.

14. Layard, L. R. (2011). 같은 책.

15. 같은 책, p. 104.

16. Smith, A. (2010). 같은 책, 제1부 제3편 제2장.

17. 김영란, 김두식(2013). **이제는 누군가 해야 할 이야기**. 서울: 쌤앤파커스.

18. Platon. (2012). **국가론**. (최현 역). 서울: 집문당. pp.63-64의 내용을 재구성함.

19. 같은 곳.

20. 같은 책, p. 66.

21. 같은 곳.

22. 같은 책, p. 67.

23. Platon(2016). **국가, 정체**. (박종현 역). 서울: 서광사. p. 132.

24. Haidt, J. (2014). **바른 마음: 나의 옳음과 그들의 옳음은 왜 다른가**. (왕수민 역). 서울: 웅진 지식하우스. p. 147.

25. 같은 책, p. 150.

26. 같은 곳.

27. Smith, A. (2010). 제1부 제3편 제3장.

28. 같은 책, 제2부 제2편 제2장.

29. 앨런 패닝턴(2011). **이기적 이타주의자**. (김선아 역). 서울: 사람의 무늬.

3장

1. 서울신문(2016. 11. 18.).

2. Herbart, J. F. (2006). **헤르바르트의 일반 교육학** (김영래 역). 서울: 학지사.

3. Faure, E. et al. (1972). *Learning to Be: The world of today and tomorrow*. Paris: UNESCO.

4. 홍경자(2010). **청소년의 인성교육: 나는 누구인가**. 서울: 학지사. p. 17.

5. Feist, J. & Feist, G. J. (2008). *Theories of personality*(7th. ed.). N. Y.: McGraw-Hill.

6. Spencer, L. M. & Spencer, S. M. (1993). *Competence at work: Models for superior performance*. N. Y.: John Wiley & Sons, Inc.

7. Feist, J. & Feist, G. J. (2008). 같은 책.

8. Fromm, E. (2016). **나는 왜 무기력을 되풀이하는가**. (장혜경 역). 서울: 나무생각. p. 41.

9. 본질적 속성이란 인간의 본성을 말하며, 본성은 인간 자체의 일부지만 인간의 '본질'과는 구분되는 속성이다. 에리히 프롬(2016)은 인간의 본성과 본질을 구분하고 인간의 대표적인 속성을 네 가지로 제시한다. 즉, 인간은 이성을 갖춘 존재, 사회적 동물, 도구적 인간인 호모 파베르, 상징을 창조하는 존재 등이다.

10. Bourdin, D. et al. (2007). **철학, 쉽게 명쾌하게**. (이세진, 이충민 역). 서울: 모티브. p. 150.

11. Hall, C. S. (2016). **융 심리학 입문** (김형섭 역). 서울: 문예출판사. p. 73.

12. 같은 책, p. 69.

13. 같은 책, p. 71.

14. 장영희(2010). **내 생애 단 한 번: 때론 아프게, 때론 불꽃같이**. 서울: 샘터사.

15. 어수웅의 편집자 레터. 조선일보 2017. 4. 22.

16. Sunstein, C. (2009). **루머: 인터넷시대에 던지는 신문명비판**. (이기동 역). 서울: 프리뷰.

17. Weber, M. (2016). **직업으로서의 정치**. (전성우 역). 서울: 나남. p. 13.

18. Spencer, L. M. & Spencer, S. M. (1993). 같은 책.

19. Aristoteles. (2013). **니코마코스 윤리학**. (강상진 외 역). 서울: 도서출판 길. p. 27.

20. Engel, M. (1998). **철학의 이해**. (이종철, 나종석 역). 서울: 문예출판사. p. 220.

21. Aristoteles. (2013). p. 51.

22. Engel, M. (1998). p. 225.

23. Aristoteles. (2013). p. 36.

24. 같은 책, p. 33.

25. Durant, W. (2010). **철학 이야기: 위대한 철학자의 생애와 사상**. (황문수 역). 서울: 문예출판사. p. 104.

26. Engel, M. (1998). p. 227.

27. 홍경자(2010). p. 21.

28. Erickson, E. H. (1978). *Adulthood*. New York: Norton.

29. 홍경자(2010). p. 135.

30. 조선일보(2017. 1. 6.). 또 사고 친 회장 셋째 아들.

31. Desan, P. (ed.) (2016). *The Oxfor Handbook of Montaigne*. N.Y.: Oxford University Press. p. 568.

32. Aristoteles. (2013). 같은 책.

33. Lickona, T. (1992). *Education for character: How our schools can teach respect and responsibility*. N.Y.: Bantam Books. 고요한(2016). **인간현상과 인성교육의 현상학**. 서울: 박영스토리. p. 42에서 재인용.

34. Hodge, J. D. (2008). **습관의 힘**. (김세중 역). 서울: 아이디북.

35. Landon, B. (2006). **습관의 법칙**. (류건 역). 서울: 바람.

36. Spencer, L. M. & Spencer, S. M. (1993). 같은 책.

37. Herzberg, F. et al. (2009). **동기부여의 기술**. (박세연 역). 서울: 21세기북스.

4장

1. 윤평중(2016. 4. 22.). 공화, 2017 천하삼분지계를 이끌다. 조선일보.

2. 플라톤의 『국가』의 그리스어 원전 제목은 politeia(국가 체제)이다. 이 단어의 영문 번역어가 republic인데, 이 단어가 라틴어 res publica에서 유래한 것을 보면 politeia의 번역으로는 적절치 않은 것이다. 왜냐하면 플라톤이 강조한 이상적인 국가 체제(politeia)는 철인 왕이 통치하는 칼리폴리스이기 때문이다. (참조: Goldstein, 2011. p. 263.)

3. 경향신문(2017. 3. 15.).

4. 동아일보(2017. 2. 24.).

5. Carr, A. (1968). Is business bluffing ethical? In J.R. Desjardins & J. McCall(Eds.). *Contemporary issues in business ethics*(2nd ed.). Belmont, CA:Wadsworth.

6. 조선일보(2013. 6. 19.).

7. 김순덕(2017. 1. 9.). 불법의 평등. 동아일보.

8. 같은 곳.

9. 동아일보(2017. 10. 19.).

10. Kotler, P. (2017). **필립 코틀러의 마켓 4.0**. (이진원 역). 서울: 더퀘스트. p. 28.

11. Fairnington, A. (2011). **이기적 이타주의자: 21세기 트렌드를 바꾸는 새로운 소비자**.

(김선아 역). 서울: 사람의 무늬. p. 20.

12. Kotler, P. (2017). 같은 책.

13. 이길성(2017. 3. 6.). 조선일보.

14. Ritzer, G. (1992). *Sociological Theory*. New York: McGraw-Hil.

15. Arendt. (2007). **정치의 약속**. (김선욱 역). 서울: 푸른숲.

16. 같은 책.

17. Niebuhr, R. (2006). **도덕적 인간과 비도덕적 사회**. (이한우 역). 서울: 문예출판사. p. 372.

18. Honigman, J. (1967). *Personality in culture*. N.Y.:Harper & Row.

19. 서울대출판문화원(2011). **문화인류학**. 서울대출판문화원.

20. Benedict, R. (2008). **국화와 칼: 일본 문화의 유형** (박규태 역). 서울: 문예출판사.

21. 이관춘(2017). NCS **직업윤리: 경쟁의 새로운 패러다임**. 서울: 학지사. p. 169.

22. 이관춘(2012). **호모키비쿠스: 시민교육으로서의 평생교육**. 서울: 학지사. p. 200.

23. 경향신문 2014.10.31.

24. 이관춘(2012). 같은 곳.

25. Schunk, D. H. (1996). *Learning theories: An educational perspective*. N.J.: Prentice. Hall. p. 102.

26. Bandura, A. (1976). Modeling theory. In W.S. Sahakian (Ed.), *Learning: Systems, models, and theories* (2nd ed., pp.391-409). Skokie, IL: Rand McNally. p. 392.

27. 서울경제(2017. 11. 14.). 식당서 물어보면 일곱 살이라 그래.

28. 서울경제(2017. 10. 10.).

29. 동아일보(2017. 10. 30.).

30. 동아일보(2017. 10. 14.).

31. 동아일보(2017. 10. 30.).

32. 이기영(1989). **두만강: 이기영 대하소설**. 서울: 사계절.

33. Zimbardo, P. (2007). **루시퍼 이펙트: 무엇이 선량한 사람을 악하게 만드는가**. (임지원, 이충호 역). 서울: 웅진지식하우스.

34. Benedict, R. (2008). 같은 책.

35. 조선일보(2011. 3. 21.). 순응은 몸에 전해 온 DNA... 일본인이 갑자기 진화한 것은 아니다.

36. Benedict, R. (2008). 같은 책.

37. 이나모리 가즈오(2017). **왜 일하는가**. (신정길 역). 서울: 오마이뉴스.

38. 로사 전(2011). **평판을 경영하라**. 서울: 위즈덤하우스.

39. 지해범(2013. 5. 18.). 큰손 중국인 관광객. 조선일보.

40. Rokeach, M. (1973). *The nature of human values*. New York: Free Press.

41. 서울경제(2017. 10. 18.).

42. 같은 곳.

5장

1. Fichte, J. G. (1999). **독일 국민에게 고함**. (곽복록 역). 서울: 민성사.

2. Sandel, M. (2010). **왜 도덕인가**. (안진환, 이수경 역). 서울: 한국경제신문.

3. 동아일보(2017. 1. 6.). 재인용.

4. 동아일보(2016. 11. 28.).

5. All Politicians Lie. Some Lie More Than Others. New York Times 2015.12.11.

6. Camus, A. (2011). 이방인. (김화영 역). 서울: 민음사. pp. 141-142.

7. Wittgenstein, L. (2006). 논리-철학 논고(5, 61) (이영철 역), 비트겐슈타인 선집 1, p.15.

8. 이진우(2017). 의심의 철학: 이진우 교수의 공대생을 위한 철학 강의. 서울: 휴머니스트. p. 136.

9. Wittgenstein. (2006). 같은 책, p. 62.

10. 이진우(2017). 같은 책, p.134.

11. Wittgenstein. (2006). 같은 책, p. 117,

12. 배철현(2016). 신의 위대한 질문: 신이 원하는 것은 무엇인가. 서울: 21세기북스. p. 24.

13. Sandel, M. (2010). 같은 책, p. 122.

14. Mearsheimer, J. (2011). 왜 리더는 거짓말을 하는가?. (전병근 역). 서울: 비아북.

15. Sandel, M. (2010). 같은 책, p. 123.

16. 같은 책, p. 125.

17. 같은 곳.

18. 마리아 베테티니(2006). 거짓말에 관한 작은 역사. (장충섭 역). 서울: 가람기획에서 재인용.

19. 동아일보(2016. 3. 19.).

20. 이관춘(2016). NCS 직업기초능력: 직업윤리. 서울: 학지사. p. 176

21. 거짓말한 죄, 미 수영 록티 후원계약 퇴출. 동아일보 2016.8.24.

22. 김형회(2016). 한국인의 거짓말. 서울: 추수밭.

23. 이하의 내용은 Haidt, J. (2014). 바른 마음: 나의 옳음과 그들의 옳음은 왜 다른가 (왕수민 역). 서울: 웅진 지식하우스. p.33을 참조함.

24. 같은 책, p. 36.

25. Niebuhr, R. (2006). 도덕적 인간과 비도덕적 사회. (이한우 역). 서울: 문예출판사. pp. 9-10.

26. 같은 책, p. 10.

27. 개인과 국가 간에도 마찬가지다. 개인으로서의 일본인과는 달리 국가로서의 일본은 위안부 문제에 대한 사과에 인색하고 한국인은 그런 일본 정부를 이해하지 못한다. 그리고 틈만 나면 나치 만행을 무릎 꿇고 사과한 독일을 본받으라고 요구한다. 그런데 그런 독일이 실은 사과를 가려 가며 했다는 걸 주목해야 한다. "12월 빌리 브란트 총리는 바르샤바의 유대인 위령비 앞에 무릎을 꿇었지만, 옛 식민지 나미비아에는 그렇게 하지 않았다. 독일은 그 나라에서 1904년부터 4년여간 7만 5000명을 학살하고도 100년 넘게 사과는커녕 학살 사실조차 인정하지 않다가 2016년 비로소 사과했다."(참조: 조선일보 2017.1.14.) 집단의 윤리의 잣대가 피해국의 힘과 위상에 따라 달라지는 것이다. 우리에게 시사하는 바가 적지 않다.

28. Niebuhr, R. (2006). 같은 책.

29. 물론 그 '힘'이 항상 강제적 방법만을 의미하는 것은 아니다. 니버는 "강제적 방법은 항상 그것이 파괴한 불의의 자리에 새로운 형태의 불의를 가져올 위험"이 있다는 점을 기억하라고 말한다(니버. p. 49).

30. Niebuhr, R. (2006). p. 23.

31. 미하엘 슈미트-살로몬(2012). 어리석은 자에게 권력을 주지 마라. (김현정 역). 서울: 고즈윈.

32. 같은 책, p. 6.

33. Ryan, J. (2017). 하버드 마지막 강의(원제: *Wait, What?*). (노지양 역) 서울: 비즈니스북스.
34. Arendt, H. (2014). 예루살렘의 아이히만. (김선욱 역). 서울: 한길사.
35. Nietzsche, F. W. (2014). 선악의 저편, 도덕의 계보. (김정현 역). 니체전집14. 서울: 책세상. 146절.
36. Levi, P. (2014). 가라앉은 자와 구조된 자. (이소영 역). 서울: 돌베개. p. 25.
37. 같은 책, p.45
38. Frankl, V. E. (2007). 죽음의 수용소에서. (이시영 역). 서울: 청아출판사.
39. Levi, P. (2014). p. 41.

6장

1. Krznaric, R. (2016). 공감하는 능력: 관계의 혁명을 이끄는 당신 안의 힘. (김병화 역). 서울: 더퀘스트.
2. 같은 책, p. 25.
3. 같은 책, p. 27에서 재인용.
4. Ruskin, J. (2016). 나중에 온 이 사람에게도: 생명의 경제학. (곽계일 역). 서울: 아인북스. p. 30.
5. 조선일보(2017. 4. 28.).
6. Machiavelli, N. (2008). 군주론. (강정인, 김경희 역). 서울: 까치글방.
7. Freud, Z. (2003), 문명 속의 불만. (김석희 역). 서울: 열린책들.
8. Rifkin, J. (2010). 공감의 시대. (이경남 역). 서울: 민음사. p. 16.
9. Ickes, W. (2008). 마음 읽기: 공감과 이해의 심리학. (권석만 역). 서울: 푸른숲. p. 9.
10. Stein, S. J. & Book, H. E. (2007). 감성에 열광하라. (문희경 역). 서울: 아시아코치센터. p. 172.
11. Krznaric, R. (2016). p. 13에서 재인용.
12. 같은 곳.
13. Rifkin, J. (2010). p. 19.
14. 같은 곳.
15. Rogers, C. R. (2010). 칼 로저스의 사람중심 상담. (오제은 역). 서울: 학지사. p. 15.
16. Ickes, W. (2008). p. 71.
17. 타인의 고통과 아픔에 대해 공감하는 것은 분명 아름다운 일이다. 그러나 주목해야 할 점은 그런 공감은 '이성적rational'이란 전제하에서만 그렇다는 것이다. 공감은 비이성적인 개인적 혹은 집단적 광기나 편견에 대해서도 가능하기 때문이다. 얼마나 많은 독일인들이 히틀러의 유대인 학살 정책에 동조했으며, 일본 군국주의에 공감한 일본인들은 또 얼마나 많았던가를 생각해 보면 알 수 있다. 예일대 심리학과 교수인 폴 블룸(Bloom, 2017) 교수는 잘못된 공감이 선행을 추구하는 동기로 사용될 때나 옳고 그름을 가려서 행동하는 기준이 될 때, 그 결과는 끔찍하다고 강조한다. 따라서 "잘못된 편견에 공감할 경우 폭력적 충동을 포함한 악행을 유발"한다는 점을 지적한다. 참고: Paul Bloom(2017). *Against empathy: The case for rational compassion*. London: John Wiley & Sons, Ltd.
18. Krznaric, R. (2016). p. 27.
19. Stein, S. J. & Book, H. E. (2007). pp. 169-170의 내용을 재구성.
20. Ickes, W. (2008). p. 167.

21. 같은 책. p. 9.
22. Krznaric, R. (2016).
23. 동아일보(2012. 6. 22.).
24. 조선일보(2017. 6. 13.).
25. 사람 사이의 거리나 공간을 유지하는 것은 개인적, 사회적으로 중요한 의미를 지닌다. 데이비드 홀(Hall, 1966)은 사람과 사람 간의 상호 소통의 거리를 친밀감(intimate)의 거리, 개인적(personal) 거리, 사회적(social) 거리, 그리고 공적인(public)거리 등 네 개의 거리로 구분한다(pp. 113-123.). 친밀감의 거리는 45cm 이내로 상대의 숨결이 느껴질 정도의 거리다. 매우 친밀한 관계일 경우에만 허락하는 공간이다. 개인적 거리는 45cm에서 1.2m 이내로 팔을 뻗어 닿을 만한 거리이며, 사회적 거리는 1.2m에서 3.5m 이내로 보통 목소리로 말할 때 들을 수 있는 거리다. 마지막으로 공적인 거리는 3.5m 이상으로 연설이나 강의할 때와 같이 큰 소리로 이야기해야 들을 수 있는 거리이다. (참고: Hall, E. T. (1966). *The hidden dimension*. New York: Anchor Books. pp. 113-124.)
26. 동아일보(2017. 5. 5.).
27. 조선일보(2017. 5. 13.).
28. 양은아(2010). **인문학과 평생학습**. 서울: 교육과학사. p. 11.
    양은아는 인문학적 관점에서 평생교육을 조망하면서 이태수(1994: 220)가 구분한 직지향과 사지향의 개념을 인문적 사유의 특징으로 제시한다.
29. 이순예(2013). **예술과 비판, 근원의 빛: 예술은 우리를 구원할 수 있을까**. 서울: 한길사.
30. Nietzsche, F. (2014). **반시대적 고찰**. (이진우 역). 서울: 책세상. pp. 413-414.
31. Ritzer, G. (1992). *Sociological Theory*. New York: McGraw-Hill.
32. 한겨레신문(2013. 11. 30.).
33. EBS(2013). **파더쇼크**. 서울: 쌤앤파커스.
34. Kant, I. (2014). **윤리형이상학 정초**. (백종현 역). 서울: 아카넷.
35. 이하 내용은 이관춘(2016). **NCS 직업기초능력: 직업윤리**. 서울: 학지사. pp. 224-226에서 인용함.
36. Cicero, M. T. (2006). **키케로의 의무론**. (허승일 역). 서울: 서광사. 1장 51절.
37. Grant, A. (2013). **기브앤테이크: 주는 사람이 성공한다**. (윤태준 역). 서울: 생각연구소. p. 19.
38. 같은 책, p. 39.
39. 같은 곳.
40. 도쓰카 다카마사(2014). **세계최고의 인재들은 왜 기본에 집중할까**. p. 22.

7장

1. 생텍쥐페리(2005). **어린왕자**. (최복현 역). 서울: 책이있는마을. 제21장.
2. Duckworth, A. (2016). **그릿: IQ, 재능, 환경을 뛰어넘는 열정적 끈기의 힘**. (김미정 역). 서울: 비즈니스북스.
3. 같은 책, p. 207.
4. Ruskin, J. (2010). **나중에 온 이 사람에게도**. (곽계일 역). 서울: 아인북스. p. 196.
5. Niebuhr, R. (2006). **도덕적 인간과 비도덕적 사회**. (이한우 역). 서울: 문예출판사.
6. Diamond, J. (2013). **총, 균, 쇠: 무기, 병균, 금속은 인류의 운명을 어떻게 바꿨는가.**

(김진준 역). 서울: 문학사상.

7. 같은 책, p. 413.

8. 같은 책, p. 414.

9. 같은 곳.

10. 이관춘(2016). NCS 직업기초능력: 직업윤리. 서울: 학지사. p. 35.

11. Ferguson, N. (2012). 시빌라이제이션. (구세회. 김정희 역). 서울: 21세기북스.

12. Weber, M. (1988). 프로테스탄트 윤리와 자본주의 발달. (박성수 역). 서울: 문예출판사.

13. Sartre, J. P. (2014) 존재와 무. (정소성 역). 서울: 동서문화사.

14. Marx, K. (2008). 경제학 · 철학 초고/자본론. (김문현 역). 서울: 동서문화사.

15. 동아일보(2011. 5. 24.).

16. 조선일보(2010. 7. 23.).

17. 같은 곳.

18. Smith, A. (2010). 도덕감정론. (박세일, 민경국 역). 서울: 비봉출판사. 제2부 제2편 제2장.

19. 동아일보(2017. 5. 12.).

20. Ruskin, J. (2016). 나중에 온 이 사람에게도: 생명의 경제학. (곽계일 역). 서울: 아인북스.
    p. 199.

21. 서울경제(2017. 10. 19.). 월가 거물 소로스, 재산 80% 기부.

22. 조선일보(2013. 10. 12.).

23. 송복(2016). 특혜와 책임. 서울: 가디언.

24. 김상조(2016. 8. 22.). 교수 · 변호사 · 회계사 망국론. 경향신문.

25. 박영범(2013. 5. 3.). 토끼와 거북이, 그리고 사회적 경제. 한겨레신문.

26. 김종업(2013. 5. 29.). 골프 잘하는 10가지 비결. 주간동아.

27. 이본 셰라트(2014). 히틀러의 철학자들(김민수 역). 여름언덕.

8장

1. Ruskin, J. (2016). 나중에 온 이 사람에게도: 생명의 경제학. (곽계일 역). 서울: 아인북스.
   p. 55.

2. 같은 책, p. 51.

3. 조선일보(2013. 11. 15.).

4. Kotler, P. (2010). 마켓3.0. (안진환 역). 서울: 타임비즈.

5. 미국인의 90%가 신을 믿는다고 하지만 진화론에 대한 생각은 다양하다. 『호모 데우스』의 저
   자인 유발 하라리는 과학적 진리와 신앙 간의 갈등을 다음과 같이 지적한다. "2012년 갤럽
   조사에 따르면, 미국인의 15%만이 호모 사피엔스가 신의 개입 없이 자연선택만을 통해 진
   화했다고 생각한다. 32%의 미국인은 인간이 초기 생명 형태부터 수백 년 만에 걸쳐 진화했
   을 가능성이 있지만 신이 이 쇼 전체를 지휘했다고 주장한다. 46%의 미국인은 성경에 적
   힌 그대로 신이 지난 1만년 동안의 어느 시점에 지금의 형태로 인간을 창조했다고 믿는다.
   (2017년 한국에서는 어느 공직 후보자가 이 같은 창조설을 주장했다가 논란에 휩싸인 적이 있다.) 3년
   간 대학을 다녀도 이러한 견해는 절대 바뀌지 않는다. 심지어 석박사 학위를 가진 사람들 가
   운데 25%가 성경을 믿고, 고작 29%가 자연선택만으로 우리 종이 생겼다고 믿는다."(유발 하
   라리(2017). 호모 데우스. (김명주 역). 김영사. pp. 147-148.

6. Harari, Y. N. (2017). 호모 데우스: 미래의 역사. (김명주 역). 서울: 김영사. p. 149.

7. 박찬국(2007). **현대철학의 거장들**. 서울: 철학과현실사. pp. 89-90.
8. 동아일보(2013. 11. 1.).
9. 리처드 도킨스(2007). **만들어진 신**. (이한음 역). 김영사.
10. 빅터 스텐저(2013). **신 없는 우주**. (김미선 역). 바다출판사.
11. 필 주커먼(2008). **신 없는 사회**. (김승욱 역). 서울: 마음산책.
12. Harari, Y. N. (2017). p. 307.
13. 여론조사 전문기관인 ㈜지앤컴리서치에 의뢰해 2017년 1월20~21일 전국의 만 19세 이상 남녀 1,000명을 대상으로 실시했으며 표본 오차는 95% 신뢰수준에서 ±3.1%다.
14. 종교개혁 500주년과 퇴행하는 한국교회. 서울경제 2017.10.31.
15. 한겨레신문(2013. 11. 15.).
16. 김근수 외(2016). **지금, 한국의 종교: 가톨릭 개신교 불교, 위기의 시대를 진단하다**. 서울: 메디치미디어.
17. 한겨레신문(2011. 6. 20.).
18. 한겨레신문(2013. 2. 4.).
19. 서울경제(2017. 10. 31.).
20. 동아일보(2017. 10. 30.). 지금의 한국교회, 루터가 봤다면 통탄할 것.
21. 동아일보(2017. 11. 14.).
22. 이코노미스트(2013. 10. 5.).
23. 동아일보(2013. 6. 14.).
24. 조선일보(2013. 7. 9.).
25. 김근수 외(2016). p.177.
26. 리영희(1998). **스핑크스의 코**. 서울: 까치. pp. 92-93.
27. 한겨레신문(2013. 6. 4.).
28. Thoreau, H. D. (2012). **소로우의 강**. (윤규상 역). 갈라파고스.
29. Putnam, R. (2009). **나홀로 볼링: 사회적 커뮤니티의 붕괴와 소생**. (정승현 역). 서울: 페이퍼로드.
30. 피터 싱어 외(2012). **무신예찬**. (김병화 역). 현암사.
31. 김근수 외(2016). p. 92.
32. Aristoteles. (2013). **니코마코스 윤리학**. (강상진 외 역). 서울: 도서출판 길. 제6권 제3장.

9장

1. 조선일보(2017. 11. 20.). 외환위기 20년.
2. 같은 곳.
3. Sarah F. Brosnan & Frans B. M. de Waal. (2003). Monkeys reject unequal pay. *Nature*, vol.425, 18 September 2003.
4. Layard, L. R. (2011). **행복의 함정**. (정은아 역). 서울: 북하이브 p. 147.
5. Ruskin, J. (2016). **나중에 온 이 사람에게도: 생명의 경제학**. (곽계일 역). 서울: 아인북스.
6. 조선일보(2016. 7. 8.). 롯데 장녀 자릿세 갈취, 뇌물 백화점 오명 어떻게 벗을 텐가.
7. KBS뉴스(2012. 10. 3.).
8. 조선일보(2012. 1. 18.).
9. 나지홍(2014. 6. 30.). 부의 대물림, 희망의 대물림. 조선일보.

10. 조선일보(2012. 4. 19.).

11. Ruskin, J. (2016). p. 199.

12. 김홍수(2013. 3. 12.). 부자회사, 가난한 직원. 조선일보.

13. 제이 월재스퍼(2013). **우리가 공유하는 모든 것.** (박현주 역). 서울: 검둥소.

14. 유진수(2012. 2. 15.). 한국재벌기업도 혼자만의 성공 아니야. 조선경제.

15. Rawls, J. (1977). **사회정의론.** (황경식 역). 서울: 서광사.

16. Stiglitz, J. (2013). **불평등의 대가.** (이순희 역). 서울: 열린책들.

17. Rawls, J. (1977). p. 120.

18. Ruskin, J. (2016). p. 199.

19. Layard, L. R. (2011). p. 147.

20. 같은 곳.

21. 동아일보(2017. 10. 25.).

22. 동아일보(2017. 10. 23.).

23. 조선일보(2017. 10. 27.).

24. 서울경제(2017. 11. 2.).

25. Scheidel, W. (2017). **불평등의 역사.** (조미현 역). 서울: 에코리브르.

26. Financial Times 2010. 8. 25.

27. 도메 다쿠오. (2010). **지금 애덤 스미스를 다시 읽는다.** (우경봉 역). 서울: 동아시아. 『국부론』 제2편 제2장.

28. 같은 책, 제2편 제3장.

29. 국민권익위원회(2012). 이해충돌 관리 매뉴얼.

30. 동아일보(2017. 8. 21.).

31. Trevino, L. & Nelson, K. (2004). *Managing Business Ethics: Straight Talk about How to Do It Right.* NJ: Wiley.

32. MBC 〈후 플러스〉. 2010년 3월 4일 방영.

33. 조선일보(2014. 6. 17.).

10장

1. 남중구(1998. 10. 24.). 부패와의 전쟁. 동아일보.

2. 이신우(2016. 10. 21.). 서울경제.

3. 정약용(2004). **경세유표 원문.** (정해렴 역). 서울: 현대실학사.

4. 이민호(1999). **부정부패는 가라.** 서울: 한국능률협회.

5. Noonan, J. (1996). **뇌물의 역사.** (이순영 역). 서울: 한세.

6. 김현자(2012). 마르셀 모스의 증여론. 인문논총 제68집. pp. 495-508.

7. Mauss, M. (2011). **마르셀 모스, 증여론.** (이상률 역). 서울: 한길사.

8. 김현자(2012). p. 500.

9. 같은 책, p. 501.

10. 이하는 김현자(2012)의 내용을 인용 및 요약함.

11. The Economist, 2010. 4. 29.

12. 전원책(2011. 6. 20.). 뇌물이라는 악마의 덫. 동아일보.

13. 김인규(2014. 8. 31.). 김영란법 강화하라. 동아일보.

14. 동아일보(2011. 6. 20.).

15. 박래용(2017. 11. 14.). 도둑들. 경향신문.

16. Sandel, M. (2010). **왜 도덕인가?**. (안진환. 이수경 역). 서울: 한국경제신문.

17. Rawls, J. (1977). p. 29.

18. New York Times 2013. 8. 4.

19. 이명수(2013. 6. 11.). 원전마피아는 재앙이다. 한겨레신문.

20. 조선일보(2013. 10. 4.).

21. 동아일보(2017. 10. 28.). 공동체 좀먹는 망국병 공공기관 채용비리.

22. 같은 곳.

23. 동아일보(2017. 4. 29.). 비정규직 쫓아낸 기아차 노조.

24. 최재경(2017. 11. 2.). 변호사와 VIP증후군. 동아일보.

25. 경향신문(2014. 5. 28.).

26. 동아일보(2014. 8. 28.). 두 달 지나 알려진 '딸깍발이'조무제의 퇴임.

27. 한국 언론의 이러한 보도는 2017년 일본계 영국인 작가, 가즈오 이시구로의 노벨 문학상 수상을 보도하는 일본 언론과 비교가 된다. 아사히신문은 '가즈오 이시구로 씨, 노벨 문학상 수상, 나가사키 출신 일본계 영국인'이라고 제목을 달았다. 아사히는 해설기사에서 '이시구로 문학, 일본에 저류'즉, 문학적 뿌리가 일본에 닿아 있다는 뜻의 해설을 했다. 그러나 거기까지였다. 일본은 굳이 일본 핏줄입네 오버하지 않았다. 본문기사에는 줄곧 서양식으로 성을 뒤에 놓아 '가즈오 이시구로'로 표현했다.

28. 동아일보 제27550호 오피니언.

29. Putnam, R. (2009). **나 홀로 볼링: 사회적 커뮤니티의 붕괴와 소생**. (정승현 역). 서울: 페이퍼로드.

30. 조선일보(2017. 10. 20.). 연고사회.

참고문헌

고요한(2016). 인간현상과 인성교육의 현상학. 서울: 박영스토리.

김근수 외(2016). 지금, 한국의 종교: 가톨릭 개신교 불교, 위기의 시대를 진단하다. 서울: 메디치미디어.

김영란, 김두식(2013). 이제는 누군가 해야 할 이야기. 서울: 쌤앤파커스.

김현자(2012). 마르셀 모스의 증여론. 인문논총 제68집.

김형희(2016). 한국인의 거짓말. 서울: 추수밭.

로사 전(2011). 평판을 경영하라. 서울: 위즈덤하우스.

리영희(1998). 스핑크스의 코. 서울: 까치.

박찬국(2007). 현대철학의 거장들. 서울: 철학과 현실사.

배철현(2016). 신의 위대한 질문: 신이 원하는 것은 무엇인가. 서울: 21세기 북스.

백승영(2009). 니체, 디오니소스적 긍정의 철학. 서울: 책세상.

서울대출판문화원(2011). 문화인류학. 서울: 서울대출판문화원.

송복(2016). 특혜와 책임. 서울: 가디언.

양은아(2010). 인문학과 평생학습. 경기: 교육과학사.

이관춘(2012). 호모키비쿠스: 시민교육으로서의 평생교육. 서울: 학지사.

이관춘(2013). 직업은 직업이고 윤리는 윤리인가. 서울: 학지사.

이관춘(2015). 윤리경영전략: 기업의 위기극복을 위한. 서울: 학지사.

이관춘(2016). 직업윤리: 경쟁의 새로운 패러다임. 서울: 학지사.

이관춘(2017). 니체, 세월호 성인교육을 논하다. 서울: 학지사.

이기영(1989). 두만강: 이기영 대하소설. 서울: 사계절.

이민호(1999). 부정부패는 가라. 서울: 한국능률협회.

이상오(2016). 지식의 탄생. 서울: 한국문화사.

이순예(2013). 예술과 비판, 근원의 빛: 예술은 우리를 구원할 수 있을까. 서울: 한길사.

이진우(2017). 의심의 철학: 이진우 교수의 공대생을 위한 철학 강의. 서울: 휴머니스트.

장영희(2010). 내 생애 단 한 번: 때론 아프게, 때론 불꽃같이. 서울: 샘터사.

정약용(2004). 경세유표 원문. (정해렴 역). 서울: 현대실학사.

최수연(2016). 니체사상에 함축된 존재를 위한 평생학습의 의미에 관한 연구. 아주대학교 박사학위논문.

홍경자(2010). 청소년의 인성교육: 나는 누구인가. 서울: 학지사.

Alain. (1982). 행복론. (방곤 역). 서울: 뿌리출판사.

Arendt, H. (2014). 예루살렘의 아이히만. (김선욱 역). 서울: 한길사.

Arendt. (2007). 정치의 약속. (김선욱 역). 서울: 푸른숲.

Aristoteles (1994). 윤리학. (최민홍 역). 서울: 민성사.

Aristoteles. (2013). 니코마코스 윤리학. (강상진 외 역). 서울: 도서출판 길.

Benedict, R. (2008). 국화와 칼: 일본 문화의 유형. (박규태 역). 서울: 문예출판사.

Bettetini, M. (2006). 거짓말에 관한 작은 역사. (장충섭 역). 서울: 가람기획.

Bourdin, D. et al. (2007). 철학, 쉽게 명쾌하게. (이세진, 이충민 역). 서울: 모티브.

Camus, A. (2011). 이방인. (김화영 역). 서울: 민음사.

Cicero, M. T. (2006). 키케로의 의무론. (허승일 역). 서울: 서광사.

Colvin, J. (2016). 인간은 과소평가되었다: 로봇과 인공지능의 시대, 영속 가능한 인간의 영역은 무엇인가. 서울: 한스미디어.

Dawkins, R. (2007). 만들어진 신. (이한음 역). 경기: 김영사.

Diamond, J. (2013). 총, 균, 쇠: 무기, 병균, 금속은 인류의 운명을 어떻게 바꿨는가. (김진준 역). 서울: 문학사상.

Dome, D. (2010). 지금 애덤 스미스를 다시 읽는다. (우경봉 역). 서울: 동아시아.

Doska, D. (2014). 세계 최고의 인재들은 왜 기본에 집중할까. (김대환 역). 서울: 비즈니스북스.

Duckworth, A. (2016). 그릿: IQ, 재능, 환경을 뛰어넘는 열정적 끈기의 힘. (김미정 역). 서울: 비즈니스북스.

Durant, W. (2010). 철학 이야기: 위대한 철학자의 생애와 사상. (황문수 역). 서울: 문예출판사.

EBS. (2013). 파더쇼크. 서울: 쌤앤파커스.

Engel, M. (1998). 철학의 이해. (이종철, 나종석 역). 서울: 문예출판사.

Fairnington, A. (2011). 이기적 이타주의자: 21세기 트렌드를 바꾸는 새로운 소비자. (김선아 역). 서울: 사람의 무늬.

Ferguson, N. (2012). 시빌라이제이션. (구세희, 김정희 역). 경기: 21세기북스.

Fichte, J. G. (1999). 독일국민에게 고함. (곽복록 역). 서울: 민성사.

Frankl, V. E. (2007). 죽음의 수용소에서. (이시영 역). 서울: 청아출판사.

Freud, Z. (2003). 문명 속의 불만. (김석희 역), 서울: 열린책들.

Fromm, E. (2016). 나는 왜 무기력을 되풀이하는가. (장혜경 역). 서울: 나무생각.

Grant, A. (2013). 기브앤테이크: 주는 사람이 성공한다. (윤태준 역). 서울: 생각연구소.

Haidt, J. (2014). 바른 마음: 나의 옳음과 그들의 옳음은 왜 다른가. (왕수민 역). 경기: 웅진 지식하우스.

Hall, C. S. (2016). 융 심리학 입문. (김형섭 역). 서울: 문예출판사.

Handy, C. (2009). 정신의 빈곤: 이기주의는 자본주의의 필요악인가. (노혜숙 역). 서울: 21세기북스.

Harari, Y. N. (2017). 호모 데우스: 미래의 역사. (김명주 역). 서울: 김영사.

Hemingway, E. (2012). 노인과 바다. (김욱동 역). 서울: 민음사.

Herbart, J. F. (2006). 헤르바르트의 일반 교육학. (김영래 역). 서울: 학지사.

Herzberg, F. et al. (2009). 동기부여의 기술. (박세연 역). 서울: 21세기북스.

Hodge, J. D. (2008). 습관의 힘. (김세중 역). 서울: 아이디북.

Hormer, S. (2013). 라캉 읽기. (김서영 역). 서울: 은행나무.

Ickes, W. (2008). 마음 읽기: 공감과 이해의 심리학. (권석만 역). 서울: 푸른숲.

Inamori, K. (2017). 왜 일하는가. (신정길 역). 서울: 오마이뉴스.

Kant, I. (2014). 윤리형이상학 정초. (백종현 역). 서울: 아카넷.

Kaufmannn, W. (1986). 정신의 발견2: 니체, 하이데거, 부버 편. (김평옥 역). 서울: 학지사.

Kotler, P. (2010). 마켓3.0. (안진환 역) 서울: 타임비즈

Kotler, P. (2017). 필립 코틀러의 마켓 4.0. (이진원 역). 서울: 더퀘스트

Krznaric, R. (2016). 공감하는 능력: 관계의 혁명을 이끄는 당신 안의 힘. (김병화 역). 서울: 더퀘스트.

Landon, B. (2006). 습관의 법칙. (류건 역). 서울: 바람.

Layard, L. R. (2011). 행복의 함정. (정은아 역). 서울: 북하이브.

Levi, P. (2014). 가라앉은 자와 구조된 자. (이소영 역). 서울: 돌베게

Lickona, T. (1998). 인격교육론. (박장호, 추병완 역). 서울: 백의

Lindeman, E. C. (1926). 성인교육의 의미. (강대중, 김동진 역). 서울: 학이
　　　습.

Machiavelli, N. (2008). 군주론. (강정인, 김경희 역). 서울: 까치글방.

Marx, K. (2008). 경제학·철학 초고/자본론. (김문현 역). 서울: 동서문화
　　　사.

Mauss, M. (2011). 마르셀 모스, 증여론. (이상률 역). 서울: 한길사.

Mearsheimer, J. (2011). 왜 리더는 거짓말을 하는가? (전병근 역). 서울: 비
　　　아북.

Niebuhr, R. (2006). 도덕적 인간과 비도덕적 사회. (이한우 역). 서울: 문예
　　　출판사.

Nietzsche, F. (2014). 반시대적 고찰. (이진우 역). 서울: 책세상.

Nietzsche, F. W. (1964). 권력에의 의지. (강수남 역). 서울: 청하.

Nietzsche, F. W. (2014). 선악의 저편. (김정현 역). 서울: 책세상.

Nietzsche, F. W. (2015). 선악의 저편, 도덕의 계보. (김정현 역). 서울: 책세
　　　상.

Nietzsche, F. W. (2015). 차라투스트라는 이렇게 말했다. (정동호 역). 서울:
　　　책세상.

Noonan, J. (1996). 뇌물의 역사. (이순영 역). 서울: 한세.

Platon. (2012). 국가론. (최현 역). 서울: 집문당.

Platon. (2016). 국가, 정체. (박종현 역). 서울: 서광사.

Putnam, R. (2009). 나홀로 볼링: 사회적 커뮤니티의 붕괴와 소생. (정승현
　　　역). 서울: 페이퍼로드.

Rawls, J. (1977). 사회정의론. (황경식 역). 서울: 서광사.

Rifkin, J. (2010). 공감의 시대. (이경남 역). 서울: 민음사.

Ritzer, G. (1992). *Sociological Theory.* New York: McGraw-Hill.

Rogers, C. R. (2010). 칼 로저스의 사람중심 상담. (오제은 역). 서울: 학지
　　　사.

Ruskin, J. (2016). 나중에 온 이 사람에게도: 생명의 경제학. (곽계일 역).
　　　서울: 아인북스.

Ryan, J. (2017). 하버드 마지막 강의(원제: *Wait, What?*). (노지양 역) 서울:
　　　비즈니스북스.

Saint-Exupery, A. (2005). 어린왕자. (최복현 역). 서울: 책이있는마을.

Sandel, M. (2010). 왜 도덕인가. (안진환, 이수경 역). 서울: 한국경제신문.

Sartre, J. P. (2014). 존재와 무. (정소성 역). 서울: 동서문화사.

Scheidel, W. (2017). 불평등의 역사. (조미현 역). 서울: 에코리브르.

Schumidt-Salomon, M. (2012). 어리석은 자에게 권력을 주지 마라. (김현정 역). 서울: 고즈윈.

Sherratt, Y. (2014). 히틀러의 철학자들. (김민수 역). 여름언덕.

Singer, P. et al. (2012). 무신예찬. (김병화 역). 서울: 현암사.

Smith, A. (2008). 국부론. (유인호 역). 서울: 동서문화사.

Smith, A. (2010). 도덕감정론. (박세일, 민경국 역). 서울: 비봉출판사.

Stein, S. J. & Book, H. E. (2007). 감성에 열광하라. (문희경 역). 서울: 아시아코치센터.

Stenger, V. (2013). 신 없는 우주. (김미선 역). 바다출판사.

Stiglitz, J. (2013). 불평등의 대가. (이순희 역). 서울: 열린책들.

Sunstein, C. (2009). 루머: 인터넷시대에 던지는 신문명비판. (이기동 역). 서울: 프리뷰.

Thoreau, H. D. (2012). 소로우의 강. (윤규상 역). 서울: 갈라파고스.

Vaillant, G. E. (2010). 행복의 조건: 하버드대학교 인간성장보고서, 그들은 어떻게 오래도록 행복했을까?. (이덕남 역). 서울: 프런티어.

Walljasper, J. (2013). 우리가 공유하는 모든 것. (박현주 역). 서울: 검둥소.

Weber, M. (1988). 프로테스탄트 윤리와 자본주의 발달. (박성수 역). 서울: 문예출판사.

Weber, M. (2016). 직업으로서의 정치. (전성우 역). 경기: 나남.

Wittgenstein, L. (2006). 논리-철학 논고(5,61). (이영철 역). 비트겐슈타인 선집1.

Zimbardo, P. (2007). 루시퍼 이펙트: 무엇이 선량한 사람을 악하게 만드는가. (임지원, 이충호 역). 경기: 웅진지식하우스.

Zuckerman, P. (2008). 신 없는 사회. (김승욱 역). 서울: 마음산책.

Bandura, A. (1976). Modeling theory. In W. S. Sahakian (Ed.), *Learning: Systems, models, and theories* (2nd ed., pp. 391-409). Skokie, IL: Rand McNally.

Bentham, J. (1823). *An introduction to the principles of morals and legislation*. London: Oxford at the clarendon press.

Bloom, P. (2017). *Against empathy: The case for rational compassion*. London: John Wiley & Sons, Ltd.

Borysenko, J. & Borysenko, M. (2006). *The power of the mind to heal*. Carlsbad, CA: Hay House.

Carr, A. (1968). Is business bluffing ethical? In J.R. Desjardins & J. McCall(Eds.). *Contemporary issues in business ethics*(2nd ed.). Belmont, CA:Wadsworth.

Desan, P. (ed.) (2016). *The Oxfor Handbook of Montaigne*. N.Y.: Oxford University Press.

Erickson, E. H. (1978). *Adulthood*. New York: Norton.

Faure, E. et al. (1972). *Learning to Be: The world of today and tomorrow*. Paris: UNESCO.

Feist, J. & Feist, G. J. (2008). *Theories of personality*(7th. ed.). N.Y.: McGraw-Hill.

Hall, E. T. (1966). *The hidden dimension*. New York: Anchor Books. Hall.

Honigman, J. (1967). *Personality in culture*. N.Y.:Harper & Row.

Lickona, T. (1992). *Education for character: How our schools can teach respect and responsibility*. N.Y.: Bantam Books.

Ritzer, G. (1992). *Sociological Theory*. New York: McGraw-Hil.

Rokeach, M. (1973). *The nature of human values*. New York: Free Press.

Sarah F. Brosnan & Frans B. M. de Waal. (2003). Monkeys reject unequal pay. *Nature,* vol. 425, 18 September 2003.

Schunk, D. H. (1996). *Learning theories: An educational perspective*. N.J.: Prentice.

Spencer, L. M. & Spencer, S. M. (1993). *Competence at work: Models for superior performance*. N.Y.: John Wiley & Sons, Inc.

Trevino, L. & Nelson, K. (2004). *Managing Business Ethics: Straight Talk about How to Do It Right*. NJ: Wiley.

김상조(2016. 8. 22.). 교수·변호사·회계사 망국론. 경향신문.

김순덕(2017. 1. 9.). 불법의 평등. 동아일보.

김승재(2016. 3. 19.). SNS 다이어리. 동아일보.

김인규(2014. 8. 31.). 김영란법 강화하라. 동아일보.

김종업(2013. 5. 29.). 골프 잘하는 10가지 비결. 주간동아.

김종철(2017. 3. 15.). 시민권력을 어떻게 승화시킬 것인가. 경향신문.
김태훈(2017. 1. 14.). 피눈물은 속으로 흘리는 것이다. 조선일보.
김홍수(2013. 3. 12.). 부자회사, 가난한 직원. 조선일보.
나지홍(2014. 6. 30.). 부의 대물림, 희망의 대물림. 조선일보.
남중구(1998. 10. 24.). 부패와의 전쟁. 동아일보.
박래용(2017. 11. 14.). 도둑들. 경향신문.
박성택(2017. 2. 15.). 청년실업 해법은 노동개혁. 동아일보.
박영범(2013. 5. 3.). 토끼와 거북이, 그리고 사회적 경제. 한겨레신문.
배정원(2016. 12. 17.). 우수한 인간의 기준이 바뀐다. 조선일보.
손태규(2013. 4. 11.). 아수라장 학원가. 동아일보.
신동흔(2017. 10. 19.). 혁신성장과 그 적들. 동아일보.
안용현(2017. 5. 13.). 배려, 중어사전엔 없는 말. 조선일보.
유진수(2012. 2. 15.). 한국재벌기업도 혼자만의 성공 아니야. 조선경제.
윤평중 칼럼, 공화, 2017 천하삼분지계를 이끌다. 조선일보
윤희영(2016. 4. 22.). 외국인들 "어깨 부딪치는 한국인 견딜 수 없어". 조선일보.
이광형(2017. 3. 17.). 자녀교육 과외 학원에만 맡기면 미래 없어. 조선일보.
이대근(2014. 5. 28.). 전관예우와 호랑이. 경향신문.
이명수(2013. 6. 11.). 원전마피아는 재앙이다. 한겨레신문.
이충일(2016. 12. 13.). 짐덩이 코레일을 어쩔 건가. 조선일보.
전원책(2011. 6. 20.). 뇌물이라는 악마의 덫. 동아일보.
지해범(2013. 5. 18.). 큰손 중국인 관광객. 조선일보.
최재경(2017. 11. 2.). 변호사와 VIP증후군. 동아일보.
한현우(2017. 4. 28.). 우리는 젊을 때부터 꼰대였다. 조선일보.

동아일보(2014. 8. 28.). 두 달 지나 알려진 '딸깍발이'조무제의 퇴임.
동아일보(2016. 8. 24.). 거짓말 한 죄, 미 수영 록티 후원계약 퇴출.
동아일보(2017. 10. 14.). 일본 고베제강, 국내업체에도 부실 알루미늄 납품.
동아일보(2017. 10. 23.). 건축사 5명 중 1명 월 200만 원도 못 벌어.
동아일보(2017. 10. 25.). 월 5만 원 내고 13명이 건보혜택.
동아일보(2017. 10. 28.). 공동체 좀먹는 망국병 공공기관 채용비리.
동아일보(2017. 10. 30.). 일본, 무너지는 모노즈쿠리.
동아일보(2017. 10. 30.). 지금의 한국교회, 루터가 봤다면 통탄할 것.
동아일보(2017. 2. 24.). 빌라대여 신고 안했다고.
동아일보(2017. 4. 29.). 비정규직 쫓아낸 기아차 노조.

동아일보(2017. 5. 5.). 중고차 매매기업인 SK엔카직영이 성인남녀 371명을 대상으로 한 조사.

서울경제(2017. 10. 10.). 줄 잇는 데이터조작, 일본 '품질관리 신화'의 배신.

서울경제(2017. 10. 19.). 월가 거물 소로스, 재산 80% 기부.

서울경제(2017. 10. 31.). 종교개혁 500주년과 퇴행하는 한국교회.

서울경제(2017. 11. 14.). 식당서 물어보면 일곱 살이라 그래.

서울경제(2017. 11. 2.). 건보 부당청구로 곳간 축나는데 조사조차 못하다니.

오마이뉴스(2017. 11. 4.). 명성교회 세습논란, '그 교회 일'로 치부할 수 없는 까닭.

조선일보(2011. 3. 21.). 순응은 몸에 전해 온 DNA… 일본인이 갑자기 진화한 것은 아니다.

조선일보(2016. 12. 13.).

조선일보(2016. 7. 8.). 롯데 장녀 자릿세 갈취, 뇌물 백화점 오명 어떻게 벗을 텐가.

조선일보(2017. 1. 6.). 또 사고 친 회장 셋째 아들.

조선일보(2017. 10. 20.). 연고사회.

조선일보(2017. 10. 27.). 코흘리개 부자들.

조선일보(2017. 11. 20.). 외환위기 20년.

조선일보(2017. 11. 4.). 내 한손엔 겸손, 다른 손엔 숙명.

조선일보(2017. 11. 4.). 산악인 김창호 대장과의 인터뷰.

조선일보(2017. 4. 22.). 어수웅의 편집자 레터.

한겨레신문(2013. 11. 30.).

MBC(2010. 3. 4.). 후 플러스.

New York Times(2013. 8. 4.).

New York Times(2015. 12. 11.). All Politicians Lie. Some Lie More Than Others.

The Economist(2010. 4. 29.).

찾아보기

내용

저자 소개

이관춘 교수
eekc92@hotmail.com

연세대학교 학부대학 (최)우수 강의상을 5년 연속(2012-2016년) 수상하였다.

호주 연방정부 장학생으로 The University of Sydney 교육사회정책학과 및 동 대학원을 졸업(M.Ed)하고 국립 Macquarie University에서 교육학 우등석사(MA Hons) 및 박사학위(Ph.D)를 받았다(최우수 박사논문상).

호주한국유학생연합회장 시절, 한국의 5공 군사정권에 의해 호주로 정치 망명하였다. 이후 Macquarie대학 조교수로 재직하면서 국제기능올림픽, 제31차 세계광고회의 등에서 영어동시통역사 및 호주 SBS 라디오 방송에서 아나운서로 활동하였다.

한국정부를 대표하여 APEC 회원국 공동연구(HRD 부문) 제안 및 연구 총책임 교수로 활동하였으며, 한국청소년정책연구원 연구위원, 명지학원(명지대, 명지전문대 등) 기획위원 교수직을 거쳐 청소년교육복지학과 교수로 재직 중이며, 연세대학교 학부대학 및 교육대학원에서 인문사회융합과목 및 인적자원개발 강의를 담당하고 있다.

학생으로는 드물게 '국제심리학 학술지'(IJP)에 '가치이론'을 발표해 국제 학계의 주목을 받았으며, SSCI급 논문들을 포함한 120여 편의 논문을 발표하였다. 대한민국학술원 선정 우수 도서상(2012년), 대한민국 사회연구 최우수 논문상(2005년)을 수상하였다.

현재, SSCI 국제저명학술지 『Educational Psychology』 편집자문 및 논문심사위원이며, 제11대 한국성인교육학회 회장을 맡고 있다.

기업 및 공공분야 성인교육의 중요성을 절감하고 KBS 방송 전국 팀장 교육, KBS Media 임직원 교육을 비롯해 CHANEL, CITIBANK, 대우조선해양, SK에너지, ㈜동원, 재무설계협회(FP) 등의 기업교육 및 인문학교육과, 노사정위원회, 노동부, 중앙선거관리위원회, 한국지방행정연수원, 고용노동연수원, 전국 지방자치단체 등의 공무원교육, 한국방송통신대학교, 경운대학교를 비롯한 각급 학교, 교육청 및 평생교육기관에서의 교재개발 및 인문학 특강 강사로 활발한 활동을 하고 있다.

인문학, 성인 인성교육을 논하다

距離
거리의 파토스

2018년 2월 10일 1판 1쇄 인쇄
2022년 8월 10일 1판 4쇄 발행

지은이 • 이관춘
펴낸이 • 김진환
펴낸곳 • ㈜ **학지사**

　　　04031 서울특별시 마포구 양화로 15길 20 마인드월드빌딩
대표전화 • 02)330-5114　　　팩스 • 02)324-2345
등록번호 • 제313-2006-000265호

홈페이지 • http://www.hakjisa.co.kr
페이스북 • https://www.facebook.com/hakjisabook

ISBN 978-89-997-1487-0　03370

정가 17,000원

저자와의 협약으로 인지는 생략합니다.
파본은 구입처에서 교환해 드립니다.

이 책을 무단으로 전재하거나 복제할 경우 저작권법에 따라 처벌을 받게 됩니다.

출판미디어기업 **학지사**

간호보건의학출판 **학지사메디컬** www.hakjisamd.co.kr
심리검사연구소 **인싸이트** www.inpsyt.co.kr
학술논문서비스 **뉴논문** www.newnonmun.com
교육연수원 **카운피아** www.counpia.com